MADEMOISELLE DE LA CHARCE

ÉTUDE HISTORIQUE

PAR

M. L'ABBÉ LESBROS

CURÉ DE BRUIS, MEMBRE DE LA SOCIÉTÉ D'ÉTUDES DES HAUTES-ALPES.

PARIS

G. TÉQUI LIBRAIRE-ÉDITEUR

85, RUE DE RENNES, 85.

1883

MADEMOISELLE DE LA CHARCE

Imp. G. TÉQUI, 92 rue de Vaugirard, 92.

... 1692, le Dauphiné, se trouvant sans défense et envahi par le Duc de Savoie, un ... maréchaux, Philis, son père mort, ses frères aux armées, rassemble et arme les habitants des Baronnies et repousse l'invasion. Pour reconnaître ses services, Louis XIV lui accorde une pension comme à un brave officier et fait mettre son écusson, ... tombeau ... mère à St-Denis.

PHILIS DE LA TOUR-DU-PIN,

MADEMOISELLE DE LA CHARCE

ÉTUDE HISTORIQUE

PAR

M. L'abbé LESBROS

curé de bruis, membre de la société d'études des hautes-alpes.

PARIS

G. TÉQUI LIBRAIRE-ÉDITEUR

85, Rue de Rennes, 85.

—

1883

HOMMAGE

A LA SOCIÉTÉ D'ÉTUDES DES HAUTES-ALPES

INTRODUCTION

Placé par notre saint ministère dans le voisinage
immédiat des lieux où Philis de la Tour-du-Pin la
Charce est née et a passé sa vie, et bien près de ceux
où se sont accomplies ses belles actions, nous médi-
tions depuis longtemps de donner sa biographie aux
habitants de nos contrées où le souvenir de son héroïque conduite est resté populaire. Jusqu'ici il n'y a que
les romanciers qui aient publié des ouvrages un peu
étendus sur la vie de mademoiselle de la Charce, et le
portrait qu'ils ont fait de leur héroïne, ressemble si
peu à l'original, qu'une sorte de légende a fini par
remplacer l'histoire de la femme intrépide dont le courage a fait la gloire de notre pays en le préservant des
désastres de l'invasion étrangère. Ils ont substitué à
la vérité qui était cependant fort belle, des fables
puériles, des anecdotes fantastiques, des faits imaginaires dont l'inexactitude et l'exagération ont fini nécessairement par susciter la critique et l'incrédulité.

Les uns ont dénigré le mérite de mademoiselle
de la Charce et contesté ses hauts faits légen-

da , res ; les autres s'en sont pris à l'origine de sa famille ; d'autres encore au blason, au nom qu'elle-même avait adoptés. Notre tâche était donc d'écarter les fictions romanesques qui sont plus propres à diminuer le mérite de mademoiselle de la Charce qu'à le rehausser et de rétablir la vérité sur les points importants que la critique a contestés. L'intéressante notice publiée en 1865 par M. Albert du Boys et plusieurs documents communiqués par M. Henry Morin-Pons avec une obligeance dont nous ne saurions trop le remercier, nous ont permis de signaler de nombreuses erreurs qui s'étaient accréditées et de présenter sous un jour nouveau, la vie peu connue de mademoiselle de la Charce. Le récit de la campagne de 1692 par M. de Rochas d'Aiglun, commandant du Génie, nous a fourni de précieux renseignements sur l'invasion, et, en les comparant aux témoignages contemporains, nous avons pu en déduire avec une certaine précision, le rôle joué par Mademoiselle de la Charce dans cette circonstance mémorable. Enfin les tableaux généalogiques récemment publiés par la famille de la Tour-du-Pin nous ont permis de vérifier l'origine des marquis de la Charce dont Philis était issue, et de constater qu'ils descendaient de la même souche que les derniers Dauphins du Viennois, ce que du reste personne ne peut contester sérieusement aujourd'hui.

Les sources auxquelles nous avons puisé pour la vie de Mlle de la Charce sont, il est vrai, à la portée de tous ; mais souvent le public n'a ni le temps, ni les moyens, ni même la patience de contrôler l'exactitude des fai's dont on lui présente l'analyse. Aussi avons-

nous mis un soin scrupuleux à les vérifier, afin que ce
livre pût servir de point de départ à de nouvelles
investigations, et contribuer à fixer d'une manière
définitive l'opinion des lecteurs consciencieux et im-
partiaux. Mademoiselle de la Charce dont nous pré-
sentons la vie comme un modèle à nos compatriotes,
n'a rien de commun pour ainsi dire, avec celle dont
les romans les avaient entretenus ; c'est une femme
distinguée par son esprit et son instruction, d'un
caractère énergique, d'une foi vive, d'une charité
admirable, une femme à laquelle son mérite encore
plus que son âge et sa naissance, a donné un singulier ascendant sur les populations ; c'est une héroïne
parce que connaissant son devoir, elle l'a accompli
jusqu'au bout, sans s'inquiéter de ce que ce devoir
n'était ni celui de son âge ni celui de son sexe ; elle a
rendu un éminent service à son pays parce qu'elle l'a
sauvé quand il allait être envahi et ruiné, et, à la religion Catholique, parce que les princes coalisés,
avaient conspiré contre elle pour assurer le succès de
leur entreprise. Elle en a rendu un non moins grand
aux protestants, ses anciens coreligionnaires, en leur
fournissant une occasion inespérée de prouver que
leur fidélité au roi était restée inébranlable ; elle a
donné à tous en un mot, l'exemple du patriotisme le
plus heroïque et le plus désintéressé. C'en est assez
pour que sa glorieuse mémoire soit à jamais honorée
et bénie dans nos contrées : et nous nous estimerons
heureux si le fruit de nos laborieuses recherches est
de lui assurer dans l'histoire, la place due à son noble
caractère et à son courageux dévouement.

MADEMOISELLE DE LA CHARCE

CHAPITRE I.

VÉRITABLE NOM DE PHILIS.

En commençant ce livre destiné à célébrer la gloire d'une héroïne, nous n'avions pas à nous demander quel nom nous lui donnerions à elle-même, puisque aujourd'hui tout le monde l'appelle *Philis de la Tour-du-Pin la Charce*. C'est cependant un point sur lequel on a discuté il y a peu de temps encore avec une certaine vivacité, « quoique sans contester l'origine de la famille » dont notre héroïne est descendue (1). Nous croyons donc nécessaire d'entrer dans quelques détails sur une question où il ne nous semble pas que la lumière ait jamais été faite.

(1). Lecture de M. Auzias à l'Académie Delphinale (*Bulletin du 11 Juin* 1866).

Philis s'appelait d'une manière particulière, *Mademoiselle de la Charce*, de même que ses sœurs s'appelaient *Mlles de Montmorin, des Plantiers, d'Aleyrac* (1), parce qu'à cette époque, il était d'usage de faire porter aux enfants, les noms des diverses terres ou seigneuries de la famille. Les frères de Philis s'appelaient le *Comte de la Charce*, le *Marquis des Plantiers, M. de Montmorin, M. de Mirabel ;* c'étaient des titres de courtoisie, comme on disait alors ; l'usage en était admis à la Cour comme dans la noblesse, et il l'a toujours été jusqu'à l'époque de la Révolution. De même à la fin du siècle dernier, les filles du Marquis de la Tour-du-Pin-Montauban, s'appelaient Mlles de Montauban, de Lachau, de Soyans, de Vercheny, de Chastelarnaud, de Mévouillon. Dans la famille de Causans, dont une branche habitait le château de Bruis, quatre sœurs s'intitulaient Mlles de Vincens, de Causans, de Mauléon et d'Ampurie (2). Tout le monde sait que cet usage a toujours été et est encore aujourd'hui, celui qu'observent les familles régnantes, qui le considèrent même comme un de leurs privilèges. L'appellation de *Mlle de la Charce* était donc conforme à la coutume nobiliaire et n'avait rien de commun avec l'appellation patronymique. Le roman historique de 1731 la nommait *Mlle de la Charce, de*

---

(1). La fille aînée du Comte de Grignan, qui se maria ensuite au Marquis Hurault de Vibraye, s'appelait aussi Mlle d'Aleyrac, du nom, croyons-nous, d'une seigneurie du Dauphiné.

(2). Tableaux généal de la famille de la Tour-du-Pin publiés en 1870 — Moreri dict. hist. article de Vincens de Causans — A. Ferrand éloge hist. de Madame Elisabeth de France.

la maison de la Tour-du-Pin en Dauphiné, ce qui faisait connaître à la fois son nom personnel et celui de la famille à laquelle elle appartenait ; et c'est la dénomination que nous adopterons, nous bornant d'ailleurs dans ce récit, à l'appeler couramment, comme elle s'appelait elle-même, Mademoiselle de la Charce.

Quant à sa famille, on la nommait autrefois *la Tour* et on la nomme maintenant *la Tour-du-Pin*.

M. de Rivoire la Bâtie, dans son Armorial de Dauphiné (1) dit à ce propos : « MM. de la Tour-du-Pin, à tort ou à droit, sont aujourd'hui en pleine possession de ce nom illustre qu'ils n'ont commencé à prendre que vers la fin du xviième siècle. »

M. Rochas, dans sa Biographie du Dauphiné, avait dit d'une manière encore plus formelle (2) : « il y a eu deux grandes et illustres familles du nom de la Tour-du-Pin ; la seconde a jeté dans tous les temps, le plus vif éclat à raison de ses grandes alliances et des nombreuses illustrations qu'elle a produites ; son vrai nom est simplement *la Tour* et elle n'a commencé à porter celui de *la Tour-du-Pin* que dans le siècle dernier. » Mais cette affirmation n'a pas empêché M. Rochas de donner le nom de la Tour-du-Pin à tous les personnages illustres de cette famille, dont il a publié les intéressantes biographies, même à ceux,

---

(1). Rivoire la Bâtie. Armorial du Dauphiné. p. 738.

(2). Ad. Rochas. Biographie du Dauphiné. II. 31 — M. Crozet membre de l'Académie Delphinale a cru devoir copier M. Rochas dans sa Description topographique, historique et statistique des cantons et communes de l'Isère (vol. II.).

comme Gouvernet, l'ami d'Henri IV et de Lesdiguières qui ne l'avaient jamais porté, c'est évidemment que tout en réservant son opinion personnelle, il eût trouvé de mauvais goût de contester davantage un fait acquis à l'histoire, et de dénier à MM. de la Tour-du-Pin, la possession légitime d'un nom qu'ils n'a-vaient pas porté d'abord, mais sur lequel ils ont jeté un tel éclat que leur famille est classée aujourd'hui parmi les plus célèbres et les plus considérables de l'ancienne noblesse française.

Ces deux auteurs en s'exprimant de la sorte, ont fait une confusion regrettable et qui étonne de la part d'écrivains aussi sérieux. Il y a là deux questions tout à fait différentes : celle de l'origine à laquelle notre deuxième chapitre sera consacré, et celle du nom, laquelle, à dire vrai, n'existe pas, attendu que la Tour et la Tour-du-Pin sont la même chose. La ville de ce nom a dans tous les temps, depuis plus de douze cents ans (1), été appelée *indifféremment* la Tour ou la Tour-du-Pin, pour la désigner d'une façon plus spéciale. De même l'on dit le Havre ou le Havre de Grâce, Clermont ou Clermont-Ferrand, S^t- Germain ou St-Germain-en-Laye, Bourg ou Bourg en Bresse etc. etc., et jamais il n'est venu à l'esprit de personne de croire que ces noms s'appliquent à des endroits diffé-rents. De même l'on appelle Bardonenche et Moirenc, les familles des anciens seigneurs de Bardonesche et de

_____

(1). Annales des Bénédictins. I. 691. On y voit que la ville de la Tour-du-Pin était déjà appelée ainsi dès l'an 653 — Baluze (hist. de la maison d'Auvergne) — Guy Pape (Décisions 378..

Moirans et il n'en est jamais résulté le moindre doute
sur leur origine.

Nous disons, nous, par analogie, qu'il n'y a et qu'il
n'y a jamais eu en Dauphiné, d'autre lieu appelé la
Tour, que la ville de la Tour-du-Pin. Ce n'est pas
qu'il n'ait existé en divers temps quelques petits fiefs
nommés la Tour, dont plusieurs familles nobles ont eu
la possession et adopté l'appellation pour certaines de
leurs branches. Mais jamais aucun d'eux n'a appartenu aux membres de la famille de la Tour-du-Pin.
Peut-être, nous dira-t-on qu'il en a existé d'autres
que nous ne connaissons pas. Mais comment admettre
que la terre ou même le fief, qui aurait donné son nom
à une maison si ancienne, si puissante, si nombreuse,
n'ait laissé aucune trace dans l'histoire, que pas un
érudit n'en ait connu le véritable emplacement, que
ni les titres de la Chambre des Comptes, ni les chartes
des particuliers, ni les inventaires, ni les hommages,
ni les révisions des feux n'en aient jamais fait la moindre mention ? Un seul historien a désigné cette prétendue terre de famille, en termes précis ; c'est Chorier (1) dont toutes les assertions ont besoin d'être véri-
fiées, et justement les titres produits par Valbonnais
prouvent que Chorier s'est trompé (2). Non, il n'est pas
possible que la terre, le fief, qui aurait été le berceau
d'une des plus illustres maisons de nos contrées, ait
disparu tellement vite, ait eu une fin si prompte et si

(1). Chorier. Histoire du Dauphiné. II. 241 — Voir la note A
à la fin de ce livre.

(2). Valb. Histoire....... II. 67.

obscure que personne n'ait jamais pu découvrir quelle
en avait été la situation. Il est donc constant que la
maison de la Tour, aujourd'hui la Tour-du-Pin, tire
son nom et par conséquent son origine, de la terre de
la Tour ayant pour chef-lieu la ville de la Tour-du-Pin,
souvent appelée aussi la Tour, de même que les localités
qui l'environnaient, comme S^t- Clair de la Tour, S^t-
Didier de la Tour etc. etc., Du reste tout cela est tellement évident que pas un auteur depuis deux cents ans,
n'a cru pouvoir rééditer la fable inventée par Chorier.

La Tour et La Tour-du-Pin sont les deux manières
dont on a appelé indifféremment un seul et même endroit ; autrement dit, c'est *un seul et même nom* pour
cet endroit et par conséquent pour la famille qui en
est originaire. Par la même raison qui faisait souvent
autrefois distinguer la ville par le surnom de la Tour
du-Pin, il arriva logiquement que les historiens désignèrent la famille par cette même addition, afin de
la distinguer des autres maisons du nom de la Tour
qui existaient en diverses contrées. Quoique cette
question nous paraisse d'une clarté évidente, nous
avons cru devoir y insister parce que divers auteurs
l'avaient obscurcie en présentant ces deux dénomina-
tions identiques, comme distinctes, ce qui pouvait
servir de prétexte à des conclusions erronées.

M. Auzias par exemple (1) s'est plu à énumérer
devant des auditeurs accoutumés à l'écouter avec une
juste déférence, un assez grand nombre d'actes qui
établissent que les ancêtres et les parents de Mlle de
la Charce s'étaient toujours appelés la Tour simple-

(1) Auzias. Lecture à l'Acad. Delphinale (11 Juin 1866).

ment, et que ses frères avaient commencé les premiers à s'appeler la Tour-du-Pin. Tout ce que nous
venons de dire expliquera suffisamment que nous ne
fassions aucune difficulté de le lui accorder. Car
MM. de la Charce et leurs parents auraient continué
à porter le seul nom de la Tour sans y ajouter la
finale distinctive *du Pin*, qu'ils n'en auraient pas
moins, pour cela, été fondés à dire qu'ils étaient du
même nom que les Dauphins de Viennois et les Sires
de Vinay. En s'appelant de préférence la Tour-du-
Pin, conformément à un usage nouvellement établi
dans le monde savant et dans celui de la Cour, ils ne
changeaient pas de nom, comme on a essayé de le
faire croire au public généralement peu instruit de ces
questions ; ils se bornaient à spécifier la Tour de lenr
nom et par conséquent, de leur origine, au moyen
d'une désignation complémentaire, jouant à peu près
le même rôle qu'une épithète. On voudra bien reconnaître avec nous que tous les noms patronymiques
composés de deux parties, comme la Rochefoucauld,
la Rochejacquelein, du Puy-Montbrun, Clermont-
Tonnerre, la Tour d'Auvergne, Châteauneuf-Ran-
don etc. etc., ne sont devenus inséparables qu'en vertu
de ce besoin que l'on avait de distinguer dans la par-
tique usuelle, les familles qui les portent aujourd'hui.
Ces noms ont une partie *commune* (la Roche, le Puy,
la Tour...) qui avait suffi pendant plus ou moins longtemps à la dénomination des seigneurs et de leurs
descendants, et qu'il a paru nécessaire dans la suite,
de désigner d'une manière *propre* à chacun d'eux, au
moyen d'une épithète ou d'une addition distinctive et
spéciale. Cette modification peut quelquefois être faite

par ceux qu'elle intéresse ; mais elle s'est faite le plus
souvent par l'usage devant lequel même sans le vouloir il n'y a personne, quelque récalcitrant qu'il soit,
qui ne soit obligé de s'incliner. Quant à MM. de la
Charce, ils cédaient à un usage qu'ils n'avaient nullement cherché à établir et ils se bornaient à user de
de leur droit en s'appelant la Tour-du-Pin au lieu de
la Tour, puisque l'un était leur nom légitime tout aussi
bien que l'autre.

Philis était fille de Pierre de la Tour de Gouvernet,
marquis de la Charce, mort en 1675, qui ne s'était
jamais appelé autrement que la Tour, ainsi que sa
femme, Catherine Françoise de la Tour de Mirabel, sa
cousine-germaine. Il signait simplement *la Charce* et
dans sa jeunesse : *les Plantiers de la Charce* parce
que du vivant de César, marquis de la Charce, son
père, il portait le nom de baron des Plantiers, qui
était celui d'une de ses terres les plus importantes en
Languedoc. Sa femme signait généralement : *Mirabel
de Gouvernet.* Nous croyons pouvoir affirmer qu'avant
cette époque (1675), les membres de leur famille
*noble et illustre de toute ancienneté, comme il est
notoire dans toute la province* (1) » n'avaient jamais
pris le nom de la Tour-du-Pin ni dans leurs actes ni
dans leurs signatures ; dans ces dernières, ils pre-

----

(1) Ce sont les termes textuels d'une attestation datée du 27 Décembre 1666 par le sieur de Bovier, châtelain et greffier du lieu
d'Estableau en Diois ; (expéd. légalisée d'Allegret, notaire ; l'original existant aux manuscrits de Guy Allard, appartenant en 1820
à M. Allard du Plantier, habitant alors à Voiron). Ces manuscrits sont maintenant à la Bibl. de Grenoble.

naient quelquefois le nom de la Tour simplement,
mais le plus souvent celui de leurs terres, comme,
Gouvernet, Aix, Cornillon, Valgaudemar, Chambaud,
Saint-Sauveur, etc. etc., Leur famille était même souvent désignée sous le nom de *Gouvernet*, (bien que ce
fût celui d'une assez petite terre, comme on a pris soin
de le faire remarquer non sans commettre en même
temps quelque erreur) à cause de la célébrité que le
grand Réné, le fameux capitaine protestant, avait
acquise aux temps des guerres religieuses. C'est ce
dont nous voyons un exemple dans des lettres de
grâce accordées par le roi Louis XIII en Octobre 1637,
à Alexandre de la Tour de Gouvernet, Sieur de Lens, à
la suite d'une condamnation capitale prononcée contre
lui pour le meurtre d'un certain capitaine des Coudreaux « soldat vaillant, mais haut à la main et très
audacieux » qui avait pillé ses propriétés et l'avait
même insulté en le rencontrant sur la route de
NyonsauxPiles. On lit dans ces lettres que le sieur
des Coudreaux « cherchant querelle avec les principaux et plus reconnus du pays, » l'avait attaqué et insulté « encore que le nom et la maison de *Gouvernet*
« de laquelle le dit Sieur de Lens est issu, soient en
« tel degré d'estime dans cette province (la Provence)
« et en celle de Dauphiné, tant par leurs services, le
« rang de ceux qui le portent et tiennent que pour
« leur respectueuse procédure envers tous, que nuls
« gens de guerre passant sur leurs terres et sei-
« gneuries n'eussent jamais entrepris de loger, de rien
« emporter ni de faire aucune action qui leur eût été
« désagréable. »

M. de Lens, frère de M. de Verclause, n'avait encore

qu'une trentaine d'années en 1637 ; cependant il avait brillamment servi à Casale sous le maréchal de Créquy, en Valteline sous le duc de Rohan, puis sous le comte de Harcourt à la reprise des îles Sainte-Marguerite et Saint-Honorat où, à la tête des Enfants-perdus, il avait tué de sa main, un capitaine espagnol, puis à la reprise de la Capelle et enfin au siège d'Anville sous le Maréchal de Châtillon. En conséquence, eu égard au jeune âge de M. de Lens et du Sieur Fournier de Saint-Jean, aux justes moyens par eux employés pour éviter la rencontre, à leurs services et à ceux des prédécesseurs de M. de Lens, le roi leur accorde grâce pleine et entière et « *attendu les inimitiés qu'aucuns du Parlement de Dauphiné leur portent* » évoque l'instance pour en attribuer la connaissance au Parlement de Provence, *défendant à la Chambre de l'Edit de Dauphiné d'en plus connaître à peine de nullité de procédures, cassation d'icelles et mille livres d'amende, dommages et intérêts* : arrêt rendu par dérogation spéciale et scellé du sceau royal, donné à Versailles en Octobre 1637 et signé : Louis, et : par le Roi-Comte de Provence : Sublet (1).

Il est tout simple que le nom du fameux Gouvernet créé Mis de la Charce en 1619 par Louis XIII, lui eût survécu et qu'il fût employé quelques années après et par le même Roi pour ses enfants et ses neveux. On l'employa généralement pendant le xviie siècle, car

(1) Expédition originale du 23 Octobre 1669, signée de Martin, notaire à Uzès et délivrée à Alexandre de Gouvernet, Seigneur de Lens et de Verclause, baron de Verfeuil en Languedoc — Le dossier de cette affaire est aux archives. Dép. de l'Isère.

presque toujours on trouve ses descendants appelés la Tour-Gouvernet. Il en fut ainsi jusqu'après 1675 et notre héroïne elle-même, Philis de la Tour-du-Pin la Charce ne porta d'abord que le nom de la Tour, comme le prouvent les actes et les diverses signatures qu'on a pu conserver d'elle et de ses parents.

Mais peut-on tirer de ce qui précède, quelque présomption de nature à jeter des doutes sur l'origine de cette famille ? Nullement. Car la maison souveraine à laquelle appartenaient les derniers Dauphins de Viennois et les Sires de Vinay, possesseurs *par moitié et par indivis* de l'antique et vaste baronnie de la Tour-du-Pin, fief du Saint-Empire, n'avait jamais non plus porté d'autre nom que *la Tour*. Les nombreux documents tirés par le savant président de Valbonnais, des archives de la Chambre des Comptes de Grenoble, en donnent la preuve irrécusable. Toujours on y trouve *Albertus de Turre, Humbertus de Turre* ; souvent la terre qui avait été leur berceau, bien que désignée sous le nom de la Tour-du-Pin dès l'an 653 y est appelée la Tour, *Turris*, et on trouve fréquemment les deux formes employées dans le même acte. Humbert II et les autres princes de sa race, se qualifient toujours : *dominus de Turre.* Ainsi l'on est conduit à cette conclusion : que « la première » des deux maisons (comme dit la Biographie du Dauphiné) ne s'est jamais appelée autrement que *la Tour* ; que « la seconde » a toujours de même porté ce nom et que c'est seulement dans un temps rapproché de nous, que la forme distinctive : *la Tour-du-Pin* a été consacrée par l'usage pour l'une comme pour l'autre et adoptée comme spéciale à la maison de la Tour en Dauphiné.

2

Tel auteur conteste que cet usage fût déjà établi, ce
qui nous paraît un argument bien peu sérieux. Car
MM. de la Charce, quelle que fût d'ailleurs la distinction de leur famille et quelle que fût la considération
dont ils pouvaient jouir personnellement, n'étaient
pas, nous semble-t-il, dans une situation tellement
exceptionnelle qu'ils fussent en état d'imposer leur
caprice ni leur volonté, au monde et à la Cour. On
passe une innovation de ce genre, à un grand homme,
à un personnage extraordinairement riche ou puissant,
mais non à ceux qui se contentent du rang honorable que le ciel leur a départi et dont la fortune, quoique considérable, n'est qu'à peine au niveau de leur
naissance.

D'autre part on nous dit que le Parlement de Grenoble a « souvent protesté contre une erreur dans laquelle la conformité des noms entraînait et entraîne
encore les généalogistes » : et l'on ajoute : « il existe-
rait même, si nous sommes bien informé, un arrêt
rendu à cet égard (1). » Nous ne savons pas d'où l'on
a tiré cette citation ; car on n'a pas mentionné la
source où elle a été puisée, ce qui eût été cependan
nécessaire ; nous ignorons également si un arrêt de
ce genre a jamais existé, mais nous nous permettons
d'en douter puisqu'on n'a pu, à ce qu'il paraît, vérifier la vérité du fait, sans quoi l'on n'aurait pas
manqué de le produire. Contrairement à cette asser-
tion qui n'a d'autre valeur que celle d'une insinuation
peu bienveillante, nous avons observé que les Lettres
patentes de Juillet 1717 pour l'érection en marquisat

(1). Ad. Rochas. Biogr. du Dauphiné. II.32.

des terres de Soyans, Auriple, Barry, Vercheny,
Chastelarnaud, Saint-Moirans et Saint-Sauveur, en
faveur de Réné Antoine de la Tour-du-Pin-Montauban, seigneur desdits lieux, furent enregistrées par le
Parlement de Grenoble sous ce nom de *la-Tour-du-
Pin*, plusieurs fois répété et appliqué non seulement
à Réné-Antoine qui, vu la date, ne devait l'avoir pris
qu'assez récemment, mais même à Louis, gouverneur
de Crest, son père, à Réné, lieutenant général et commandant en chef de la Franche-Comté, son oncle, et
à Hector son aïeul, lesquels ne l'avaient jamais porté.
L'arrêt de la Cour est du 28 mai 1718, signé : Saint-
Priest et Chalvet, et rendu par messires Guignard de
Saint-Priest et de Chalvet, présidents, du Sozay,
Guillet de Leyssins, Morel de Montrivier, de Barrin,
de la Colombière, Corbet, de Bardonenche et Bon,
Conseillers audit parlement (1).

Il faut reconnaître qu'il y a bien loin de là à une
« protestation » contre l'adoption du nom de la Tour-
du-Pin, puisque usité alors depuis peu d'années,
n'étant même pas pris par l'impétrant, il était employé
dans les lettres patentes du Roi-Dauphin, enregistrées
par son parlement de Dauphiné.

Nous pourrions faire une réflexion analogue à
propos du mariage de Réné Charles François de la
Tour-du-Pin la Charce, comte de Chambly, avec Angélique Louise Nicole de Bérulle, le 21 avril 1779. En
parler n'est point sortir de la question, puisqu'il était
le petit-neveu de notre héroïne. D'ailleurs nous

(1. Annexés aux tableaux gén. de la Maison de la Tour-du-
Pin.

pouvons considérer la famille de Bérulle comme nous appartenant.

Pierre de Bérulle d'une noble race illustrée par le fameux cardinal de ce nom, avait été premier président du Parlement de Dauphiné, de 1696 à 1720, précisément à l'époque de l'enregistrement des lettres patentes dont nous venons de parler ; son fils Pierre-Nicolas l'avait été de 1720 à 1730 ; son petit-fils Amable-Pierre-Thomas, de 1760 au 24 novembre 1779, date à laquelle son fils Amable-Pierre-Albert fut élevé à la même dignité qu'il conserva jusqu'au jour où la Révolution fit tomber sa tête sur l'échafaud. Or Mlle de Bérulle était la sœur, la fille, la petite-fille, l'arrière-petite-fille de ces quatre magistrats éminents qui ont présidé, presque sans interruption, pendant un siècle, notre Cour souveraine, et son mariage fut célébré par monseigneur de Rochechouart, ancien évêque de Bayeux, cousin du comte de la Tour-du-Pin, avec dispense des archevêques de Paris et de Lyon, des Évêques de Laon et de Grenoble, en présence des marquis de Bérulle, père et frère de la mariée, premiers présidents successifs du parlement de Dauphiné, après que le contrat eut été signé le 14 avril, par le Roi et la Famille royale (1).

Ainsi ces premiers présidents qui eussent pu connaître mieux que personne, les « protestations fréquentes », les prétendus « arrêts de notre Parlement »

----

(1) Archives de la famille de Bérulle. — Elle est encore représentée par le petit-neveu de notre dernier Premier Président, M. le Mis de Bérulle marié à Mlle de Chabrol, et par la cousine-germaine de celui-ci, Mme la marquise de Blangy.

dauphinois, osaient placer leur nom entre celui du Roi et celui du comte de la Tour-du-Pin la Charce, et donner en quelque sorte au nom de la *Tour-du-Pin*, l'autorité de leur signature ! C'était, M. Rochas en conviendra, une belle occasion pour nos parlementaires, de « protester » contre l'erreur commise !

Nous ajouterions volontiers que le contrat de mariage en 1741, de René-François-André, comte de la Tour-du-Pin la Charce, colonel du régiment de Bourbon, et brigadier des armées avec l'héritière de l'illustre maison de Chambly, avait aussi été signé par le Roi, la famille royale et les ministres, et que leurs Majestés avaient de même signé les contrats, brevets et actes de beaucoup d'autres membres de cette famille ; mais les généalogistes qui se piquent dans certains cas, d'être rigoureux, assurent que c'étaient là des actes de pure courtoisie qui n'impliquaient point la reconnaissance formelle d'un nom ou d'un titre. Il faut bien admettre tout au moins, que nos souverains, nos ministres, nos premiers présidents ne s'inquiétaient pas des prétendus arrêts dont M. Rochas dit avoir entendu parler ! S'ils ont jamais existé, la faveur publique, l'adhésion de nos Rois, l'usage du monde, cette loi contre laquelle rien ne saurait prévaloir, les ont rendus bien inutiles !

Pour préciser autant que possible, la date de l'adoption du nom de la Tour-du-Pin par la famille de la Charce, nous fixerons les actes de mariage des deux fils de Pierre de la Tour de Gouvernet, marquis de la Charce, mort, comme nous l'avons dit, en 1675. Celui de Louis est de 1684, celui de René-Scipion, de 1690 ; l'un et l'autre, « sans doute convaincus », dit

M. Auzias, « qu'ils avaient pour tige première les
barons de ce nom », prirent dans ces actes, le nom
de la *Tour-du-Pin*. La marquise leur mère, Philis de
la Charce et leurs autres sœurs firent comme eux et
cet exemple fut peu à peu suivi par les autres membres de leur famille. Il ne semble pas cependant que
ces derniers y attachassent une grande importance ;
car on trouve encore le nom de *la Tour* dans beaucoup de signatures jusqu'en 1750, 1760 et même 1770,
d'après ce que dit M. Auzias, ce dont nous concluons
que MM. de la Tour-du-Pin se sont conformés à la
tyrannie de l'usage plutôt qu'ils ne l'ont établie.

On a fait aussi la remarque que les mariages des
frères de Philis avaient eu lieu, l'un en Bourgogne,
l'autre en Flandre, et qu'en Dauphiné le nom de *la
Tour* avait continué beaucoup plus longtemps à être
seul usité. Cela pouvait tenir en grande partie à ce
que les branches de cette famille, alors fort nombreuses si l'on compte celles du Trièves qui ne descendaient pas des Sires de Vinay, n'étant pas toutes
aussi riches ni aussi brillantes les unes que les autres,
celles dont la situation était plus modeste, se mon-
traient peu pressées de prendre un nom dont l'adop-
i o n était regardée partout comme une affirmation de
leur origine. En pareil cas, une telle *modification* qui
ne ressemble en rien à la revendication d'un domaine
utile, est inopportune dans le fond d'une province où
chacun tient à vivre en paix avec ses voisins et évite
les occasions d'éveiller leur susceptibilité et de frois-
ser leurs prétentions en affichant les siennes ; elle est
naturelle au contraire de la part de seigneurs d'une
naissance distinguée, dont le mérite est relevé par

l'importance de leurs charges et la dignité de leurs
emplois ; appelés à jouir de la juste faveur des cours,
ils ont à cœur d'affirmer hautement la grandeur de
leur origine au milieu des princes, des seigneurs du
rang le plus élevé qui sont les compagnons ordinaires
de leur vie.

C'est ainsi qu'en feuilletant le grand Armorial Général de M. d'Hozier, nous avons vu plusieurs seigneurs appelés *la Tour* ou *la Tour Gouvernet* qui en
Dauphiné ou ailleurs, avaient fait enregistrer leurs
armes sans les dauphins écartelés et n'avaient pas
pris le nom de la Tour-du-Pin. En revanche nous y
avons trouvé les deux frères de Philis de la Charce,
ainsi mentionnés :

« Louis de *la Tour-du-Pin* la Charce, marquis du
dit lieu, baron de Cornillon et autres places, vicomte
de la Val d'Oulle, comte de Fontaine française, prince
souverain de Chaumes ». (écartelé aux 1 et 4 d'azur à
la tour d'argent mâçonnée de sable avec un avant-
mur crénelé de même, au chef cousu de gueules
chargé de trois casques d'or posés de front ; aux 2
et 3 d'or au dauphin d'azur, barbé et loré de gueules.)
(1).

Sa femme Claude de Mazel est dite femme de
« Louis de *la Tour-du-Pin,* marquis de la Charce (2). »

« René de *la Tour-du-Pin,* chevalier, vicomte de
la Charce » (écartelé aux 1 et 4 d'azur à la tour d'ar-

(1) Bibl. nationale, d'Hozier, Armorial Général. Volume 23.
Paris, page 153, n° 48.

(2) Idem. vol. 6. Bourgogne p. 511. n° 202.

gent au chef de gueules chargé de trois casques d'or
de profil, aux 2 et 3 d'or au dauphin d'azur) (1).

De même on y trouve : « Alexandre de *la Tour-du-Pin*, seigneur de Verfeuil » (d'azur à la tour d'argent
au chef de gueules chargé de trois casques d'or posés
de front ; écartelé d'or au dauphin d'azur) (2).

Et encore : « Charles de *la Tour-du-Pin*, seigneur
de Malerargues (3). »

Les enregistrements de l'Armorial général de
France de 1696-1697 prouvent que dès lors il était de
notoriété publique que la « nouvelle maison » de la
Tour-du-Pin affirmait d'être issue de « l'ancienne » ,
et il est fort remarquable que d'Hozier ait enregistré
et un nom et des armes dont l'adoption était très
récente puisqu'elle ne datait pas de vingt ans à cette
époque : ici nous devons faire observer que cette adoption par MM. de la Charce avait au point de vue de
leur maison, une importance particulière, parce que
le marquisat de la Charce créé en 1619 en faveur de
René, seigneur de Gouvernet, ayant passé à César
leur aïeul, son légataire universel bien que n'étant pas
l'aîné de ses enfants, puis à Pierre leur père, il en ré-
sultait que la branche, par eux représentée, avait en
Dauphiné, le premier rang parmi les diverses branches de leur famille.

Bien avant cette adoption, on savait très bien d'ail-

(1) Idem. vol. 13. Flandres. p. 1081. n° 221 bis.

(2) Idem. vol. Languedoc, n° 14. page 316. Cabinet des titres,
n° 323. registre 15. page 929.

(3) Idem. vol. 15. Uzès. p. 372. n° 69.

leurs que les seigneurs de la Tour répandus en Dauphiné ; en Provence et en Languedoc se croyaient
issus, non des Dauphins de Viennois (c'est une prétention qu'ils n'ont jamais eue et que leurs descendants
n'ont pas davantage aujourd'hui), mais de la même
famille qu'eux. Or les sires de Vinay, leurs collatéraux étaient coseigneurs de la Tour-du-Pin avec les
Dauphins leurs aînés, mais ils n'avaient porté d'autre
nom que *la Tour*, à ce point même que l'un d'eux,
Hugues surnommé *Turpin*, n'était pas appelé *Hugo
de Turre Pini*, mais bien *Hugo de Turre vulgo Tur-
pinus* ce qui prouve que Turpin (si ce mot était véritablement synonime de la Tour-du-Pin) était un surnom,
un sobriquet et nullement patronymique. La famille
de la Tour Gouvernet avait donc à démontrer qu'elle
était issue en réalité de cette branche ; mais le fait de
s'être appelée *la Tour* jusque vers 1680, ne prouvait
rien ni pour ni contre, puisque les sires de Vinay
n'avaient jamais porté d'autre nom que *la Tour* (1).

En 1687, l'oraison funèbre de René de la Tour, marquis de Montauban, lieutenant général des armées du
Roi et commandant en chef de la Franche-Comté,
mort à l'âge de 67 ans, fut prononcé par le père François Pollet, minime de la province de Lyon, le 13
septembre, à Valence, dans l'église paroissiale de
saint Jean-Baptiste, en présence des personnages les
plus marquants du pays (2). En parlant des débuts du

(1) Valbonnais, histoire du Dauphiné et généalogie de la maison de la Tour du Pin.

(2) Oraison funèbre de René de la Tour, Mis de Montauban,
imprimée à Valence chez Joffroy, Mercadier, imprimeur du Roi.
en 1687.

marquis à la cour de Louis XIII, où il avait su dès l'origine captiver les bonnes grâces du puissant Cardinal de Richelieu, il dit :

« Comme ce jeune homme était un rejeton glorieux
« d'une foule de héros qui avaient glorieusement servi
« et répandu leur sang pour l'appui et l'agrandisse-
« ment de la monarchie..... qu'il remontait heureuse-
« ment du côté paternel jusqu'à l'ancienne famille de
« la Tour-du-Pin de laquelle étaient issus les quatre
« derniers Dauphins de Viennois, du côté maternel
« jusques aux souverains comtes de Foix alliés à ces
« grands noms de Navare, de Brancas, de Grasse, et
« qu'outre la fidélité de son père Hector, gentilhomme
« ordinaire de la Chambre du Roi, (1) le mérite de son
« aïeul René de la Tour avait été balancé dans l'esprit
« de Henry le Grand avec celui du fameux connétable
« de Lesdiguières, il n'en fallut pas davantage dans
« l'esprit du Cardinal pour procurer au jeune marquis
« de Montauban, du commandement dans la cava-
« lerie. »

Un demi-siècle auparavant (1635), l'oncle de ce même marquis de Montauban, César de la Tour, marquis de la Charce adressait à M. de Peiresc, l'un des personnages les plus érudits de son temps, de qui l'on a dit « qu'il ne connaissait pas moins bien

(1) « Hector était un homme de grande valeur, commandant en qualité de Colonel dans l'infanterie et la cavalerie, Lieutenant-Général sous le Duc de Rohan, il soutint d'une manière prodigieuse le siège de Mévouillon dont il était gouverneur. » (même oraison funèbre.)

qu'eux, les ancêtres des nobles de la Provence (1), »
des documents que ce grand magistrat lui avait de-
mandés sur sa famille, et il lui écrivait cette lettre qui
existe encore :

        Monsieur,

    « La spoliation qui se fit de ce qui estoit dans la
« meson de feu mon père lhors de son décès, ou
« je ne me trouvois pas, m'a ôté le moyen de vous
« envoyer la généalogie de mes ayeuls que vous
« m'avez faict l'honneur de me demander. Je vous
« envoie, Monsieur, un Mémoyre que je treuvai céans
« sur lequel l'on a faict des recherches chez plusieurs
« notaires ou j'ai treuvé les mariages des femmes en
« forme depuis Girard.....
En même temps César envoyait à Peiresc un mémoire qui commençait ainsi :

    « Généalogie de la maison de Gouvernet, prédéces-
« seurs de Messire César de la Tour, seigueur et
« marquis de la Charce, telle que s'est pu treuver
« dans ses papiers visitez le unsiesme novembre mil
« six cent trente cinq.
    « Noble Gérard *de la Tour*, *de la famille de la*
« *Tour-du-Pin en Dauphiné*, habita au château
« de Montemont en l'an mille trois cent huictante où
« il fit renouveller ses reconnaissances au dict temps.
« Il avait pris en mariage damoiselle Almande de
« Mirabel l'an mille trois cent soixante du quel maria-

----

(1) Réquier. Vie de Nicolas de Claude de Peiresc, Conseiller
de Provence. Paris. 1770.

« ge sortit un fils appelé Gérard comme son père,,. (2)

Ainsi longtemps avant d'adopter l'appellation distinctive de la Tour-du-Pin comme *nom patronymique*, « ceux de cette *illustre maison* » ainsi que les appelait Chorier (3), croyaient et disaient avoir une commune origine avec les Dauphins de la troisième race et les seigneurs de Vinay, et ils ne pensaient nullement avoir besoin, pour le faire croire au public, de prendre ce surnom que ni les Dauphins, ni les seigneurs de Vinay ni aucun de leurs ancêtres n'avaient porté à aucune époque. Il n'avait jamais existé en Dauphiné qu'une seule maison de la Tour, et les familles, comme celle de Sassenage, qui avaient hérité de son nom par substitution, n'avaient jamais porté d'autre nom que la Tour, ou Vinay.

Mais il se trouva que dans le même temps où vivaient René de Gouvernet et ses fils Charles de Gouvernet, César de la Charce, et Hector de Montauban, les ducs de Bouillon arrivés à un haut degré de gloire et de puissance, éprouvèrent le désir très légitime de connaître et de publier l'histoire de le maison de la Tour, dès longtemps puissante et considérée en Auvergne, de laquelle ils étaient descendus. Les historiens les plus estimés du xviie siècle, Christophe

---

(2) Bibl. de Carpentras. Manuscrits de Peiresc. Registre 72 volume 2 (4 sur le dos) — Annexes aux tableaux généalogiques de la maison de la Tour-du-Pin. (1870-1882). Un exemplaire de cette savante publication se trouve aux archives de la Société d'Etudes de Gap, où il nous a été donné de l'étudier avec tout le soin que comporte ce remarquable travail.

(3). Chorier. Supplément à l'Etat politique.

Justel dès 1645, Baluze ensuite, dans leurs histoires
de la maison d'Auvergne, et Chorier dans son histoire
du Dauphiné où il s'est du reste contredit lui-même
maintes et maintes fois, voulurent démontrer que les
ducs de Bouillon étaient issus primitivement des
ducs d'Aquitaine, comtes souverains de l'Auvergne,
par Gerold ou Girard d'Auvergne, seigneur de la
Tour-du-Pin, vivant de 930 à 990 avec sa femme Gaus-
berge, fille de Berlion vicomte de Vienne : et afin de
distinguer plus facilement leur famille de celle de la
Tour en Dauphiné, ils les désignèrent par les déno-
minations spéciales de *la Tour-d'-Auvergne* et de la
Tour-du-Pin. Cette communauté d'origine a été admise par un certain nombre d'historiens modernes,
mais elle a été révoquée en doute par le président de
Valbonnais, faute de preuves suffisantes, de sorte que
nous ne parlons ici qu'incidemment de cette question
tout à fait étrangère à la gloire de l'héroïne dont nous
essayons de retracer la vie. Quoi qu'il en soit, de nombreux documents, notamment les preuves fournies en
1666 à M. de Bezons, intendant du Languedoc, l'oraison funèbre du marquis de Montauban en 1687, les
sceaux qui subsistent du marquis de la Charce neveu
de Philis, prouvent que leur famille avait adopté volontiers un système flatteur assurément pour son
amour-propre à une époque où la puissance des
Bouillon, la gloire des Turenne étaient à leur apogée,
et où ceux-ci faisaient revendiquer avec tout l'éclat
possible, par leurs propres historiens, l'alliance *de la
maison de la Tour-du-Pin*, jadis souveraine du Dauphiné. Ceux qui s'étaient toujours appelés *la Tour* tant
que la maison des Dauphins et des Sires de Vinay

avait été connue sous ce seul nom, se mirent à s'appeler *la Tour-du-Pin,* quand les historiens eurent peu à
peu fait passer dans l'usage du monde, cette appellation spéciale que Guy Allard et Valbonnais adoptè-
rent également, et d'après eux, tous les auteurs qui ont
parlé de notre troisième dynastie (1).

Ils ne faisaient donc pas une innovation, il ne changeaient pas réellement de nom, en adoptant cette
appellation, avec l'acquiescement incontestable de la
Royauté. Ils se conformaient simplement à un usage
déjà établi, et quant à penser que c'est seulement
depuis cette époque qu'ils ont prétendu être issus de
l'ancienne maison de la Tour-du-Pin, c'est une erreur
manifeste puisqu'ils avaient cette même conviction
bien longtemps avant d'avoir quitté le nom générique
de *la Tour* qui était à la fois le nom de leur propre
famille et celui de l'antique baronnie féodale, *Terra
Turris,* dont la ville de la Tour ou la Tour-du-Pin était
le chef-lieu.

Nous qui ne craignons pas « de dépayser notre
héroïne ni de lui donner un nom sous lequel ses
compatriotes des Baronnies auraient de la peine à la
reconnaître (2) », nous ne pouvons nous dispenser

(1) Guy Allard-Dict. hist. du Dauphiné, publié par M. Gariel,
conservateur de la Bibl. de Grenoble — Généal. de la Tour-du-
Pin en Dauphiné, imprimée en 1667 et 1674 et réimprimée en 1764
pour les preuves de l'abbé de la Tour-du-Pin la Charce, Chanoine
comte de Tournay — Du reste la filiation de cette généalogie
est très fautive comme cela sera dit plus loin.

(2) M. Auzias. Bulletin déjà cité — Voir à la fin de cette histoire, le procès-verbal de la translation des restes mortels de Mlle
de la Charce.

de nous conformer comme tout le monde, à l'usage
établi. Guy Allard nous dit que l'inscription placée
par ordre de Louis XIV au Trésor Royal de Saint-
Denis, était *Philis de la Charce de la maison de la
Tour-du-Pin en Dauphiné*. C'est le nom que lui donnait le roman historique de 1731, dont l'auteur a gardé
l'anonyme, mais en parlant de ses liaisons étroites avec
Mlle de la Charce, qui était, dit-il, sa compatriote.

C'est le nom que le Mercure de septembre 1692
donnait à sa famille en citant « la valeur et l'intrépidité
si ordinaires à la maison de la Tour-du-Pin autrefois
souveraine du Dauphiné dont elle était sortie. » C'est
celui que lui donnait le prédicateur par qui fut prononcée à Valence, l'oraison funèbre du marquis de
Montauban en 1687 ; c'est le nom enfin que dès 1635,
César marquis de la Charce donnait à ses ancêtres,
affirmant par là qu'il n'y avait jamais eu en Dauphiné
qu'une seule et même famille appelée *indifféremment*
selon la mode des temps, la Tour ou la Tour-du-Pin,
c'est-à-dire d'un seul et même nom exprimé sous la
forme habituelle et générique ou avec le complément
spécial qui était devenu nécessaire pour le distinguer
et empêcher de le confondre avec tous les autres.

CHAPITRE II.

Le savant auteur de la Biographie du Dauphiné a
fait observer très judicieusement que « la filiation
de la maison de la Tour-du-Pin offrait un intérêt tout
particulier pour l'histoire du Dauphiné, celui de savoir
si la famille de ses anciens souverains subsiste encore, » et nous, à un autre point de vue, nous ajouterons : celui de savoir si l'héroïne du Dauphiné appartenait à la famille de ses anciens souverains. (Voir
la note B à la fin du livre).

Nous ne pourrions sans dépasser les limites que le
cadre de cet ouvrage nous impose, retracer ici
l'histoire des anciens barons de la Tour, ces puissants feudataires de l'Empire, toujours en lutte avec
les comtes de Savoie leurs voisins, et devenus Dauphins

de Viennois en la personne d'Humbert Ier seigneur de la Tour et de Coligny(1) marié en 1273 à Anne Dauphine fille de Guigues VII de Bourgogne Dauphin de Viennois, et de Béatrix de Savoie, dame du Faucigny et vicomtesse de Béarn. Arrivée au plus haut degré de splendeur et de puissance, cette branche eut pour dernier rejeton le Dauphin Humbert II, fils de Jean II et de Béatrix de Hongrie, qui donna ses États à Charles petit-fils du roi Philippe VI, en 1349, le faisant à la fois son héritier universel et « *son fils adoptif*(2)» et mourut en 1355 laissant un fils naturel, Amédée Bâtard de Viennois, dont la postérité s'est éteinte au commencement de notre siècle (3).

Nous avons déjà dit que plusieurs historiens attribuaient une origine commune aux maisons de la Tour-du-Pin et de la Tour-d'Auvergne, appelées toutes deux *la Tour* jusqu'au milieu du xviieme siécle. Il est certain qu'elles remontent l'une et l'autre à une haute antiquité, et le président de Valbonnais qui ne s'est pas décidé à admettre le système généalogique développé par Baluze dans sa fameuse histoire de la maison d'Auvergne, cause pour lui d'une terrible disgrâce, ne s'est abstenu de se prononcer que faute

(1) Fils d'Albert III et de Béatrix de Coligny « de laquelle « Nous et tous les Prĭnces souverains de l'Europe qui vivent à « présent, sommes descendus » : a dit Louis XIV (Grands Off. de la Couronne V. 785).

(2) » Illustri principi Dom. Carolo primogénito D. Francorum Regis. Delphino Vienn. *filio suo adoptivo* » (Valb. II. p. 615.).

(3) La fille du dernier marquis de Viennois épousa en 1803, le marquis d'Albon, d'une ancienne maison du Lyonnais illustrée par le maréchal d'Albon Saint-André au 16eme siècle.

d'avoir pu trouver dans des siècles aussi reculés, un
ensemble de titres qui lui parussent assez concluants
(1). C'est que des titres positifs et bien suivis sont fort
rares aux XIme et Xme siècles ! mais même en étant
aussi réservés que le prudent historien du Dauphiné,
nous ferons remarquer qu'en 1107, date de sa donation au Prieuré d'Inimont en Bugey, Berlion de la
Tour devait être âgé d'environ 50 ans, né par conséquent vers l'an 1050, puisque ses deux fils
Girard et Walon y prenaient déjà part. De plus il
faut croire que c'était un seigneur puissant, puisque
ses biens s'étendaient jusqu'au-delà de Belley, ville
assez éloignée de celle de la Tour-du-Pin. Or le cartu-
laire imprimé de l'église d'Oulx, nous montre presque
à la même date, en 1106, un Pierre de la Tour donnant
au chapitre de Saint-Laurent d'Oulx, toutes les dîmes
qu'il possédait dans la paroisse de Saint-Christophe
et Saint-André de la Cluse (2). Les titres énumérés
dans le Régeste Genévois nous font connaître plusieurs
seigneurs du nom de la Tour, qui étaient puissants au
même temps dans le Genévois, le Chablais et le Valais,
ou dans la Savoie tout près du Bugey (3). Il y avait
dès lors par conséquent, plusieurs branches de la
maison de la Tour, établies dans les contrées qui dé-

(1) Voir les lettres échangées. entre Baluze et Valbonnais
(Valb. éd. de 1722 pages 155—158. La réserve de Valbonnais
est motivée notamment par le caractère de Chorier qui n'est
homme à reculer devant aucune supercherie littéraire » ....

(2). Valb. donation de Berlion de la Tour en 1107 — **Cartu-**
laire d'Oulx — donation de Pierre de la Tour en 1106.

(3). Régeste Genevois, publié à Genève en 1866.

pendaient de l'ancien royaume de Bourgogne dont
Vienne était jadis la capitale. Cela autorise à penser
que les nombreux rameaux du nom de la Tour qui
ont subsisté en Trièves jusqu'à la fin du siècle dernier,
pouvaient en descendre, tirant leur origine peut-être
de ce Pierre qui avait à la Cluse, dès 1106, des biens
aussi importants que les dîmes ecclésiastiques, ce qui
n'était dans ce temps là, que le fait des seigneurs les
plus puissants (1).

Mais telle n'est point l'origine que revendiquent
Messieurs de la Tour-du-Pin actuellement existants
et à la famille desquels Philis de la Charce, notre héroïne, appartenait.

D'après les preuves fournies par eux et leurs ancêtres lors des recherches de noblesse du XVIIe
siècle, ils descendent de Guigues de la Tour de Clelles
seigneur de Darne, né vers 1434, marié à Anne Alleman, et père de Girard consul de Grenoble en 1523,
de Hugues, seigneur de Darne dont la branche finit en
1564, et de Pierre devenu seigneur de Gouvernet par
son mariage en 1510 avec l'héritière de cette terre.
Cette filiation n'a jamais été contestée.

(1). Nous citerons relativement à cette branche : 1. un *titre de*
1282, qui a trompé Guy Allard : c'est le testament fait au Mo-
nestier de Clermont, par un Aynard de la Tour, qualifié de
magnifique, père d'un Berlion tué à la guerre et d'un Pierre
qu'il fait son héritier universel — 2. *un titre de* 1321 : c'est un
traité entre Henry (de la Tour) Dauphin, évêque de Metz, régent
du Dauphiné, et les principaux nobles du Trièves. Chorier et
M. Rochas en ont parlé ; mais ce titre, comme celui de 1282, ne
concerne aucunement les ancêtres directs des la Tour de Clelles
et de Gouvernet, comme le prouvent les tableaux de la famille
de la Tour-du-Pin, publiés en 1870 et leurs annexes publiées
en 1881.

Guy Allard (1) s'est égaré en voulant la remonter
plus haut, parce qu'il a confondu les branches de
Clelles, de Montroman, et de la Cluse qui toutes habitaient le Trièves, mais dans des endroits tout-à-fait
distincts. En effet Clelles était au fond de ce pays et
du ressort de l'évêché de Die, tandis que la Cluse était
à l'entrée de cette vallée qu'on appelait *la val Cheva-
lereuse*, et qui dépendait du diocèse de Grenoble. On
a de la peine à comprendre que cet écrivain ait commis des erreurs aussi graves dans sa filiation, puisque, d'après les productions faites en 1635 et en 1532,
les membres de la famille de la Tour avaient toujours
connu parfaitement la série de leurs ancêtres établis à
Clelles. Seulement il est probable qu'ils ne connaissaient pas d'une manière précise, le point de jonction de
cette branche et de celle de Vinay, « *point capital
pour établir celle des deux maisons de la Tour-du-
Pin.*» S'ils n'ignoraient ni Pierre, ni Guigues, ni Girard
de la Tour, successivement châtelains d'Oulx et autres
lieux, les titres leur manquaient sans doute pour pouvoir affirmer que *Pierre était fils de Henry de la Tour,
sire de Vinay et coseigneur de la Tour-du-Pin.*

Ces titres finirent par être retrouvés grâce à de
longues et laborieuses recherches, et alors messieurs
de la Tour-du-Pin chargèrent J. B. Moulinet, archiviste de la Chambre des Comptes, qui « dès longtemps
faisait déjà grand cas de son mérite (2) » de rédiger leur

(1) Guy Allard. Dict. hist. publié par **M.** Gariel — Généalogie de la maison de la Tour-du-Pin, imprimée en 1674.
(2) Giraud. Hist. de saint Barnard et de Romans. (Voir l'in-
troduction où il est grandement question de Moulinet et de ses
travaux.)

généalogie sous leur propre direction et conformément à tous les documents rassemblés par eux à cet
effet, documents originaux ou expéditions légalisées
de titres existant dans les archives publiques ou par-
ticulières d'alors. Moulinet rédigea ainsi plusieurs mémoires de 1784 à 1789, dont le dernier, croyons-nous,
fut même imprimé. Depuis lors, le système développé
par lui, sauf des erreurs de détail qui ont pu être rec-
tifiées, est celui que la famille de la Tour-du-Pin a
constamment suivi, et dont elle a publié récemment
les preuves principales (1). La question se réduisant,
comme M. Rochas l'a remarqué, à démontrer que le
châtelain Pierre de la Tour, tige de la maison actuelle,
était fils de Henry de la Tour, Seigneur de Vinay, c'est
sur ce point capital que les preuves ont été rassem-
blées. Après une publication si concluante et si autorisée, nous n'avons nulle envie de reprendre une discussion dont il nous semble que dorénavant tous les
éléments sont connus, de telle sorte qu'il ne reste plus
aucun argument sérieux à la critique impartiale. Nous
nous bornerons donc à constater les principaux faits
qui demeurent acquis à l'histoire et qui démontrent
d'une manière irréfutable, ce qu'on était en droit
précédemment de considérer comme douteux (Guy
Allard ne l'ayant soi-disant démontré que par une
série d'erreurs) c'est-à-dire que la famille de la Tour
du-Pin, actuellement existante, est *issue directement
de mâle en mâle, de l'ancienne maison de la Tour-du-
Pin, dont la branche aînée avait produit les derniers
Princes souverains du Dauphiné.*

(1) Tableaux publiés en 1870. Annexes publiées en 1881.

Henry de la Tour, seigneur de Vinay, Armieu, Vatillieu, Nerpol, Dionay, Quinsonnas, coseigneur de la
Tour-du-Pin et de Murinais, fils d'Aynard II de la
Tour, seigneur desdits lieux et de Agnès de Thoyre de
Villars, avait épousé en l'an 1279, Béatrix de Baux,
fille de Bertrand de Baux, seigneur de Meyrargues, Is-
tres, Berre, Puyricard, veuj d'Aldéarde Adhémar de
Monteil de Grignan, et d'Alix de Marseille sa seconde
femme Ces illustres alliances prouvent à elles seules
quel était l'éclat de cette seconde branche de la maison de la Tour, avant même que la première héritât de
de la souveraineté du Dauphiné. Henry fut toujours en
grande faveur près des Dauphins, ses proches parents,
qui le qualifiaient de *cousin* dans leurs actes (1), et ne
concédaient qu'avec sa participation et son consentement, des libertés et priviléges aux habitants de la
ville de la Tour-du-Pin (2), car les deux branches
en possédaient la seigneurie *par moitié et par indivis*,
depuis leur séparation et il en fut de même quand les
princes français eurent été substitués aux droits de la
première par la donation et l'adoption d'Humbert II.

A l'occasion de son mariage, Henry avait été mis
en possession par son père, de tous ses biens, domaines, seigneuries, droits et juridictions, à titre de donation universelle entre vifs, à l'exclusion de ses frères
et sœurs qui en leur qualité de cadets, ne devaient
avoir qu'une *légitime* suffisante, assignée non en mai-

(1) Titre original parchemin de 1314, avec le sceau du Dauphin
Jean II — (Hélio-gravure et texte publiés en 1881).

(2) I. 208. — preuves de la généalogie de la maison de la Tour
du Pin.

sons-fortes, châteaux, seigneuries, fiefs, arrières-fiefs
ou juridictions, mais seulement en biens meubles et
simples possessions qui seraient et resteraient toujours au nom d'Henry, sous sa domination et sa seigneurie directe et sous celles de ses héritiers (1). Cet
acte était une dérogation au droit public et à l'usage
immémorial du Dauphiné et de l'Archevêché de Vienne, en vertu desquels les fils héritaient de leur père
par portions égales, les filles après eux et ensuite les
plus proches parents, d'où qu'ils vinssent, par sœur,
mère ou aïeule, *en montant et en descendant,* sans
qu'il fut aucunement question des droits d'agnation.
Seulement nos grands seigneurs avaient recours à un
moyen mixte, qui était la donation entre vifs, pour
assurer de leur vivant, la transmission de leur succession tout entière à leur fils ainé et perpétuer
ainsi la splendeur de leur famille. N'avaient-ils qu'une
fille, ils la lui transmettaient de même et obligeaient
leur gendre ou leur petit-fils, à prendre leur nom et
leurs armes, ne s'occupant, par conséquent, que de
continuer leur *propre* descendance par tous les
moyens possible, sans jamais s'inquiéter des cadets de
leur famille, issus cependant *du même sang et portant
le même nom qu'eux.* C'est ce moyen constamment
employé dans la branche de Vinay (comme dans celle
des Dauphins), qui maintint pendant trois cents ans,
la prospérité de la maison de la Tour-du-Pin, et nous
ferons observer à ce propos que si les branches fort
nombreuses établies dès le XII° siècle dans le pays de

(1) Valb. I. 206. (il a donné cet acte d'une manière très incomplète) — Annexes aux tableaux généalogiques, publiées en 1881

Trièves, se trouvèrent par la suite réduites à un état infiniment moins brillant, bien que Chorier ait dit qu'elles avaient toujours eu beaucoup d'éclat dans cette vallée (1), c'est que sans doute elles s'étaient conformées au droit commun, au lieu d'avoir recours au moyen efficace dont nous venons de parler.

Henry de la Tour était obligé par l'acte de 1279, d'en user de même avec ses enfants, et son fils aîné Hugues, dit Turpin; transmit à son tour sa succession universelle à son fils aîné Aynard, et celui-ci à son fils aîné Antoine. Ce dernier n'ayant pas d'enfants, et n'ayant plus qu'une sœur, Billette, qui n'avait qu'une fille encore très jeune et s'était remariée à Antoine de la Tour, baron de Châtillon, seigneur Suisse, l'un des principaux personnages de la Cour de Savoie (2) institua de préférence en 1394, son héritier universel, François de Sassenage, son cousin-germain, fils de Henry de Bérenger, baron de Sassenage et de sa tante Hugonette de la Tour. Mais Billette qu'Aynard III, son père, avait par son testament de 1371 appelée à sa succession si ses frères décédaient sans enfants, attaqua le testament de son frère Antoine et par une sentence arbitrale solennellement rendue en 1398, fut remise en possession de *la parerie de la Tour-du-Pin* et des terres patrimoniales possédées *ab antiquo* par ses ancêtres, sauf celles de Vinay, Armieu et Vatillieu

---

(1) Chorier. Etat politique : art. la Tour.

(2) Moreri. Dict. hist. article de la Tour-Châtillon-Zurlauben, au supplément. — Guichenon. Hist. de Savoie. — Hist. de Bresse et Bugey. — Menabrea. Orig. féodales des Alpes Occid. — Arch. de la Ch. des Comptes de Grenoble.

qui furent laissées à François comme héritier particulier d'Antoine de Vinay. La substitution graduelle et totale était tellement reconnue, tout au moins d'une manière implicite, qu'il fut tenu de rembourser la coseigneurie de Murinais qu'Antoine avait reçue d'Aynard III son père et avait ensuite aliénée. Il n'y a donc pas lieu de s'étonner si les cadets de la branche de Vinay étaient dans une situation de fortune et de puissance, bien inférieure à celle de leurs aînés.

La fille unique de Billette de la Tour porta cette vaste succession, par son mariage, dans la maison de Tournon déjà alliée à la sienne, et Albert de Sassenage devenu seigneur de Vinay en 1399, prit le nom et les armes de *la Tour*, malgré l'existence des branches collatérales de cette maison, de même qu'Henry de Bérenger son aïeul paternel, avait pris le nom et les armes de Sassenage, du vivant de Didier de Sassenage dont la descendance a duré jusque vers la fin du XVIme siècle. Nous ne pouvons nous dispenser d'une remarque à ce propos: n'est-il pas étrange de reprocher à messieurs de la Tour-du-Pin, de s'être appelés autrefois *la Tour*, comme du reste l'avaient toujours fait les membres de la branche de Vinay et celle des Dauphins, quand on voit les seigneurs de Chaste (1) négliger pendant 500 ans le nom de Clermont qu'ils ne reprirent qu'au XVIIe siècle, et les membres d'une même famille s'appeler tantôt Bérenger, tantôt Sasse-

(1) Catherine de Chaste était la femme d'Antoine de la Tour, seigneur de Vinay, et Amédée, seigneur de Chaste, son neveu, épousa Françoise de la Tour, fille d'Albert de Sassenage, dit de la Tour, seigneur de Vinay. (Voir les tableaux généalogiques de la maison de la Tour-du-Pin.)

nage, tantôt Morges, tantôt la Tour selon les alliances
qu'ils contractaient ?

M. de Valbonnais s'arrête ici, n'ayant connu presque aucun des cadets de la branche de Vinay, ne connaissant même pas les femmes de tous leurs aînés. Il
dit que s'il a poussé si loin cette généalogie (celle des
Dauphins de la maison de la Tour-du-Pin), c'est
pour montrer quels en furent les derniers rejetons ;
mais, quelque érudit, quelque judicieux qu'il fût d'ailleurs, il avait examiné uniquement les titres de la
Chambre des Comptes, et même, étant aveugle, il
n'avait pu les compulser et les étudier que par l'inter-
médiaire de ses collaborateurs ; aussi sa conscience
l'obligeait-elle à ne parler, comme on dit maintenant,
que *sous toutes réserves* ; car les archives particu-
lières qu'il ne connaissait pas, pouvaient naturellement renfermer bien des preuves destinées à éclairer
des faits restés d'une grande obscurité pour lui.

Du reste, vu la date de ses ouvrages et celle des histoires publiées par Du Chesne, Guichenon, Du Bouchet, Chorier, Guy Allard, Justel, Baluze, Flacchio et
autres écrivains célèbres, vu aussi la teneur des lettres
échangées entre Baluze et Valbonnais et publiées en
tête de l'histoire du Dauphiné, on est fondé à croire
que ce ne sont pas les la Tour-Gouvernet (ses proches
parents per alliance) auxquels notre docte président
faisait allusion, mais beaucoup plutôt les la Tour-
Châtillon de Zurlauben en Suisse, les la Tour de Milan, les la Tour et Taxis et surtout les la Tour d'Auvergne que leurs historiens attitrés et leurs panégyristes proclamaient *urbi et orbi* être non seulement
les agnats, mais même *les aînés* de nos Dauphins.

Déjà Guy Allard (1) avait critiqué avant lui, les erreurs flagrantes et multipliées du système de Justel,
ne s'était rangé qu'avec précaution à celui de Du
Bouchet et avait conclu en ces termes : « Cependant
« si nous en croyons Nicolas Chorier dans son histoire
« du Dauphiné, la Tour d'Auvergne est plutôt une
« branche collatérale de la famille de la Tour-du-Pin

(1) Pour juger de ce que cela veut dire , il n'y a qu'à se
rappeler la volte-face de Chorier. On s'explique le secret de cette
métamorphose en lisant ce qu'en dit Lancelot, (Hist. des Chevaliers du Saint-Esprit (tome 66 f° 5807), le même érudit qui fut
pendant plusieurs années , le collaborateur du président de
Valbonnais. On lit dans la Vie de Turenne , de M du Buisson :
« MM. de Gouvernet de Montauban et de la Charce sont de cette
« maison-là, et il y en a quelques-uns d'entre eux qui m'ont dit
« que la maison de Bouillon et la leur n'étaient qu'une même chose.
« Mais il n'est pas juste de les croire sur leur parole, car on ne
« doute point qu'ils ne fussent bien aise d'être regardés comme
« parents de MM. de Bouillon qui tiennent non seulement un
« grand rang en France, mais qui sont encore extrêmement con-
« sidérés en Allemagne à cause des alliances qu'ils y ont avec
« plusieurs princes. » On ne peut nier qu'il y ait du vrai dans
« cette petite critique adressée à Mrs de la Tour-du-Pin. Mais
Chorier ne la méritait-il pas bien davantage quand il disait au
cardinal de Bouillon :

« Il le fallait de la sorte, Monseigneur, pour l'illustre nom de
« la Tour et de tant de souverains de votre Sang. Ils ont égalé par
« leurs vertus héroïques le titre de Dauphin, à tout ce que la di-
« gnité a de plus éminent. *Il leur est bien glorieux que je n'aie
« pas été contraint de leur chercher un protecteur hors de leur
« maison,* que le secours dont ils ont besoin, soit un honneur à
« leur Sang. Seul vous leur seriez un honneur infini, quand
« même les grands noms de Bouillon et de Turenne ne contri-
« bueraient pas, comme ils font, si avantageusement à leur gloire. »
On peut juger par ce trait de *la conscience* de cet historien !

« que celle-ci n'a tiré son origine de l'autre. Je devais
« la remarque que je viens de faire, à la vérité et à
« la mémoire d'une des plus illustres et considérables
« familles de cette province (1). »

Ainsi nos premiers historiens, sans nier la communauté d'origine entre les deux familles, se refusaient à considérer les anciens barons souverains de la Tour-du-Pin et les Dauphins leurs descendants, comme *des cadets* des seigneurs de la Tour, ancêtres des ducs de Bouillon, et quel que fût leur désir de complaire aux princes de cette illustre et florissante maison , ils hésitaient grandement à adopter un système si bien fait pour flatter sa vanité. Valbonnais qui arrivait après eux, qui avait très peu d'estime pour Chorier, et ne voulait rien certifier en dehors de ce qui lui était prouvé par les titres existants dans les archives de la Chambre dont il était le premier président, coupa court à ces incertitudes ; ne trouvant, dit-il, rien que de confus au delà dé l'année 1107, il se refusa nettement à attester la commune origine de deux maisons qui, au dire même des auteurs précités, étaient séparées dès l'an 1 000, et il tint à faire précéder son ouvrage, de sa correspondance explicative à ce sujet. Il y a donc tout lieu de supposer que tel est l'objet qu'il avait réellement en vue en parlant des familles « qui sur la conformité du nom, pouvaient se flatter de la même origine. » N'était-ce pas chose sérieuse en effet pour l'historien de la maison de la Tour-du-Pin, que de déclarer qu'elle n'était point originaire du Dauphiné et qu'elle venait *d'un cadet*

(1) Guy Allard. Dict. du Danphiné, publié par M. Gariel.

d'autre province? En quoi pouvait nuire au contraire à la gloire de l'ancienne maison de la Tour-du- Pin, d'admettre que les marquis du Gouvernet, de la Charce et de Montauban étaient issus d'un puîné d'une de ses branches collatérales ? Car enfin ces derniers n'ont jamais prétendu à autre chose et comment Valbonnais aurait-il pu affirmer qu'aucun des seigneurs de Vinay n'avait eu de frères cadets et qu'aucun de ceux-ci n'avait eu de postérité ? Il était assurément trop circonspect dans ses affirmations pour commettre une semblable imprudence ; aussi s'empressait-il d'ajouter comme pour laisser le champ libre à toutes les productions ultérieures : « On peut du moins as- « surer, *sans préjudice des preuves qu'elles en peu-* « *vent avoir d'ailleurs*, que ce serait en vain qu'on en « chercherait les titres dans les régistres de la Cham- « bre (1). » Ici encore nous croyons que si Valbonnais s'exprimait d'une façon aussi formelle, c'est qu'il entendait parler des siècles les plus reculés, et par conséquent des la Tour étrangers au Dauphiné. Comment cela se serait-il appliqué aux la Tour-du-Pin, quand lui-même a cité tant de personnages du nom de la Tour, vivants au xive siècle, dont il ne connais- sait pas l'origine ? par exemple : *Pierre de la Tour châtelain de Séderon* (I.p. 52) ; *Pierre de la Tour châtelain d'Oulx* père de *Guigues*, qui figure parmi les officiers delphinaux venus pour prêter serment au nouveau Dauphin en 1343 ; (II.p. 462), et *Aynard commandeur de Marseille* (I. 212) et *Henry de la Tour secrétaire du Dauphin* (II. 622) et *Autoine de la*

(1) Valb. I. 179.

Tour seigneur d'Arconcier, mari de Billette de la
Tour-Vinay, duquel Valbonnais dit « qu'on ne connaît pas bien l'origine » chose assez étrange puisque
Guichenon avait déjà appris à ses lecteurs que ce
personnage était Antoine de la Tour, baron de Châtil-
lon-en-Valais, seigneur d'Irlins (Irlingen) et d'Arconcier (Erzenbach) en Suisse, et non d'Illins en Viennois, terre appartenant à Aynard III de la Tour, sire
de Vinay et à ses fils, par succession de l'ancienne
maison d'Illins. (Valb. I. 219).

Notre savant président n'a rien dit de l'origine de
tous ces personnages, parce que sans doute il ne
trouvait pas de titres qui la lui expliquassent. Mais il
y avait, il y a encore bien des titres de la Chambre des
Comptes que ce consciencieux magistrat eût pu connaître, et que sans doute il n'aurait pas plus négligés
qu'ignorés, si sa vue lui avait permis de faire ses
recherches par lui-même. Il y a en outre les parche-
mins enfouis pendant des siècles dans les cartulai-
res des églises et dans les chartriers des familles où
l'on comprend que Valbonnais n'ait jamais pénétré,
bien d'autres non plus après lui. Or ces titres puisés
à diverses sources et qui lui manquaient, font précisément cet ensemble complet dont la famille de la
Tour-du-Pin nous a fait connaître récemment l'intéressant résumé.

Nous avons dit qu'Henry de la Tour, Sire de Vinay,
était tenu par la coutume héréditaire de sa maison, à
transmettre toute sa succession seigneuriale à Hugues
son fils aîné ; c'était une raison de plus pour qu'il dési-
rât pourvoir convenablement à l'avenir de ses autres
enfants. Dès l'année 1314 il maria sa fille Alix à Hum-

bert seigneur d'Illins et des côtes d'Arey, puissant
seigneur du Viennois, et le Dauphin Jean II, le quali-
fiant en cette occasion *son très cher cousin*, se porta
caution pour sa dot (1). Il fit entrer ses fils Aynard et
Bertrand dans l'ordre de Saint-Antoine de Viennois,
de tout temps protégé par les seigneurs de Vinay comme par ceux de Châteauneuf, dans lequel ils obtinrent
de riches commanderies comme celles de Pouilles au
royaume de Naples, de Marseille, de Restorf, et d'Allemagne. Il donna au cadet Raymond, le prieuré de
Beaulieu fondé par ses ancêtres (2) et choisi par eux
pour leur sépulture. Quant à Pierre, soit parce qu'il était
son second fils, soit à cause de son humeur chevaleresque, il le fit pourvoir aussi bien que Hugues

(1) Titre orig. de 1314, publié en 1881, avec son fac simile. (Annexes)

(2) La charte de fondation de l'abbaye de Beaulieu par Berlion
de la Tour, Aynard et Berlion ses fils, seigneurs de Vinay, a été
publiée par M. l'abbé Chevalier. Il dit qu'elle « rectifie lanotice de
Valbonnais sur le chef de la branche de Vinay. » Mais la charte
de 1240 est de Berlion, frère et *successeur* d'Aynard, frère aussi de
Gerold et de Iacelme, tous quatre fils de Berlion 1er seigneur de
Vinay, premier fondateur de Beaulieu en 1219, et de sa femme
Ailx de Montluel, et petits-fils d'Albert 1er baron de la Tour-du-
Pin et d'Alix sa femme. (Voir Valbonnais et les tableaux généalogique de la famille). M. l'abbé Chevalier a donc été trompé par
l'existence dans cette charte, des deux Berlion et il n'y a à rectifier,
Valbonnais que pour Aynard qui succéda au premier et périt à la
Croisade en Espagne, et eut pour successeur *in dominio Terræ*,
son frère Berlion II. Cela fait donc un Aynard de plus à la série
des seigneurs de Vinay. (Voir les tableaux généalogiques.) Mais
à cela près, Valbonnais est dans le vrai, et M. Chevalier s'en
convaincra en relisant cette charte peu connue avant la publication qu'il en a faite.

son fils aîné, de diverses châtellenies delphinales :
c'étaient les emplois les plus recherchés de la haute
noblesse en ce temps-là. Les comptes des châtelains
étaient rendus annuellement aux *maîtres des comptes*
des Dauphins, ils formaient par conséquent une série
ininterrompue, chaque châtelain achevant ceux de son
prédécesseur et reportant au compte de sa nouvelle
châtellenie, l'arrêté de la précédente. Pierre de la Tour
exerça ces fonctions dans vingt places différentes, commençant par des châteaux comme Réaumont,, Che-
vrières, Saint-Étienne, Chaste, la Sône, qui étaient peu
éloignés de celui de Vinay, centre de la puissance féodale de sa famille : et passant de là à des postes plus
importants comme Serres, Veynes, Nyons, ou à des
places frontières comme Exiles, Bardonesche, Oulx;
occupant les mêmes emplois qu'avait eus Hugues, son
frère aîné, terminant ses comptes et payant pour lui
ainsi que d'autres fois Hugues le faisait à son égard,
et cela en présence d'Henry (de la Tour), Évêque de
Metz et régent du Dauphiné. Tantôt on l'appelle *Per-
ronet.* comme son frère *Hugonet,* comme son autre
frère *Berirandet* comme sa nièce mariée à Henri de
Béranger, *Hugonette,* comme son propre fils *Guigon-
net,* tantôt on le qualifie *le seigneur Pierre de la
Tour* quand il est bailly de la grande Baronnie de
Montauban, de même que son frère Hugues dit
Turpin, l'est de la baronnie de la Tour-du-Pin, *Bail-
livus Terrœ nostrœ Turris*(1). Il fait des chevauchées
à Avignon, à Saint-Symphorien, à Romans, pour les

(1) Valb. Preuves de la Généal. de la maison de la Tour-du-
Pin. I. 210.

guerres Delphinales , il achète des terres ou en vend près de Tullins et de Moirans, tant pour son propre compte que pour celui du domaine Delphinal ; il est créancier envers le trésor et envers le Dauphin lui-même, de sommes tellement considérables qu'elles montèrent parfois à plus de cent mille francs de notre monnaie, et pour subvenir aux dépenses de ses emplois plus honorables encore que lucratifs, puisque souvent on ne lui en payait pas même les émoluments, il fait des emprunts importants sous le couvert du sire de Vinay, aux Juifs qui font la banque à Lalbenc, à Tullins et à Vinay, aux mêmes Juifs avec lesquels se trouvent en compte Artaude de Bressieu dame de Vinay sa nièce, et Aynard III de la Tour, seigneur de Vinay son neveu, qui leur font des remboursements pour lui en 1345 et en 1350. La confiance du Dauphin Guigues III l'appelle en 1330 à conclure un traité avec les seigneurs de la vallée de Bardonesche, de l'autre côté des Alpes, et grâce à son habileté, ils consentent à céder au prince, leurs domaines où ils ont toujours été à peu près indépendants, et à se déclarer ses sujets, vassaux et hommes liges, en acceptant, en échange, des terres dans le Trièves. Enfin pour l'indemniser peu à peu des services onéreux qu'il a rendus à lui-même et à ses prédecesseurs, Humbert II lui donne la châtellenie d'Oulx, avec le droit de se rembourser annuellement sur ses revenus. Pendant qu'il réside dans cette place à laquelle sa situation au débouché du mont Genèvre vers le Piémont, donne une importance toute spéciale, Pierre de la Tour envoie son fils Guigues déjà châtelain comme lui, prêter serment au nouveau Dauphin en 1343 et recevoir de rechef l'in-

vestiture de sa charge (1). Il marie son fils à Béatrix
de Morges, dame de Darne, de la maison de Bérenger, dans le même temps où Huguette de la Tour sa
nièce, fille de son frère aîné Hugues Turpin alors dé-
funt, épouse Henry de Bérenger, Seigneur du Pont-
en-Royans et ensuite Baron de Sassenage, du consentement d'Aynard III de la Tour, Sire de Vinay frère
de la dite Hugonette, et de Raymond de la Tour, prieur de Beaulieu, son oncle. Possesseur de quelques
terres autour de Vinay, de Moirans, de Tullins et, par
son mariage, de plusieurs autres à la Cluse et à Varces,
le Châtelain Pierre se retire vers la fin de sa vie près
de Grenoble, à Saint-Martin-le-Vinoux et à sa mort,
il est honorablement enseveli dans l'église paroissiale
de ce lieu où sa tombe avec ses armes « qui étaient
une Tour, » a subsisté jusqu'au commencement de
notre siècle (2).

Que de preuves de l'origine de ce Pierre deux fois
mentionné par Valbonnais depuis l'an 1316 jusqu'à
l'an 1349 où *son fils* Guigues, ancien châtelain de
Veynes, étant mort prématurément, investi de la châtellerie d'Oulx, nous voyons Raynaud de Morges
rendre ses comptes au nom de ses enfants et héritiers !
jusqu'à l'an 1350 où les banquiers juifs de Vinay, et
Lalbenc donnent au magnifique seigneur Aynard de
la Tour, sire de Vinay, *son neveu,* un reçu des sommes

_____

(1) Valb. II. 462.

(2) Mémoires manuscrits du marquis de la Tour-du-Pin. — Montauban, maréchal de camp, marié à Mlle de Tencin, et alors
habitant à Grenoble. Ils relatent le lieu exact de la sépulture et
le texte de l'épitaphe (annexes. 1881)

dont il a achevé le paiement en son nom ! jusqu'en 1350 et 1351 où Girard de la Tour son *petit-fils*, réclame *officiellement* les sommes dues par les Dauphins à Guigues son père et à Pierre son aïeul, châtelains d'Oulx comme il l'est encore après eux !

Girard de la Tour, encore mineur en 1350, ne l'était plus en 1353, date à laquelle il albergea les prairies qu'il possédait autour de Vinay, à Antoine Sachet, prieur du couvent des Écouges. En 1354, il albergea d'autres biens à noble Hugues de Commiers, en son nom et au nom de Jean de la Tour, son frère cadet et son pupille ; c'est de même, au nom de ce Jean, non plus mineur, mais absent, qu'il vendit le 25 mai 1357 à Messire Thomas Froment, chanoine de Saint-André de Grenoble, les biens qu'il possédait à S^t- Martin le Vinoux, en franc-alleu et directe seigneurie par acte passé à Grenoble, devant André Vachon, notaire delphinal, en présence de Jean de la Tour de Varces. Il épousa Aynarde de Miribel, parente d'Amandrette de Miribel qui avait été mariée précédemment à un Guigues de la Tour, Damoiseau, *dit de la Pierre*, dont elle était veuve avant 1330, et il eut entre autres enfants, Girard qui naquit en 1364 (1).

Quant à Jean son frère, surnommé de *Montroman* du nom de l'un de ses fiefs situé dans la paroisse de Saint- Paul en Triéves, il se trouvait au château

______

(1) Gén. de la maison de Gouvernet, remontant à *Girard de la Tour, de la maison de la Tour-du-Pin en Dauphiné*, vivant en 1360, envoyé par César de la Tour, marquis de la Charce, en 1635 à Peiresc. — Enquête de 1414 sur la noblesse de Claude Gelat, de Mens, dans laquelle Girard de la Tour se dit âgé de 50 ans. (Annexes aux tableaux généal. de la maison de la Tour-du-Pin).

de Vinay en 1358 , et y assistait au testament
d'Henry de la Tour, fils puîné d'Hugues dit Turpin,
seigneur de Vinay, qui le faisait son exécuteur testamentaire avec Thomas de Murinais, beau-frère du dit
Henry. Il servit dans la compagnie de François de Sassenage , fils d'Hugonette de la Tour Vinay, pendant
la guerre des Dauphinois et des Provençaux et les
comptes de l'extraordinaire des guerres pour 1369,
l'appellent Jean *de la Tour-du-Pin*, sans doute pour
le distinguer d'un autre Jean de la Tour qui y sert
comme lui. En 1373, il assiste au mariage d'Aymar
de Sassenage fils d'Hugonette de la Tour Vinay, avec
Humilie Aynard (de Monteynard) et il se rend caution
de sa dot, ainsi que Hugues II de la Tour Vinay,
dit Turpin seigneur d'Illins, son cousin. De même
en 1383, il assiste au mariage de Guigues Alleman,
seigneur d'Uriage avec Anne de Châteauneuf, sa parente, sœur de Marguerite de Châteauneuf qui épousa Albert de Sassenage dit dé la Tour, et il est caution de sa dot avec les seigneurs de Sassenage, de
Clermont, de Châteauneuf, d'Aynard, d'Arces, de
Virieu, de Theys, de Morges &&...C'est en ce temps-là
que Girard de la Tour, *fils de Girard son frère aîné*
et d'Aynarde de Miribel, va s'établir définitivement à
Clelles où il possédait la seigneurie de Darne du chef
de Béatrix de Morges, son aïeule, et les titres prouvent que « Jean de la Tour dit de Montroman, *son
oncle*, » y avait des droits indivis avec lui. Enfin Jean
meurt en 1413, comme on le voit par divers actes de
Guigonne d'Arces, sa veuve, et en 1416, leur fils
Jean de la Tour est l'un des exécuteurs testamentaires
d'Albert de Sassenage, dit de la Tour, mari de Mar-

guerite de Châteauneuf, et tige de la branche de la Tour Sassenage qui s'éteignit au XVIe siècle.

Comment trouver une série de preuves plus convaincantes ? généralement lorsqu'il s'agit d'établir le point de jonction entre deux familles ou deux branches d'une même famille, on ne parvient, s'il y a doute, qu'à grouper à grand' peine, quelques titres plus ou moins concluants, et l'on ne peut procéder que par induction. Mais ici, il n'est pas question de probabilité ; les preuves abondent, les faits s'enchainent sans interruption, les dates se *rapportent* parfaitement les unes aux autres, et la lumière jaillit de toutes parts.

Cependant on a dit : « il est hors de doute que Henry « de la Tour, seigneur de Vinay, ne laissa qu'un fils « unique, Hugues dit Turpin ?»

Et la dot de *sa fille* Alix, cautionnée par le Dauphin en 1314?

Et les comptes de Hugues et de Pierre, *ses fils*, châtelains et baillis des Dauphins, l'un et l'autre et en même temps ?

Et Aynard, *son fils,* commandeur de Marseille ?

Et Bertrand, *son autre fils* , commandeur d'Allemagne?

Et Raymond *son fils encore*, prieur de Beaulieu ?

Ce Raymond donne son consentement au mariage d'Hugonette de la Tour Vinay, *sa nièce,* avec Henry de Bérenger.

Cet Aynard, ce Bertrand donnent le leur au mariage d'Antoine de la Tour Vinay, *leur petit-neveu,* avec Catherine de Chaste.

Bertrand et Raymond jurent d'observer la sentence

arbitrale rendue par le Dauphin entre *leur neveu* Aynard, sire de Vinay et le seigneur de Châteauneuf, et prêtent le serment que le prince impose aux frères de ces deux seigneurs et à leurs parents du même nom , *Fratres et alii de recto cognomine eorumdem* (1).

Artaude de Bressieu, dame de Vinay, donne des quittances ou envoie de l'argent pour Aynard et Bertrand, commandeurs, et pour le châtelain Pierre, *ses oncles*, pour Henry et Guillaume, *ses beaux-frères*.

Aynard sire de Vinay achève le remboursement aux banquiers juifs, des sommes dues par le châtelain Pierre, *son oncle* (2).

Ce Pierre, châtelain d'Oulx, envoie *son fils* Guigues prêter le serment au nouveau Dauphin, de même que le lui prête son neveu Aynard, sire de Vinay.

Girard de la Tour réclame les sommes dues par le gouvernement delphinal à Guigues *son père* et Pierre *son aïeul* châtelains d'Oulx.

Jean, *frère cadet et pupille de Girard*, est au château de Vinay, exécuteur testamentaire d'Henry de la Tour-Vinay.

Il est ainsi que Hugues de la Tour-Vinay, seigneurs d'Illins, caution de la dot d'Humilie Aynard, lors-

---

(1). Valb. I. 213. Annexes aux tableaux généal. de la maison de la Tour-du-Pin.

(2) Parchemin orig. de 1350, dont le fac simile publié en 1881 (annexes). Ce titre est des plus concluants ; mais il n'est pas le seul qui prouve l'origine de Pierre ; car nous avons remarqué qu'il n'en était pas parlé dans les mémoires de Moulinet qui la démontraient cependant fort bien — Ce titre n'a été sans doute connu que par la suite.

qu'elle épouse Aymar de Sassenage, fils d'Hugonette
de la Tour-Vinay.

Il fait la guerre dans la compagnie de François de
Sassenage, fils aîné de cette Hugonette, le même qui
plus tard devint l'héritier d'Antoine de la Tour, sire
de Vinay.

Son fils Jean de la Tour est exécuteur testamentaire
d'Albert de la Tour-Sassenage, fils de cet Aymar de
Sassenage auquel Jean lui-même avait, lors de son
mariage, servi de caution.

Qu'est-il besoin de prolonger une telle énumération
de faits ?

Divers auteurs s'étonnent de ce que Antoine de la
Tour, dernier seigneur de Vinay, ait laissé ses biens,
son nom et ses armes en 1394, à François de Sassenage, son cousin germain, du vivant de Girard de la
Tour de Clelles, son cousin au 4ᵉ degré ; mais Henry
de Bérenger, père de François et d'Aymar de Sassenage n'avait-il pas hérité *de même*, des biens, du nom
et des armes de Sassenage , du vivant de Didier de
Sassenage, seigneur de Montrigaud, lui aussi châtelain et bailly delphinal dont la postérité se perpétua
encore pendant plus de deux cents ans (1) ?

Comment a-t-on pu direque«dans les actes nombreux
relatifs aux affaires de la branche de Vinay, on ne
rencontre pas un seul mot qui indique l'existence des
parents collatéraux », quand on trouve tant de titres

---

(1) Chorier dit à ce propos (hist. de la maison de Sassenage p.
33) : « Cette branche a survécu sa tige près de 200 ans. Hugues
« qui la forma, ne vécut pas obscurément ; on le vit dès sa ten-
« dre jeunesse, en toutes les occasions où l'honneur et le devoir
« l'appelaient. Agnès de Bressieu (*lisez Villars*) femme d'Aynard

où Pierre, Aynard, Bertrand, Raymond, Alix, Henry, Guillaume, Jean && ..... sont mentionnés ?

On a parlé aussi de la différence entre les armoiries « des deux familles » de la Tour-du-Pin. Or les la Tour de Clelles issus des châtelains d'Oulx, ont toujours porté : *de gueules à la tour d'argent*, comme « l'ancienne maison » de la Tour-du-Pin, ne retranchant que l'avant-mur que les aînés seuls y ajoutaient, non comme une brisure par rapport aux la Tour d'Auvergne (ce qui est une pure invention des panégyristes des ducs de Bouillon), mais comme une allusion à la seigneurie de la Tour-du-Pin possédée par moitié et par indivis, par les deux branches issues d'Albert Ier (1). En d'autres termes, nous pensons que

« de la Tour seigneur de Vinay, voulut qu'il fût présent à son
« testament l'an 1298 et prit ses conseils. Ce fut alors qu'il jeta
« les fondements de l'étroite amitié qui unit depuis les maisons
« de Sassenage et de Vinay, et qui fit entrer par un mariage
« dans celle-ci les principaux biens de l'autre ».

Cet Hugues était père de Didier de Sassenage, seigneur de Montrigaud.

(1) La branche des Dauphins et celle de Vinay étaient issues d'Albert II de la Tour, marié à Marie d'Auvergne, et de Berlion marié à Alix de Montluel, tous deux fils d'Albert 1er de la Tour, baron de la Tour-du-Pin, ainsi que l'a prouvé Valbonnais et que tous les titres le constatent. Guy Allard, (dict. hist. du Dauphiné, publié par M. Gariel, et Généal. de la maison de la Tour-du-Pin) avait commis une erreur grave en faisant descendre la branche de Vinay, d'Albert IV frère *aîné* du Dauphin Humbert Ier et qu'il a cru au contraire être son frère *puîné*. Valbonnais a prouvé l'erreur de Guy Allard sur ce point. Il a existé une famille du nom de *Vinay* que divers auteurs ont cru être issue de Guillaume fils naturel d'Albert IV qui était, dit M. le baron de Coston « seigneur et baron souverain de la Tour-du-Pin en 1280. »

c'étaient les armes propres, non de la famille, mais de la ville et seigneurie de la Tour-du-Pin, *sigillum Turris*. Aussi ne pouvons-nous jamais sans en rire, voir celles que cette ville s'est données dans des temps récents et qui sont une tour et un pin, comme si l'on ne savait pas que le mot *Pin* est dérivé du celtique *Pen*, (hauteur, éminence, sommet), absolument de même qu'Apennins, Alpes Pennines && ....

Les Sassenage ayant pris le nom de la Tour , conservèrent les armes avec l'avant-mur, comme les portaient les sires de Vinay, bien qu'ils n'eussent pas hérité d'eux, comme ils y avaient prétendu d'abord, *la parerie de la Tour-du-Pin ;* d'autre part, les la Tour de la Cluse portaient de gueules à la tour d'argent sommée d'un lion ou griffon d'or ; alors les la Tour de Clelles pour se distinguer des uns et des autres, placèrent trois casques en chef au-dessus de leur tour dans le champ de l'écu. Les la Tour de Montroman, leurs cadets, plaçaient ces casques sur un chef d'azur : beaucoup plus tard les la Tour- Gouvernet s'avisèrent d'intervertir leurs armes et placèrent leur tour sur un fond d'azur, en conservant le chef de gueules sous les casques ; mais ils ne firent cette modification que pour avoir les mêmes couleurs que les Ducs de Bouil-

D'abord Albert IV était mort en 1269, comme le prouve Valbonnais. Ensuite la charte de fondation de l'abbaye de Beaulieu (1219-1240) nomme *Simon et Guy de Vinay frères,* ce qui prouve que si réellement cette famille de Vinay était issue de la maison de la Tour-du-Pin , leur séparation était beaucoup plus ancienne qu'on ne le croit généralement. (Voir Guy Allard — Valb. —Baron de Coston. hist. de Montélimar I. 365. Tableaux de Moulinet, erronés sur ce point.)

lon qui revendiquaient une conmune parenté. Il est possible qu'en cela, leur inspiration ne fût pas fort heureuse ; mais quoi qu'il en soit, c'est un chan-- gement trop moderne pour qu'on en puisse tirer aucune conclusion. A cette modification près, les armes de leur famille, sont toujours restées exacte- ment les mêmes, puisqu'évidemment les casques n'y ont été qu'une addition ; et quant aux Dauphins dont elles sont maintenant écartelées en souvenir de la branche aînée de cette maison, ils n'ont pas plus changé leurs armes qu'ils ne changeaient celles du fils aîné de nos rois.

Quand après toutes les preuves que nous venons d'énumérer si rapidement, on voit que nos souverains ont toujours accueilli avec une faveur marquée , l'adoption par messieurs de Gouvernet, de la Charce, de Montauban et de Verclause, du nom glorieux de *la Tour-du-Pin ;* qu'ils ont signé tous leurs actes, brevets et contrats successifs depuis deux siècles ; qu'en 1815, Louis *XVIII* a élevé le chef de leur famille à la dignité de Pair de France, uniquement en considé- ration de *l'honneur qu'il avait de lui être allié»* ; et qu'encore en 1820 et pour le même motif, il l'a par de nouvelles lettres patentes, créé « marquis de la *Tour- du-Pin ;»* il devient vraiment futile et déraisonnable de contester plus long-temps à une si noble lignée, sa glorieuse origine ; quant à nous que tant de documents précieux ont éclairé et convaincu, nous nous trouvons heureux de penser que Philis de la Charce, l'héroïne du Dauphiné, était issue en ligne directe, et de mâle en mâle, de l'antique race qui avait produit les der- niers souverains de notre beau pays.

CHAPITRE III

Le voyageur qui se rend de Nyons à Gap, passant ainsi du département de la Drôme dans celui des Hautes-Alpes, parcourt une superbe contrée, un peu sauvage peut-être, mais pittoresque, qui formait autrefois la limite de la Provence et du Dauphiné. En sortant de Nyons, la route suit le cours de l'Aygues jusqu'au delà de Rémuzat et continue ensuite par Verclause, Rozans, l'Epine et Serres.

Mais si l'on quitte cette route à Rémuzat, on entre dans la vallée de l'Oulle, où l'on admire d'abord les ruines imposantes de Cornillon, ville forte détruite, dit-on par les Sarrasins, et château féodal ayant appartenu aux marquis de la Charce qui portaient même le

titre de barons de Cornillon et de la Val d'Oulle,
l'une des plus anciennes baronnies du pays.

On passe ensuite à la Motte-Chalançon, à Rottier,
et en suivant les gorges pittoresques de l'étroite mais
fertile vallée de l'Oulle, on arrive à la Charce dont le
nom vient de *Carcer*, prison, selon les anciens titres,
ou plutôt de *Cerca, sarce, sarceyum,* (bois, brous-
sailles,) selon l'opinion très judicieuse de M. de Coston (1).

Ce village n'a ni curé ni église et est presque entièrement protestant comme au 16ᵉ siècle (2), Il est
bâti à 675 mètres d'altitude sur un promontoire qui
s'avance au confluent de l'Oulle et des rivières d'Establet et de Pommerol, et dont ses maisons occupent
l'extrémité. En arrière s'élèvent d'abord les dépen-
dances, puis le château même de la Charce, vaste
quadrilatère avec une cour intérieure, dont il ne subsiste plus qu'une façade avec deux grandes tours et
les débris des deux autres et des murs qui achevaient
l'édifice. La citerne, si profonde qu'elle descend, pré-
tend-on, jusqu'au niveau de la rivière, est d'une cons-
truction remarquable et l'inscription gravée sur une
pierre, nous apprend qu'elle date de 1588.

A l'intérieur, on admire les escaliers spacieux, leurs
voûtes aux élégantes nervures dont les clefs portent
les tours sculptées des la Tour-du-Pin et des Artauds,
avec l'inscription *René de la Tour, Seigneur de
Gouvernet. 1583.* On est frappé des nobles proportions de la grande salle avec ses larges et profondes

(1) Bulletin d'Archéologie de la Drôme T. VI. année 1871.

(2) Il n'y a aujourd'hui que quatre ou cinq catholiques.

fenêtres, ses épaisses murailles et son immense cheminée. M. Porte, propriétaire actuel du château et de
son domaine où il récolte des vins excellents et re-
nommés, conserve soigneusement une pierre autrefois scellée au-dessus d'une des portes principales du
château, et sur laquelle sont sculptées d'une main habile les armes de René de la Tour et d'Isabeau de Montauban, sa femme (1).

On remarque encore dans l'intérieur du château,
une pièce que la famille Porte respecte d'une manière
toute particulière, et qui depuis un temps immémorial
dit-on, est appelée *la chambre de Mademoiselle*. La
tradition du pays veut que ce fût la chambre habité e
par Philis.

C'est tout ce qui reste de ce château monumental, si
célèbre autrefois dans nos contrées, mais cette façade
et ses tours fièrement plantées sur l'arête escarpée d'où
elles dominent les trois vallées, en face de hautes et
superbes montagnes, ont encore un aspect imposant
qui donne une certaine idée de la puissance seigneuriale de ses anciens maîtres (2).

On passe ensuite à Sainte-Marie où subsistent les
ruines du vieux manoir des Rivière, anciens seigneurs

---

(1) L'écusson est écartelé aux 1 et 4 d'une tour sommée de trois
casques, aux 2 et 3 de trois châteaux à trois tours chacun : avec
deux griffons pour supports ; l'écu surmonté d'un casque avec
ses lambrequins, une tour en cimier, et le reste effacé ou mutilé.

(2) **Par** une singulière confusion, les *guides Joanne,* qui se
trouvent entre les mains de tous les voyageurs, prétendent que
le château de la Charce a appartenu à Mme Deshoulières. On
verra par la suite de ce récit, ce qu'il faut penser de cette ridicule
assertion.

de la Charce, de Bruis et de la val Sainte-Marie, dont la devise gravée sur une cheminée autour d'un curieux monogramme, était : *Gratia Dei, id sum quod sum.* Cela fait penser aux fières devises des Rohan et des Coucy.

Bientôt on arrive à Bruis, (jadis Brueys ou Brueix) qui occupe le centre de la vallée de l'Oulle et semble y cacher ses maisons éparpillées, au milieu d'un nid de verdure. Sur un monticule voisin dont les pentes sont parsemées de noyers, d'amandiers et de mûriers, se dresse une belle tour carrée qui remonte, selon toute probabilité au temps des Sarrasins. Le village de Bruis a dû jadis être construit auprès de cette tour qui servait à le défendre ; car de vieilles maisons qui tombent en ruines, quelques vestiges de rues, des tuyaux de fontaine, l'emplacement d'une église et d'un cimetière, découvert récemment par un de nos savants archéologues des Hautes-Alpes sont des indices certains que le temps a respectés jusqu'ici.

Au pied de ce monticule, on a trouvé il y a quelques années, une dalle de marbre qui se voit aujourd'hui encore incrustée sur le devant d'une maison d'habitation.

Cette dalle dont il ne reste plus qu'un fragment de 43 centimètres de longueur et 23 de hauteur, porte l'inscription suivante :

PACE BONÆ MEMORIA

ANNIS QUINQVAGINTA

OHANNE V. C. C. IND. SECVNDA.

Nous devons à M. Joseph Roman, correspondant du Ministère pour les travaux historiques, la reconstitution et la traduction de cette inscription chrétienne :

(Hic requiescit in) pace bonæ memoriæ
    (N. qui vixit) annis quinquaginta
(Decessit sub) Johanne viro clarissimo consule
    indictione secundâ.

« Ici repose en paix, N. de bonne mémoire, qui vécut 50 ans et mourut sous le consulat de Jean, homme
très illustre, indiction seconde. »

Le consulat de Jean, consul d'Orient, bien connu
par d'autres monuments, nous donne, selon M. Roman,
la date de l'an 539 de J.-C, en sorte que cette inscription
a beaucoup de valeur, étant le plus ancien monument
écrit et daté de l'époque chrétienne dans nos Alpes.

On ne peut traverser Bruis sans visiter l'ancien château des Rivière et des Causans, possédé aujourd'hui
par M. Alphonse Andréoly, de Serres, descendant de
ces nobles familles et de celle des Planchette de Piégon,
lequel conserve précieusement dans ce manoir, les anciens portraits de ses ancêtres maternels et de leurs
amis. Au siècle dernier, ce château était possédé par
Mme Françoise de Rivière et son mari, César de Vincens-Mauléon, seigneur de Savoilhans et de Rocheguérin, fils aîné de François de Vincens-Mauléon de
Causans, seigneur desdits lieux et d'Élisabeth de la
Tour, sœur de Pierre marquis de la Charce et fille de
César, marquis de la Charce et de la pieuse Françoise
de Soissans d'Arénes, sa seconde femme. Ainsi les
derniers seigneurs de Bruis au siècle dernier, avaient
une étroite parenté avec la famille de la Charce, puisque César de Vincens-Mauléon dont nous venons de
parler, était le cousin-germain de Philis, quoique beaucoup plus jeune qu'elle. Nous aimons à constater
les relations de parenté et d'amitié qui unissaient ces

nobles familles et à nous représenter Philis de la Charce venant souvent visiter les châtelaines de Bruis et
s'asseoir avec elles sous ces noyers gigantesques qui
environnent le manoir et dont plusieurs, mesurant
jusqu'à sept mètres de tour existent encore aujour-
d'hui.

Quant à la famille de Vincens de Causans, elle aussi
existe encore, mais elle a quitté nos contrées. Causans ! nous ne pouvons prononcer ce nom, sans qu'il
éveille en nous, de bien touchants souvenirs. Comment
oublier en effet cette marquise de Causans qu'à cause
de sa prudence, de sa douceur, de la fermeté de ses
principes, le vertueux roi Louis XVI honora d'une
estime assez profonde pour la mettre à la tête de la
maison de Madame Élisabeth de France, sa jeune
sœur ? Deux de ses filles surtout avaient plu particulièrement à l'auguste princesse ; l'une d'elles voulait se faire religieuse, et c'est Madame Elisabeth,
elle-même, qui prit la direction de cette âme d'élite ;
puis elle obtint du Roi de consacrer à la dot de l'autre,
les étrennes qu'il devait lui donner à elle-même pendant cinq ans ; elle lui fit épouser le Mis de Raigecourt
et en fit sa dame d'honneur et son amie intime. Leur
famille a pieusement conservé plusieurs lettres écrites
à Mesdames de Causans et de Raigecourt par cette
princesse admirable qui, après avoir prévu toutes les
horreurs de la Révolution, devint volontairement une
de ses plus pures, de ses plus innocentes victimes.
Elles donnent une haute idée du caractère fortement
trempé de Madame Elisabeth et inspirent autant
d'amour que de vénération pour ses vertus sublimes.
Quand on lit ces lettres si touchantes, on ne peut

moins faire que d'aimer, à son tour, celles à qui cette
angélique sœur du Roi Martyr avait voué une affection
si sincère, et le vieux nom de Causans conservera éter-
nellement le reflet de sa sainte amitié (1).

En continuant à suivre les mille sinuosités de
l'Oulle au milieu des saules où les clématites s'enlacent,
des pruniers chargés de fruits, des peupliers élancés
de l'Italie et des gros noyers qui ombragent le fond de
la vallée et protègent ses vertes prairies contre la
réverbération de ses montagnes arides et escarpées,
on arrive enfin à Montmorin ou Montmaurin, qui tire
évidemment son nom du séjour des Maures ou Sarrasins. Ce bourg est bâti en amphithéâtre sur une
colline que couronnent une église et les restes peu
reconnaissables d'un château féodal. Tout autour à
quelque distance, se dressent en un vaste hémicycle,
les hautes montagnes rocheuses dans lesquelles l'Oulle
prend sa source, et qu'il faut gravir par les lacets
raides et multipliés du col des Tourettes, pour aller
rejoindre de l'autre côté de la montagne de Maraysse
(1567ᵐ), la vallée de Ribeyret, de l'Epine, de Montclus
et de Serres, c'est-à-dire la route de Nyons à Gap.
C'est là, au fond de cette vallée de l'Oulle si intéressante à visiter, au bas du bourg de Montmorin et
en face de rochers aux crêtes capricieuses et aux
profils fantastiques, que la marquise de la Charce
aimait à passer tout le temps qu'elle ne donnait pas à
la Cour, à Nyons, à la Charce ou à ses habitations du
Languedoc. Son ancienne demeure existe encore,
fraîche, commode, spacieuse, ouvrant sur des treilles,

(1) Eloge hist. de madame Elisabeth de France, par Antoine
Ferrand (nouvelle édit. de 1681, chez Adrien le Clere. Paris).

des jardins, des vergers, des prairies arrosées par un joli ruisseau ; et messieurs Dultier, ses propriétaires actuels, nous y ont fait souvent remarquer la belle disposition des appartements, les vieilles lampes suspendues aux plafonds et le lit sculpté qui faisait partie du mobilier d'autrefois. Au château de la Charce, on montre encore « la Chambre de Mademoiselle » ; à celui de Montmorin, on affirme que c'est de là que Philis partit en 1692 pour le col de Cabre : car le souvenir de l'héroïne est resté vivant dans toute cette vallée de l'Oulle dont les honnêtes et courageuses populations avaient jadis répondu avec empressement à son appel, pour marcher bravement au-devant de l'ennemi et l'empêcher d'envahir et de désoler leur pays.

Philis naquit à Montmorin le 5 Janvier 1645, presque en même temps que mourait dans son château de Mirabel, près de Nyons, son grand-père César de la Tour de Gouvernet, marquis de la Charce, lieutenant général du Duc de Rohan, maréchal des camps et armées et conseiller d'Etat et privé.

« Le 5 de l'an 1645, ma femme s'accoucha d'une « fille à Montmorin. Elle y fut baptisée par M. Bonnet, « notaire à la Charce ; elle a nom Philippe et on la « nomme Philis. M. le conseiller de Saint-Germain, « oncle de ma femme à la mode de Bretagne, est son « parrain, et Madame la conseillère de Moret (1), sa « marraine, laquelle était sœur de Mme de Mirabel

(1) Philippe de Peyre mariée à Enémond Moret, conseiller au Parlement de Grenoble, grand-père du président de Valbonnais.

« mère de ma femme, toutes deux de la maison de
« Peire près de Serres. M. de Jarjayes (1) fils d'une
« autre sœur de Mme de Mirabel, la présenta au
« baptême avec ma fille de Curban (2). »

(Extrait d'un papier manuscrit du marquis de la
Charce, intitulé : « Mémoire des enfants que Dieu m'a
« donnés de noble Françoise de la Tour, ma cousine-
« germaine, fille de messire Jean de la Tour de Mi--
« rabel, seigneur de Montmorin, et de Sigottier, gou-
« verneur pour le roi de la ville et citadelle de Nyons,
« et de noble Catherine de Peire dame de Sigot-
« tier (3) »).

Ce document original contredit l'opinion généralement établie que Mlle de la Charce était née à
Nyons, et nous apprend qu'elle s'appelait réellement
Philippe, en sorte que le nom de Philis sous lequel
elle est connue, n'est qu'un surnom qui lui fut donné
par la suite, peut-être par son amie Mme Déshoulières et par les autres beaux esprits de son temps
C'est néanmoins celui que la tradition a consacré, et
nous nous garderons bien de le changer.

« Il est rare que l'on puisse refaire toute une vie,
rétablir presque heure par heure les journées d'un
homme d'autrefois (4). » Comment pourrions-nous
espérer d'y parvenir pour une jeune fille élevée dans

(1) Mr de Montauban, seigneur de Jarjayes.

(2) Françoise de la Tour, fille aînée du Mis de la Charce, mariée en 1652 à François de Pontis, seigneur d'Urtis et de Curban.

(3) Albert du Boys. Philis de la Charce ou une héroïne de
Dauphiné au xviie siècle. — Ce document est tiré des archives de
M. Morin-Pons.

(4) Fréd. Masson. Le marquis de Grignan. p. 5.

la maison paternelle, au fond d'une province écartée?
La vie de famille, la vie intérieure n'ont pas d'histoire; la postérité ne conserve le souvenir que des
actions qui ont été publiques et ont fait du bruit dans
les temps passés. Les vertus d'une femme sont un
parfum qui répand sa douce odeur tout autour d'elle,
et qui s'évapore comme une impression fugitive. Ne
nous étonnons donc pas si un voile couvre les années
de l'enfance et de la jeunesse de Mlle de la Charce, et
si ce n'est réellement qu'en 1692, époque de l'invasion
du Dauphiné, qu'elle nous apparaît dans tout l'éclat
de son beau et noble caractère, méritant dès lors cette
glorieuse épithète d'héroïne qui est restée attachée à
son nom.

Son père qui était entré au service dès l'âge de
quinze ans, ne laissait guère se faire une seule campagne sans courir y prendre part, tantôt avec son
grade de colonel ou de maréchal de camp, tantôt
comme aide de camp de Turenne ou bien comme
simple volontaire auprès du Roi. D'ailleurs il avait
hérité de sa famille maternelle, celle de Ginestoux,
l'une des plus anciennes et des plus distinguées du
Languedoc, des terres considérables, entre autres la
baronnie d'Aleyrac et celle des Plantiers dont il avait
porté le nom jusqu'à la mort du marquis César. Il
était donc obligé par ses intérêts, à de fréquents
voyages et à d'assez longs séjours dans cette contrée
où la maison de la Tour-du-Pin ne jouissait pas d'une
moindre considération qu'en Dauphiné et en Provence.
Car son oncle Charles de la Tour, seigneur de Gouvernet, y avait épousé l'héritière du marquisat de Sennevières, l'une des terres les plus importantes du Quercy,

et René de la Tour, baron de Lachau et de Chambaud,
vicomte de Privas, aussi son oncle, avait été député de
la noblesse du Languedoc aux Etats généraux de 1614.

Quant à la marquise de la Charce, orpheline dès
son jeune âge, elle avait été mariée presque enfant, à
son cousin-germain. En effet le *mémoire de ses enfants*, écrit de la main de Pierre son mari, dit qu'elle
était dans sa 14e année lorsqu'elle eut son premier enfant à Nyons, au mois d'août 1636. Elle aurait donc
été dans sa 12e année, autrement dit, elle n'aurait été
âgée que de 11 ans, lorsqu'elle se maria le 5 Septembre 1634. Nous pensons qu'il y a là erreur malgré
l'authenticité de ce document original. Car l'acte mortuaire de 1709, qui se trouve à Nyons, dit la marquise
âgée de nonante ans environ, ce qui met sa naissance
vers 1620, et dans son placet de 1703, elle-même se
dit âgée de 83 ans, ce qui fixe sa naissance à 1620 exactement. Elle avait donc 14 ans lors de son mariage.

M. Albert du Boys dit à ce propos : « Il paraît que
« M. de la Charce s'était marié devant le pasteur pro-
« testant de la Motte-Chalençon. Etant devenu catho-
« lique, il fallut qu'il fît valider ce mariage contracté
« d'ailleurs sans le consentement de ses parents. » Il
y a là une erreur qu'il importe de rectifier. Le marquis César avait abjuré le protestantisme dans ses
dernières années, à la prière de Françoise de Soissans, sa seconde femme, et M. du Boys en a conclu
que le marquis Pierre s'est fait aussi catholique, tandis
qu'il ne consentit jamais à changer de religion (1).
D'ailleurs le mariage de Pierre devant un pasteur
n'avait pas besoin de validation catholique ; car les

(1) Voir la note Ç.

mariages protestants étaient parfaitement valides à
cette époque là. C'est à cause de l'âge de la jeune
mariée que la validation était nécessaire. En effet, son
père, Jean de la Tour de Gouvernet, seigneur de
Mirabel, Montmorin et Sigottier, gentilhomme ordinaire de la chambre du Roi, gouverneur de Nyons, et
sa mère Catherine de Peyre étaient morts prématurément et *Mlle de Mirabel* (comme on l'appelait alors)
avait été placée en 1627, sous la tutelle de Hector de
la Tour, seigneur de Montauban, son oncle, lequel
mourut à son tour en 1630. Elle demeura en réalité
sous celle d'Anne-Charlotte de Sauvain du Chaylard,
dame de Montauban, sa tante, ce qui déplut vivement
à MM. de Gouvernet et de la Charce : et comme elle
était d'ailleurs une riche héritière, son oncle César,
marquis de la Charce enleva l'enfant, l'emmena dans
son château de Mirabel, et se chargea de sa tutelle.
Mme Diane de Peyre, mariée à M. de Montauban-Jar-
jayes, tante maternelle de l'enfant, attaqua César devant
la chambre de l'édit, par requête du 11 Avril 1631 ;
mais elle se désista par acte passé à Grenoble, en la
maison de sa sœur, Mme Philippe de Peyre, femme
du conseiller Moret, en date du 11 janvier 1633. Quant
à Anne-Charlotte, elle ne voulut se désister que moyen-
nant argent et continua pendant de longues années, à ré-
clamer des indemnités pécuniaires, en dédommagement
de la tutelle déférée à Hector de la Tour, son mari. Les
prétentions exorbitantes de cette femme ambitieuse,
qui du reste s'était remariée, occasionnèrent de grandes
querelles de famille et de dispendieuses procédures,
et il fallut que Charles de la Tour, seigneur de Gouvernet et marquis de Sennevières, frère aîné de César

et d'Hector, interposât son autorité en sa qualité de
sénéchal des comtés de Valentinois et de Diois, qui
lui conférait le pouvoir de régler les différends et les
contestations de la noblesse.

D'ailleurs la querelle avait été singulièrement enve-
nimée par le mariage de Mlle de Mirabel, si jeune encore, avec son cousin-germain, Pierre de la Tour,
baron des Plantiers, fils de César, marquis de la
Charce. Il était aisé de crier à la captation, au mariage forcé, imposé à une enfant qu'on avait séques-
trée, et c'est sur ce point que roulaient les procès
intentés par la dame de Montauban. Mais M. du Boys
dit que ce mariage avait eu lieu sans le consentement
des parents. Or il eut lieu au château de Vérone,
près de Nyons, en présence de César de la Tour,
marquis de la Charce, père de l'époux dont l'émanci-
pation faite le 21 octobre 1630, fut confirmée par cet
acte, de René de Vérone, seigneur de Vinsobres, parent et curateur de l'épouse, de Charles de Bellan, de
Valréas, d'Isabeau de la Tour de la Charce, veuve
du comte d'Anterroches , et devant Jacques Potieux
avocat de Die, René Caton, conseiller en l'élection de
Montélimar, Jean Fabre de la ville d'Alais en Languedoc, et Pierre Lioutard, notaire royal et delphinal,
tabellion héréditaire de la Motte Chalançon.

Cet acte qui n'avait eu par conséquent, rien de
secret, et qui avait été passé le 5 septembre 1634, fut
insinué à la cour royale de Valleraugue en Languedoc le 28 juin 1638 (1). Guy Allard cite des lettres-

____

(1) Arch. de la Chambre des Comptes du Dauphiné. Expéd.
collationnée et délivrée par le Greffier en chef de la Cour.

patentes du roi Louis XIII, d'avril 1641 et juin 1642,
qui approuvèrent et validèrent ce mariage. Ces lettres
n'avaient sans doute été demandées que pour mettre
fin aux tracasseries intéressées d'Anne-Charlotte,
devenue la femme de M. du Mesnil, et seulement
lorsque Françoise de Mirabel fut arrivée à sa majo-
rité. Née en 1620, et ayant seulement 14 ans en 1634,
lors de son mariage, elle n'eut 21 ans qu'en 1641, qui
est précisément la date des lettres du Roi. Il est donc
évident qu'elles se rapportaient à son âge et non à sa
religion ou à celle de son mari.

Toujours est-il que cette jeune mariée eut un grand
nombre d'enfants, et très rapidement, puisqu'on connaît les noms de treize d'entre eux, dont le dernier
naquit en 1658 (1). Aussi que de chagrins, de soucis,
n'eut pas cette mère si tendre, si vigilante pour l'éducation de cette nombreuse famille !

Les deux premiers garçons moururent en bas âge.
La fille aînée, Françoise épousa, n'ayant encore que
treize ans, François de Pontis, seigneur d'Urtis et
Curban en Provence, et quitta par conséquent, de
très bonne heure, la maison paternelle. Achille et
Pierre, devenus les aînés de leur famille, la quittèrent
au sortir de l'enfance pour entrer aux Académies
militaires de Paris, puis au service, selon l'usage de
ce temps où les jeunes gentilhommes allaient dès

(1) Ils sont connus par le curieux manuscrit de Pierre de la
Tour, marquis de la Charce, qui appartient à Mr Morin Pons.
Toutefois nous devons noter que ce manuscrit ne peut être considéré que comme un brouillon fait de mémoire, où plusieurs
noms ou dates sont en blanc. Il a donc pu s'y glisser quelques
inexactitudes.

treize ou quatorze ans, faire leur apprentissage militaire près de quelque vaillant capitaine ami de leurs
parents. Or, messieurs de Montauban et de la Charce
avaient un ami des plus illustres en la personne du
fameux maréchal de Turenne, Henry de la Tour d'Auvergne qui aimait à se dire leur parent, et qui, ayant
trouvé en eux des lieutenants d'un rare mérite, leur
avait toujours accordé sa puissante protection. C'est
donc sous la conduite de ce grand homme de guerre
que les deux fils du marquis de la Charce allèrent
apprendre ce noble métier des armes où leur père
avait acquis une légitime réputation.

La marquise de la Charce restait ainsi dans ses terres, séparée le plus souvent de son mari et de ses fils
aînés, et, dès l'âge de sept ans, Philis se trouva en
quelque sorte à la tête des enfants que sa mère conser-
vait autour d'elle ou qui lui naissaient encore. Qui ne
connaît ce rôle si important parfois, de la sœur aînée
au milieu d'une famille? Une douzaine d'enfants forme une belle couronne au front d'une mère, mais exige
d'elle, bien des soins, lui impose bien des devoirs,
bien des peines, multiplie ses occupations au delà de
ses forces, et c'est un grand bonheur pour elle, si sa
fille aînée, semblable à une seconde mère, est déjà
capable de la remplacer et de diminuer ses fatigues.

Philis, toute jeune encore, se trouva donc initiée
aux travaux incessants qui s'opèrent journellement
dans l'intérieur d'une famille opulente, mais sagement ordonnée. Elle eut surtout à aider sa mère dans
la direction morale de sa jeune famille, tâche qui peut
quelquefois paraître ingrate ou pénible, mais qui est
toujours instructive et méritoire. Les devoirs aux-

quels les riches ne cherchent que trop souvent à se
soustraire en confiant à des mains étrangères, l'éducation de leurs héritiers, faisaient l'objet d'une commune
sollicitude entre Philis et la marquise sa mère, et l'une
ne profitait des leçons de l'autre que pour les transmettre aux derniers venus qui la récompensaient par
leur tendresse.

Outre ses sœurs plus jeunes qu'elle, Philis avait
encore deux petits frères, Louis et René-Scipion ; celui-ci, né le 18 août 1658, avait par conséquent, treize
ans de moins qu'elle. De quelle tendresse ne devait-
elle pas entourer ces enfants, ce petit Benjamin surtout qu'elle-même avec le comte Achille, son frère aîné,
présenta au baptême à M. de la Planche, ministre de
la Charce, venu exprès à Montmorin pour la cérémonie ! Sans doute elle était loin de prévoir qu'Achille et
Pierre périraient prématurément à la guerre, et que
de ces deux petits enfants sortiraient ces deux branches dont l'une a fini naguère d'une manière si glorieuse, rendant le nom de la Tour-du-Pin légendaire
dans l'armée française (1), et dont l'autre continue
avec éclat, la noble descendance de la maison de la
Charce.

Le marquis Pierre avait été député par la noblesse
du Gapençais au mois de décembre 1648, à l'assemblée générale de la province, et bientôt celle-ci l'envoya à Paris avec le marquis de Sassenage et de
Montellier, en députation auprès de la Cour. Mais il
resta bientôt seul chargé des affaires qui leur avaient

(1) Voir l'oraison funèbre de la marquise de la Tour-du-Pin, à
la fin de ce volume.

été confiées à tous deux, et continua de les traiter jusqu'en septembre 1649 (1). Nous ne savons pas si la marquise sa femme l'accompagnait dans ce voyage ; car peut-être les soins de sa famille ne le lui permettaient pas. Mais elle alla sans aucun doute par la suite à la Cour, où sa famille jouissait dès longtemps d'une haute faveur et où les brillants services rendus par les marquis de Gouvernet, de la Charce et de Montauban lui méritaient l'accueille plus distingué. Mit-elle, pendant ce temps, donné aux honneurs et aux plaisirs de la Cour et de la capitale, ses filles dans quelque couvent capable de leur donner une éducation, une instruction en rapport avec leur naissance ? Le roman anonyme de 1731 prétend que Philis et ses sœurs furent élevées à Montfleury, près de Grenoble, où se pressait alors l'élite de toute la province, et M. Albert du Boys a cru pouvoir en admettre l'hypothèse en se fondant sur ce que le Roi favorisait volontiers l'entrée dans ces pieuses institutions, des filles des nouveaux convertis. Mais cette raison ne peut être admise, puisque le marquis et la marquise étaient protestants et fort zélés probablement ; car le marquis mourut sans avoir jamais voulu changer de religion, comme l'indique son acte mortuaire, et sa veuve n'abjura qu'en 1686, onze ans après la mort de son mari, et quand la révocation de l'édit de Nantes avait rendu l'abjuration nécessaire. Nous avons donc peine à croire que Mlles de la Charce aient été élevées à Montfleury, puisqu'elles restèrent protestantes, pendant si longtemps, et nous pensons que si elles avaient été placées dans d'autres

____

(1) De Courcelles. dict. des généraux français. T. IX. p. 308.

mains que celles de leur mère pour suivre leur éducation, cela aurait été plutôt à Nyons même, où elles
avaient une tante, madame Lucrèce de la Tour, qui
était prieure du couvent de Saint-Césaire et d'ailleurs
femme du plus grand mérite.

Nous supposons au contraire que leur éducation fut
dirigée par leur mère qui, très attachée à sa religion,
pénétrée de ses devoirs, exacte à les remplir, sut leur
inspirer une foi vive et sincère, et cultiver les heureuses
dispositions que la nature avait mises dans ces jeunes
cœurs. Placées entre leurs frères aînés qui étaient devenus de bonne heure, de vaillants officiers, et leurs
cadets qui étaient destinés à suivre plus tard leurs
exemples, Philis et ses sœurs apprirent avec eux les
exercices du corps ; elles surent comme eux, manier
le pistolet et l'épée ; elles devinrent des écuyères intrépides, les accompagnant à cheval dans leurs courses
au travers des montagnes et des gracieuses vallées de
notre contrée. De Montmorin, résidence habituelle de
leur famille, elles allaient tantôt à Bruis ou à Sainte-
Marie, tantôt à la Charce, que sans doute elles habitaient de temps à autre, tantôt à Cornillon dont aujourd'hui les ruines majestueuses se dressent fièrement au-dessus des précipices, à Rémuzat, à Saint-
May dont le prieuré appartenait à Hector de la Tour,
baron de Cornillon, leur oncle, à Nyons enfin où était
l'*Hôtel du Marquisat*, résidence des marquis de la
Charce, presque héréditairement gouverneurs de la
ville pendant deux cents ans. Là, au Buis, à Verclause, à Tarendol, à Bellecombe, à Lens, à Saint-Sauveur, habitaient divers membres de la famille de la
Tour-du-Pin, qui tous étaient dans les meilleures

relations avec leurs cousins de la Charce. Ainsi au
Buis demeurait messire René de la Tour Verclause
seigneur de Saint-Sauveur, jadis capitaine de cinquante hommes d'armes des ordonnancés du Roi,
madame Gabrielle de Castellane, sa femme et leurs
nombreux enfants parmi lesquels nous citerons mesdames de Flotte, d'Argenson, de Montrond, de Vil-
neuve, *M. des Taillades* qui se distingua en 1692,
M. de Carros, chevalier de Malte, capitaine au régiment de Sault comme Achille de la Charce, et tué
au siége de Turin, M. de *Saint-Martin* aussi chevalier de Malte & &.......

A Nyons habitait Henry de la Tour, *seigneur de
Tarendol,* avec ses fils dont l'un épousa Mlle de Simiane d'Esparron, proche parente de la petite-fille de
Mme de Sévigné, et légua plus tard tous ses biens à
sa sœur, Mme d'Albert de Rioms.

A Pierrelongue, il y avait la dame de Joannis ; à
Soyans, à Crest, les marquis de Montauban; à Lachau, à
Allex, le marquis de Lachau-Montauban et sa femme,
Lucrèce du Puy-Montbrun , dont plusieurs lettres
existent encore et ne donnent pas, nous devons l'a-
vouer, une très haute idée de l'orthographe du temps.
Fille de René du Puy-Montbrun, seigneur de Villefranche, maréchal de camp, et de Isabeau de Blâcons,
elle avait épousé Alexandre de la Tour de Montauban,
marquis de Lachau, colonel du régiment de Mer-
cœur, puis du régiment de Montauban, mort au château d'Allex en 1676. Zélée protestante comme lui,
elle émigra à Genève avec sa cousine Françoise de
Montcalm femme de François de la Tour la Charce,
baron de Malerargues , et elle y mourut comme

elle, en exil, plutôt que de renoncer à sa foi (1).

Nous citerons encore à Bruis et S^{te}- Marie, les familles de Rivière, d'Autane, et plus tard de Causans ; plus loin à Valréas , MM. de Véronne et de Bellan ; à Carpentras, MM. de Vincens de Causans et de Savoilhans ; à Piégon, M. des Séguins dont les descendants ont porté les noms de marquis de Vassieux, de Cabassoles et de Panisse-Pazzis. D'un autre côté, à Peyre (aujourd'hui la Piarre), à Sigottier, à Jarjayes c'étaient les Montauban parents maternels de la marquise de la Charce, issus de l'antique maison des Artauds que l'on dit sortie des comtes de Die dans les temps féodaux : et la famille des Moret de Bourchenu, illustrée par le savant président de Valbonnais, dont les travaux historiques ont eu une juste célébrité : à Montmaur, c'était M. d'Agoult, d'une des plus anciennes maisons de la Provence : et là nous ne pouvons moins faire que de nous arrêter un instant, pour saluer Mme Uranie de Calignon, dame de Voreppe et de Pomiers, épouse de messire Hector d'Agoult, seigneur de Bonneval et de Piégon, mestre de camp et conseiller au Parlement de Dauphiné. Cette noble dame, petite-fille du fameux Soffrey de Calignon, président au Parlement de Grenoble et chancelier de Na-

(1) Cette protestante intrépide eut trois fils maréchaux de camp ; mais ce qui est beaucoup plus surprenant, c'est que son dernier fils fut évêque de Toulon (1712-1737), un de ses petits-fils, évêque de Riez (1752-1772) et un de ses arrière petits-fils, évêque de Nancy (1779), archevêque d'Auch (1783), archevêque-évêque de Troies, Châlons et Auxerre (1802). Ce vénérable prélat est mort à Troies, en odeur de sainteté en 1807 et il est enseveli sous le chœur de sa cathédrale.

varre, était, par son mari, cousine très-proche du
marquis et de la marquise de la Charce, très liée avec
eux en dépit de quelques petits procès de succession,
et elle échangeait avec eux une active correspondance.

Qu'on en juge par cette lettre du marquis de la
Charce.

> « A madame la marquise de Bonneval
>
> à Rochebrune. »

« Madame ma Cousine,

« J'ai fait ce que vous m'avez fait l'honneur de m'or-
« donner ; les occasions de vous obéir me sont trop
« chères pour n'avoir pas profité de celle-ci avec em-
« pressement. Je le ferai toute ma vie, Madame ma très
« chère cousine, celles qui me donneront le moyen de
« vous rendre mes respects et mes très humbles ser-
« vices. Je voudrais de tout mon cœur en rencontrer
« quelqu'une plus importante où je puisse vous don-
« ner des preuves de cette vérité.

« Je vous assure, Mme ma cousine, qu'il n'y en a
« point de si constante que celle que je suis toujours
« avec beaucoup de passion,

Madame,

Votre très humble et très obéissant serviteur :

A Montmorin ce 11 Juin 1671.

La Charce.

« Ma femme, le comte de la Charce et la des Plan-
« tiers qui sont ici avec moi, vous assurent de leurs

« respects. Ils ont été voir ma fille de Curban qui avait
« la vérole avec ses quatre enfants. Ils en sont tous
« sortis très heureusement, Dieu merci, il n'y en aura
« aucun de gravé ni à qui elle ait laissé aucune incom-
« modité (1). »

Ce style se ressent un peu de l'époque. Mais que les
lettres de Mme d'Agoult ou plutôt de la marquise de
Bonneval, comme on l'appelait alors, sont affectueuses
aussi et qu'elles sont amusantes avec ce grand U (2)que
Mme Uranie se plaisait à dessiner elle-même avec sa
plume au beau milieu de son écriture ! voilà un curieux avant-goût des jolis papiers, glacés, timbrés,
ornés de chiffres, de devises, et d'emblêmes héral-
diques qui sont à la mode dans notre siècle ! Voici un
billet qu'elle écrivait à M. de la Charce, la même année.

20 Avril 1671.

A M. le marquis de la Charce à Nyons.

« Je vous envoie le Sr Chapon, monsieur mon cher
« Cousin, pour quelques affaires dont mon mari m'a
« écrit de Paris; je me demande ce qu'il aura l'honneur
« de vous écrire sur ce sujet et je vous assurerai de la
« joie que j'aie que vous soyez arrivé dans notre voi-
« sinage avec toute votre belle famille, je vous supplie
« de croire, Monsieur mon cousin, que j'en ai autant

(1) Archives de M. Henry Morin-Pons, de Lyon, dont on ne
saurait trop louer l'obligeance à communiquer aux travailleurs
les précieux documents qu'il a réunis.

(2) Idem. Un grand U est dessiné à la plume, au milieu du
texte de ce billet.

« que je dois et que je suis avec passion votre très
« humble et très obéissante servante.

M. de Calignon Bonneval (1).

D'autres cousins des la Charce étaient les marquis
de Montbrun, de Saint-André, de Villefranche fils de
Jean Alleman du Puy, marquis de Montbrun et de
Lucrèce de la Tour de Gouvernet , ainsi que leurs
sœurs et filles mariées dans les maisons de Jarente-
Senas, de Rafélis-Tertulle, de Vaulserre des Adrets,
de Ventérol , de Pontevès, de Bologne-Alanson, de
Blâcons, de Périssol Saint-Ange, de Vesc, de Cham-
poléon && et plusieurs mariages contractés entre ces
diverses familles et celles de la Tour-du-Pin, suffisent
à prouver quelle amitié les unissait. De semblables
liens d'affection l'attachaient aux marquis du Poët ,
des Porcellets-Maillanne, aux seigneurs de Lattier, de
Bardonenche, de Condorcet, de Révilliasc, de Tauli-
gnan, en un mot aux familles les plus distinguées de
celles qui habitaient alors le Bas-Dauphiné ou la Provence.

Parmi elles il convient de mentionner spécialement
celle de Grignan, l'une des plus illustres par son origine puisqu'elle était issue de la maison de Castellane
et substituée à celle d'Adhémar de Monteil. Elle brillait à cette époque d'un éclat tout particulier ; car en
outre de ce que le comte de Grignan était lieutenant-
général de la Provence et chevalier des ordres du Roi,

____

(1) Lettres de Mme de Sévigné (Ed. Régnier. N. IV p. 124.
Note de Mr Walckenaër). Mr. A. du Boys. Philis de la Charce
p. 13.

il était le gendre de la marquise de Sévigné dont la réputation était répandue non seulement à la cour, mais dans tout le royaume. Sa fille, Mme de Grignan, était bien loin d'avoir son gracieux enjouement, et surtout son esprit bienveillant. Elle était spirituelle aussi, mais hautaine, dédaigneuse, et ses meilleures amies avaient grand'peine à échapper à ses pointes fines et acérées. N'aimant que la cour et tout ce beau monde qui rayonnait autour du Roi-Soleil, elle se trouvait en exil dans son splendide château de Grignan, et quand elle daignait recevoir ou aller visiter les plus nobles dames de la contrée, elle pensait leur faire grand honneur et se dédommageait de la peine en écrivant, sur elles, quelque moquerie qui pût divertir un peu la marquise sa mère. Comme exemple de ses railleries habituelles, nous citerons une lettre de Mme de Sévigné, du 9 septembre 1675, en réponse à une missive de sa fille; qui a été malheureusement perdue, mais dans laquelle Mme de Grignan avait dû ne pas se priver de tourner en ridicule, les toilettes de deuil de Philis de la Charce et de sa mère veuve depuis quinze jours à peine.

« Nous avons ri aux larmes de votre madame de la
« Charce et de Philis sa fille aînée, âgée de 39 ans ; je
« la vois d'ici ; que voulez-vous dire que vous ne nar-
« rez point bien ? Il n'y a chose au monde si plaisam-
« ment contée et personne n'écrit si agréablement.
« Mais il faut pleurer d'être dans un pays où l'on porte
« le deuil si burlesquement. Je vous remercie de la
« peine que vous avez prise de narrer cette folie. C'est
« un style que vous n'aimez pas, mais il m'a bien ré-
« jouie (1). »

(1) Voir la note D à la fin du livre.

Comme l'a fait remarquer le savant Walckenaër,
Mlle de la Charce avait trente ans lorsqu'elle perdit son
père, et non trente-neuf; et il est permis de supposer,
comme l'a fait M. du A. Boys, que cette inexactitude n'é-
tait peut-être pas la seule commise par Mme de Grignan dans cette occasion. En tous cas elle s'aperçut
par la suite, de l'esprit et du mérite de Mmes de
la Charce ses voisines ; il est juste d'avoir un peu d'indulgence pour la jeunesse de cette enfant gâtée de
Mme de Sévigné, de cette idole de la Cour, alors mariée depuis quatre ans à peine au comte de Grignan ;
car la jeunesse aime à rire de tout et de tous sans donner à ses plaisanteries, plus d'importance qu'elles
n'en ont. Quand la réflexion lui fut venue avec l'âge,
elle sut apprécier le noble cœur, l'esprit élevé de la
marquise de la Charce, les qualités éminentes de ses
filles et elle finit par goûter leur société. D'ailleurs son
mari beaucoup plus âgé et plus sérieux qu'elle, n'avait
pu que contribuer à la faire revenir sur des jugements
trop légèrement portés ; car il était de tout temps, intimement lié avec Mmes de la Charce et avait en
elles la plus entière confiance.

La famille de la Charce ne manquait pas, comme on
le voit, d'illustres amis, et sa parenté était si étendue
qu'à une époque où elle eut un procès avec Claude
d'Autane, seigneur de Bésignan et de Sainte-Marie,
celui-ci récusa la compétence du Parlement de Grenoble, à cause de la très proche parenté où elle était
avec Pierre de Moret, seigneur de Bourchenu, Pierre
Béatrix-Robert, seigneur de Saint-Germain, Sébastien
de Lionne, seigneur de Claveson, Alexandre de Bardonenche, François de Gratet, seigneur du Bouchage,

Hector d'Agoult, seigneur de Bonneval, Alexandre du Pilhon, tous conseillers et Laurent de Périssol, seigneur d'Allières, Président audit parlement, « parentés très proches, véritables et connues de tous » (1).

Une . parenté analogue avait étroitement uni, bien avant cette époque, la maison de la Tour-du-Pin à celle de Clermont-Tonnerre. Nous en trouvons une preuve dans la lettre suivante qui précisément, parce qu'elle est postérieure à l'époque dont nous parlons indique à plus forte raison, une liaison de longue date. Cette lettre est de Françoise-Virginie de Fléard de Pressins, fille de Charlotte Alleman dame de Pasquiers, Saint Martin de la Cluse, vicomtesse de Trièves, et femme de Jacques de Clermont, comte de Clermont et de Tonnerre, baron d'Ancy-le-Franc , premier baron, Connétable et grand-maître héréditaire du Dauphiné (2).

« A Monsieur le marquis de la Charce à Dijon.

« De Paris ce 22ᵐᵒ février 1697.

« Vous croyez bien, Monsieur, que je ney rien tant
« à cœur que de savoir que vos afaires vont bien et
« mon fils l'Evêque de Langre (3) vous honore beau-
« coup et m'a bien promis en toute rencontre de faire

(1) Cédule dérivatoire du 3 Août 1666. Expéd. originale. (Arch. de la Chambre des Comptes du Dauphiné, à Grenoble).

(2) Jacques de Clermont et de Tonnerre, mourut en 1682. Sa femme mourut à Paris le 21 Août 1698 et fut ensevelie à Saint-Paul-les-Beauvais dont sa fille était abbesse. (P-Anselme, grand.-off. de la Couronne.).

(3) François de Clermont-Tonnerre, d'abord vicaire général de son oncle l'évêque de Noyon, fut évêque de Langres, duc et pair

« son possible pour vous faire plésir et à ceux que
« vous honorez de vostre amitié. Jey esté fort mal d'une
« grande colique avec des vomissements et ian suis
« encore bien foible. Ie ney point veu de cete anée
« Madame vostre mére. On fit grande faite de l'accou-
« chement de Madame la duchesse de Chatillon d'un
« fils et Madame la marquise d'Auterive est a pré-
« sent bien avec M. le maréchal de Villeroy son frère
« madame d'Armagnac aussy sa sœur. Tout le mon-
« de luy fait compliment la dessu, et moi, avec com-
« pliment et verite je suis avec respect et de tout mon
« cœur, vostre trés humble et trés haubeissante ser-
« vante et cousine,

de Pressins, comtesse de Tonnerre.

« Je ne sais si mon fils l'Évêque de Langre est à Di-
« jon, on dit qu'il est parti, si ce n'est pas, avec vostre
« permission je le salue (1).

Cette lettre est adressée, comme il est aisé de s'en
apercevoir, à Louis de la Tour-du-Pin, marquis de la
Charce, frère de Philis, né en 1656, dix ans après elle.
Il avait eu pour parrain, le duc d'Arpajòn et pour marraine, Catherine-Henriette de Harcourt, duchesse
d'Arpajon sa femme et ils lui avaient donné le nom de
Louis qui était celui du roi (2). Guy Allard dans sa

de France, le 25 Décembre 1695, et mourut en 1724 (P. Anselme Grand- off. de la Couronne).

(1) Arch. de Mr Morin-Pons ; original : au dos est écrit de la
main du M¹ˢ de la Charce : « la comtesse de Tonnerre ma parente. »

(2) Louis de Séverac, duc d'Arpajon, lieutenant général du
Languedoc, mort en 1679, marié en 3ᵐᵉˢ noces à Catherine Hen-

généalogie de la Tour-du-Pin, dit que c'est le roi lui-même qui fut son parrain. Mais si cela eût été, il est hors de doute que le marquis de la Charce l'aurait considéré comme un grand honneur et l'aurait mentionné dans le *mémoire manuscrit* de ses enfants dont nous avons déjà parlé. Au contraire plusieurs documents encore existants prouvent que les relations les plus amicales existaient alors et durèrent longtemps après, entre la famille de la Charce et l'illustre maison de Harcourt à laquelle le duc d'Arpajon s'était allié. Voici un billet adressé au même marquis Louis, frère de Philis, qui en est une preuve : il est du maréchal duc de Harcourt.

A monsieur le Marquis de la Charce.

A Versailles, ce 1er février 1703.

« Je vous suis sensiblement obligé Monsieur de la
« part que vous avez bien voulu prendre à la nouvel-
« le dignité dont S. M. vient de m'honorer; soyez bien
« persuadé, je vous prie, de toute ma reconnaissance et
« de la passion avec laquelle je suis, Monsieur, votre
« très humble et très obéissant serviteur,

Harcourt. (1)

Mais voici une lettre beaucoup plus ancienne puis-

riette, fille de François de Harcourt marquis de Beuvron, lieutenant général de la Normandie et de Renée d'Espinay Saint-Luc. Elle mourut en 1701 à 79 ans. (P. Anselme et &....)

(1) Henri de Harcourt, marquis de Beuvron, maréchal, duc et pair de France, chevalier des ordres du roi, ambassadeur en Espagne, né en 1654, mort en 1718 — Le billet que nous citons ici, est aux archives de M. Morin-Pons.

qu'elle parle du duc d'Arpajon mort en 1679, comme
encore existant. Nous la supposons d'une des tantes
du Maréchal ou d'une de ses sœurs, religieuse, à ce
qu'il semble au couvent de Sainte-Marie, à Rouen. Nous
ne pouvons résister au plaisir de la citer tout entière.

« A Monsieur de la Charce.

† A Rouen ce 26 septembre.

« Je vous rends mille grâces Monsieur de l'honneur
« que vous m'avez fait de m'escrire et de me mander
« les particularités de ce qui s'est passé dans le com-
« bat que vostre armée a donné aux ennemis avec
« tant davantage iay fait voir vostre lettre à nostre fa-
« mille qui a esté comme moy fort aise datre informée
« de tout par une personne qui a vu la chose daussi
« prés que vous l'avez veue ie me réjouis Monsieur
« que vous en ayez partagé la gloire et que vous en
« soyez revenu en bonne santé, la tendre amitié que
« iay pour mon frère me rend fort sensible à ces bons
« succes et à tout ce que vous m'en dittes davantageux
« ie lui adresse cette lettre pour vous la faire rendre et
« en même temps ie luy marque lestime que iay pour
« vous depuis très longtemps et que M. d'Arpajon est
« dans les mêmes sentimens ie ne doute pas qu'il de
« ne considère vostre merite comme il doit et qu'il ne
« se fict un plaisir dobliger une personne de vostre
« naissance s'il en trouvait les occasions, vostre lettre
« a esté plus en chemin qu'elle ne devoit, c'est ce qui
« fait le retardement de ma réponse ie nay point seu
« que vous eussiez passé cet hiver par nostre ville iy
« suis dans le couvent de Sainte-Marie ou nos reli-

« gieuses et moy prions Dieu pour ceux qui combat-
« tent pour nous, vous aurez bonne part à cette inten-
« tion puique ie souhaitte très particullièrement vos-
« tre salut et vostre conservation, vous voulez bien,
« Monsieur, que ie vous dise que puisque vostre cou-
« rage et vostre employ vous font si souvent exposer
« vostre vie, vous ne pouvez trop penser à la conser-
« vation de vostre ame, c'est ce que je crois que vous
« faites, le véritable intérest que ie prends à ce qui
« vous regarde, ma fait vous dire ce petit mot en pas-
« sant que vous ne trouverez pas mauvais de la part
« de vostre très humble servante

M. de Harcourt (1). »

Cette lettre de la noble et bonne religieuse à Monsieur de la Charce, encore protestant à cette époque,
semble indiquer que dès lors il n'était pas très éloigné
de l'idée de se convertir au Catholicisme. Du reste,
quand on voit dans la longue liste que nous venons
de dérouler, des parents et des amis de la famille de
la Charce, qu'il y avait parmi eux autant de catholiques que de protestants, on en doit conclure d'une
part, qu'à cette époque qui précédait la révocation de
l'édit de Nantes, l'animosité entre les deux religions
était singulièrement assoupie, et de l'autre que Messieurs et Mesdames de la Charce étaient de ces esprits
supérieurs, de ces intelligences d'élite qui savent joindre l'aménité des formes, la douceur des manières à l'ardeur des convictions et à la fermeté des principes. Au

____

(1) Arch. de M. Morin-Pons. Nous le remercions encore une
fois d'avoir bien voulu nous permettre la reproduction de ces documents qui ont un si grand intérèt pour la famille de la Charce.

surplus déjà dans ce temps-là, les protestants n'étaient
plus *à la mode*; il n'y en avait plus beaucoup à la
cour, et les fils du marquis de la Charce qui y furent
élevés, y vécurent jusqu'à leur entrée au service et y
revinrent sans cesse dans la suite, ne pouvaient manquer de subir l'influence de ce monde brillant où souvent l'élégance et le bon ton remplacent les convictions
et l'instruction religieuse par l'indifférence et le respect des convenances qu'imposent l'esprit et le goût
du moment.

Cette longue énumération nous montre que si la famille de la Charce comptait une foule de parents et
d'alliés en Dauphiné, en Provence et en Languedoc,
elle avait aussi à Paris et à la cour, d'illustres et fidèles amis. D'ailleurs elle y avait en ce temps, des parents d'une très grande distinction, par exemple Réné
de la Tour, marquis de Montauban et Marie-Lucrèce,
sa sœur. Celle-ci qui avait été fille d'honneur de la
reine Anne d'Autriche, était une personne de beaucoup d'esprit et d'une haute vertu, et quant à son frère, élevé à la cour dès l'enfance, et converti dès cette
époque, il avait servi avec le plus grand éclat dans
toutes les guerres de son temps, en Espagne, en Flandre, en Hongrie, en Allemagne, en Alsace, en Sicile,
en Roussillon, partout où les armées françaises étaient
allées moissonner des lauriers. C'est ainsi qu'il devint
lieutenant-général des armées du roi, commandant
en chef de la province de la Franche-Comté, gouverneur de Nyons, sénéchal des comtés de Valentinois et
de Diois. Rarement on avait vu autant de qualités naturelles unies à autant de mérites et de talents. Rarement on avait vu un homme aimé à un tel point « de

ses supérieurs et même de son roi, de ses inférieurs et même du dernier de ses soldats, » Joignez à cela qu'il était d'une beauté extraordinaire, ce qui est un don de la nature, il est vrai, mais aussi un avantage certain dans le monde, à l'armée et à la cour, quand il est le miroir d'une belle âme et le reflet d'un grand cœur. Aussi Chorier s'écrie-t-il en parlant de lui et de ses frères, Louis et Aléxandre (1) : « Notre nation « n'a pas de plus braves hommes ni de plus vaillants. « La Hongrie a vu jusqu'où allaient leur courage et « leur valeur et les Turcs en ont fait l'épreuve à la « honte des armes ottomanes et à la gloire dés armes « françaises (2). »

Ecoutez plutôt le panégyriste du marquis de Montauban :

« Sa Majesté est-elle informée qué M. de Mon- « tauban, qui ne se voulut jamais marier pour se « réserver tout entier au service de son prince, a « pourtant des neveux qui peuvent le représenter à « la Cour ? *Qu'on leur assure des pensions*, dit le « Roi à M. Colbert, *je dois trop à leur oncle, je* « *souhaite qu'ils soient élevés auprès de lui.* Pré- « sente-t-on des Anglais à la Cour, comme des

____

(1) Louis de la Tour de Montauban, marquis de Soyans, filleul du roi Louis XIII, gentilhomme ordinaire de sa chambre, mestre de camp et brigadier des armées du roi, gouverneur de Crest, fut contraint par ses blessures de quitter le service et mourut vers 1690 — Son frère Alexandre, marquis de Lachau, maréchal de camp, mourut en 1676 — René, Mis de Montauban lieutenant gé- néral, mourut à Besançon en 1687.

(2) Chorier. Etat politique — de Courcelle. Dictionnaire des généraux français.

« hommes d'une beauté extraordinaire ? *Il s'en man-*
« *que bien*, dit le Roi, *qu'ils soient aussi beaux que*
« *le marquis de Montauban.* Veut-on faire valoir
« un capitaine de service ? *A-t-il servi*, dit le Roi,
« *aussi longtemps et aussi glorieusement que le*
« *marquis de Montauban* . Parle-t-on de quelque
« autre qui ait des manières nobles, des airs enga-
« geants, de véritables brillants, ce je ne sais quoi
« qui plaît et qui gagne les cœurs ? *Ce n'est pas,*
« répond Sa Majesté, *le marquis de Montauban* ;
« *je n'en connais point de sa bonne mine ni de son*
« *agrément.* Passe-t-il en revue devant Sa Majesté,
« au fort de Saint-Sébastien, devant toute la Cour ?
« *Repassez*, dit le Roi, *vous faites peu d'honneur*
« *aux autres officiers de votre bataillon ; dès que*
« *vous avez paru, l'on a oublié qu'il y eût quelque*
« *autre chose à voir !* (1). »

Avec des parents comme le marquis de Montauban et le comte de Tonnerre, des amis comme les
marquis de Harcourt et de Beuvron, le duc d'Arpajon, le comte de Grignan, le maréchal de Vi-

(1) Oraison funèbre de René de la Tour, Mis de Montauban
par le Père Pollet, prononcée le 13 septembre 1687 à Valence.

(2) Voir Justel, Baluze, Guy Allard, Chorier qui après avoir
nié dans son premier volume la consanguinité des deux familles,
osa la soutenir dans le second par lui dédié au cardinal de
Bouillon. Voir aussi plusieurs histoires de Turenne et la production très incomplète faite devant M. de Bezons, intendant du
Languedoc, lors de sa recherche de noblesse. Nous ne savons
pourquoi l'on s'est presque toujours appuyé sur cette production
faite, en l'absence de ses parents, par un jeune cadet de famille,
qui a dit lui-même n'avoir pas de titres à sa disposition.

vonne, des protecteurs comme le duc et le cardinal
de Bouillon et le maréchal de Turenne qui revendiquaient avec éclat, la parenté de la maison de la
Tour-du-Pin (2), on comprend que toutes les entrées de la Cour et du monde le plus élégant et le
plus distingué fussent ouvertes au marquis de la
Charce et à sa famille.

C'est au milieu de cette société si brillante, si ani-
mée, si spirituelle du plus beau temps de Louis XIV,
que Mlles de la Charce firent la connaissance de
Mme des Houlières, l'un des plus charmants esprits
de ce monde d'élite. Quel monde en effet que celui
de Pierre et de Thomas Corneille (1), de Pellison,
de Conrart, de Perrault, des Tallemant, de Fléchier,
de Mascaron, de Quinault, de Ménage, des ducs
de la Rochefoucauld, de Nevers, de Montausier, de
Saint-Aignan, du comte de Bussy, des maréchaux
de Vauban, de Vivonne, de Bossuet, de Mme de
Sévigné etc., etc.!.... « La maison de Mme des
Houlières était devenue à Paris le centre d'une agréable société qui n'avait certainement pas l'éclat des
réunions que Mme de Rambouillet avait tenues autrefois dans son hôtel, mais qui cependant ne manquait
pas d'attraits. Abbés, prélats, hommes du monde
et hommes de lettres s'y rendaient volontiers, et
dans l'intervalle de leurs travaux ou de leurs plai-

(1) François Joseph, comte de la Tour-du-Pin la Charce, propre neveu de Philis, épousa en 1714, la petite-fille de Thomas
Corneille et lors des succès oratoires de l'abbé de la Tour-du-
Pin, leur fils, prédicateur ordinaire du roi, on ne manqua pas de
rappeler avec des allusions flatteuses, sa parenté avec les Corneille et avec Fontenelle qui était leur descendant comme lui.

sirs, ils venaient auprès de ces femmes distinguées,
goûter les douceurs de la conversation, causer un
instant de choses plaisantes ou sérieuses, des nouvelles de la Cour ou de celles de la ville. Là se conservaient les traditions de l'élégance et de la politesse
d'autrefois . . .

... « Aussi ne fut-ce pas sans tristesse que, témoin
vers la fin de sa vie, de la licence des gentilshommes
de son temps, Mme des Houlières se prit à re-
gretter le ton aimable et galant de l'ancienne Cour.
Vers 1685, les manières honnêtes, les sentiments
délicats avaient fait place à une grossièreté qui annonçait déjà les vices et les excès de la Régence.
Les vers de Mme des Houlières sont précieux pour
nous, parce qu'ils nous présentent un tableau exact
des mœurs et des idées du temps (1). » Mais quelle
est cette fidèle amie, cette femme éclairée, cet esprit supérieur à qui elle s'adresse pour exhaler
ses plaintes ? C'est Philis de la Charce, à qui cette
Épître chagrine est dédiée (2).

ÉPITRE CHAGRINE

A Mademoiselle de la Charce. 1685.

Eh bien ! quel noir chagrin vous occupe aujourd'hui ?
M'est venu demander avec un fier sourire
      Un jeune Seigneur qu'on peut dire
Aussi beau que l'Amour, aussi traître que lui.
      Vous gardez un profond silence,
      A-t-il repris, jurant à demi-bas !

(1) M. l'abbé Fabre — Correspondance de Fléchier avec Madame des-Houlières et sa fille. (pages 23 et 24.)
(2) Œuvres de Madame et de Mlle des Houlières. Nouvelle édition. T. I. p. 181. (Paris, chez David l'aîné. 1753).

Est-ce que vous ne daignez pas,
De ce que vous pensez, me faire confidence?
Je n'en suis pas peut-être assez digne. A ces mots,
Pour joindre un autre fat, il m'a tourné le dos

Quel discours pouvois-je lui faire,
Moi, qui dans ce même moment
Repassois dans ma tête avec étonnement
De la nouvelle Cour la conduite ordinaire?
M'auroit-il jamais pardonné
La peinture vive et sincère
De cent vices auxquels il s'est abandonné?
Non, contre moi le dépit, la colère,
Le chagrin, tout auroit agi.
Mais, quoique mes discours eussent pu lui déplaire.
Son front n'en n'auroit point rougi.
Je sçai de ses pareils jusqu'où l'audace monte :
A tout ce qui leur plaît osent-ils s'emporter?
Loin d'en avoir la moindre honte
Eux-mêmes vont en plaisanter.
De leurs déréglemens historiens fidèles,
Avec un front d'airain ils feront mille fois
Un odieux détail des plus affreux endroits.
On diroit, à les voir traiter de bagatelles
Les horreurs les plus criminelles,
Que ce n'est point pour eux que sont faites les lois ;
Tant ils ont de mépris pour elles !

Avec gens sans mérite et du rang le plus bas
Ils font volontiers connaissance :
Mais aussi quels égards et quelle déférence
Voit-on qu'on ait pour eux ? Hélas !
Ils font oublier leur naissance
Quand ils ne s'en souviennent pas.

Daignent-ils nous rendre visite ?
Le plus ombrageux des époux
N'en sauroit devenir jaloux.
Ce n'est point pour notre mérite :
Leurs yeux n'en trouvent point en nous.
Ce n'est que pour parler de leur gain, de leur perte,
Se dire que d'un vin qui les charmera tous
On a fait une heureuse et sûre découverte :
Se montrer quelques billets doux.
Se dandiner sur une chaise,
Faire tous leurs trocs à leur aise,
Et se donner des rendez-vous.

Si par un pur hazard quelqu'un d'entr'eux s'avise
D'avoir des sentimens tendres, respectueux,
    Tout le reste s'en formalise.
Il n'est, pour l'arracher à ce penchant heureux,
Affront qu'on ne lui fasse, horreurs qu'on ne lui dise;
Et l'on fait tant qu'enfin il n'ose être amoureux.

    Causer une heure avec des femmes,
Leur présenter la main, parler de leurs attraits,
Entre les jeunes gens sont des crimes infâmes
    Qu'ils ne se pardonnent jamais.

Où sont ces cœurs galants ? où sont ces âmes fières ?
    Les Nemours, les Montmorencis,
    Les Bellegardes, les Bussys,
    Les Guises et les Bassompierres?
    S'il reste encore quelques soucis,
Lorsque de l'Achéron on a traversé l'orde,
Quelle indignation leur donnent les récits
    De ce qui se passe en ce monde !
    Que n'y peuvent ils revenir !
    Par leurs bons exemples, peut-être,
On verroit la tendresse et le respect renaître,
    Que la débauche a sçu bannir :
    Mais des destins impitoyables
    Les arrêts sont irrévocables;
Qui passe l'Achéron ne le repasse plus :
    Rien ne ramènera l'usage
    D'être galant, fidèle, sage .
Les jeunes gens pour jamais sont perdus.

    A bien considérer les choses,
    On a tort de se plaindre d'eux :
    De leurs déréglemens honteux
    Nous sommes les uniques causes.
    Pourquoi leur permettre d'avoir
    Ces impertinens caractères?
Que ne les tenons-nous, comme faisoient nos mères,
    Dans le respect, dans le devoir ?
    Avoient-elles plus de pouvoir,
Plus de beauté que nous, plus d'esprit, plus d'adresse?
Ah ! pouvons-nous penser au temps de leur jeunesse
    Et sans honte et sans désespoir ?
    Dans plus d'un réduit agréable
    On voyoit venir tour-à-tour
    Tout ce qu'une superbe cour

Avait de galant et d'aimable :
L'esprit, le respect et l'amour
Y répandoient sur tout un charme inexplicable.
Les innocens plaisirs, par qui le plus long jour
Plus vite qu'un moment s'écoule,
Tous les soirs s'y trouvoient en foule ;
Et les transports et les désirs,
Sans le secours de l'espérance,
A ce qu'on dit, prenoit naissance
Au milieu de tous ces plaisirs.

Cet heureux tems n'est plus ; un autre a pris sa place.
Les jeunes gens portent l'audace
Jusques à la brutalité.
Quand ils ne nous font pas une incivilité,
Il semble qu'ils nous fassent grâce.
Mais, me répondra-t-on, que voulez-vous qu'on fasse ?
Si ce désordre n'est souffert,
Regardez quel sort nous menace ;
Nos maisons seront un désert.
Il est vrai, mais sçachez que lorsqu'on les en chasse,
Ce n'est que du bruit que l'on perd.
Est-ce un si grand malheur de voir sa chambre vuide ?
De médisants, de jeunes fous,
D'insipides railleurs qui n'ont rien de solide
Que le mépris qu'ils ont pour nous.

Oui, par nos indignes manières
Ils ont droit de nous mépriser.
Si nous étions plus sages et plus fières,
On les verrait en mieux user.
Mais inutilement on traite ces matières ;
On y perd sa peine et son tems :
Aux dépens de sa gloire on cherche des amans.

Qu'importe que leurs cœurs soient sans délicatesse,
Sans ardeur, sans sincérité ?
On les quitte de soins et de fidélité,
De respect et de politesse ;
On ne leur donne pas le tems de souhaiter
Ce qu'au moins par des pleurs, des soins, des complai-
On devroit leur faire acheter.   [sances,
On les gâte. On leur fait de honteuses avances
Qui ne font que les dégoûter.

Vous, aimable Dapné, que l'aveugle fortune
        Condamne à vivre dans des lieux
Où l'on ne connoît point cette foule importune
        Qui suit ici nos demi-Dieux,
Ne vous plaignez jamais de votre destinée.
        Il vaut mieux mille et mille fois,
        Avec vos rochers et vos bois,
        S'entretenir toute l'année
        Que de passer une heure ou deux
    Avec un tas d'étourdis, de coquettes.
Des ours et des serpens de vos sombres retraites
        Le commerce est moins dangereux.

Voilà un bien sombre tableau de ce monde du xvii^e
siècle, de cette cour de Louis le Grand où la galanterie avait tenu malheureusement une si grande place ;
Mme Deshoulières n'était plus jeune alors et il est
permis de penser qu'avec l'âge, son caractère bienveillant s'était un peu aigri. D'ailleurs cette dixième
Muse, comme on l'appelait, avait été malheureuse presque toute sa vie ; la nature s'était plu à assembler en
elle, les talents de l'esprit et les grâces de la figure ;
mais elle ne fut exempte ni des amertunes de la vie,
ni de se angoisses, ni de ces cuisants chagrins qui
sont le triste apanage de la pauvre humanité.

Fille de Melchior du Ligier de la Garde, chevalier
de l'ordre du Roi, maître d'hôetl des reines Marie de
Médicis et Anne d'Autriche, elle avait épousé en 1651,
ayant alors 21 ans, Guillaume de Lafon de Boisguérin,
seigneur des Houlières, d'une famille distinguée du
Poitou, bon officier d'infanterie, ingénieur habile,
maître d'hôtel du Roi et gentilhomme ordinaire de sa
suite, lieutenant-colonel du régiment de Condé, ser-
gent-major de bataille, ami et grand partisan du prince
de Condé qui l'emmena d'abord en Guyenne, puis

l'entraîna dans sa révolte et le nomma gouverneur de Rocroy (1653).

Mme Deshouliéres l'y rejoignit, y resta deux ans avec lui, puis alla à Bruxelles ; pendant ce temps, leur fortune avait été confisquée en France, et les appointements promis par l'Espagne ne venaient pas ; Mme Deshouliéres les ayant réclamés un peu étourdiment , fut arrêtée à Bruxelles (1657) et menée en prison à Wilvorden, d'où son mari vint la tirer l'année suivante à l'aide de quelques troupes. Après leur retour en France, ils furent amnistiés, il fut même nommé maréchal de bataille et gouverneur de Cette , mais non remis en possession de ses biens. Il devint ensuite commandant du génie de la flotte du duc de Beaufort, pendant l'expédition de Gigeri (1664), servit en Flandre sous M. de Vauban, (1667), fut lieutenant du Roi à Doullens, puis directeur du génie à Bayonne et en Guyenne (1671). Sa femme fit plusieurs voyages et séjours en ces différents endroits, mais cela ne l'empêchait pas d'habiter Paris le plus souvent et d'aller de temps à autre rendre visite à ses amis (1).

Le plus long de ses voyages fut celui qu'elle fit en Dauphiné, pendant que son mari était employé en Guyenne. Elle y avait été invitée par la marquise de la Charce et par ses filles qui s'étaient liées avec elle, par suite des relations intimes que la vie militaire avait établies entre M. de la Charce et M. Deshouliéres. Elle partit au printemps de l'année 1672 et prit la route de Lyon avec elles ; avant d'entrer dans cette ville, elles passèrent quelque temps dans le Forez,

(1) Œuvres de Mme Deshouliéres, éd. citée. Préface.

chez des personnes de qualité avec lesquelles elles
étaient fort liées. La joie qui était l'âme de cette société
et la proximité du pays les engagèrent à faire une espèce de pèlerinage sur les bords du Lignon, dans ces
vallées délicieuses que M. d'Urfé a rendues célèbres,
et Mme Deshoulières alla recueillir sur la tombe
d'Astrée et de Célimène, ces sentiments tendres et délicats que l'on a admirés si longtemps dans le récit de
leur amour (1). »

« Ensuite on passa le Rhône et après avoir traversé
tout le Dauphiné, on arriva dans les terres de la maison de la Charce qui étaient situées dans les Baronnies
à quelques lieues de la ville de Nyons. C'est dans ces
lieux environnés de hautes montagnes dont une partie
séparait le Dauphiné de la Provence, que Mme Deshoulières s'arrêta pendant près de trois ans, « demeu-
rant tantôt à Nyons, où Mme Lucrèce de la Tour,
prieure de Saint-Césaire lui témoignait une grande bienveillance à cause de son esprit et de sa piété, tantôt au
château de la Charce ou à Montmorin, séjour favori
de la marquise pendant les chaleurs brûlantes de l'été.
Il y a un contraste frappant entre ce manoir qui semble
se cacher modestement au fond des jardins, derrière
un rideau de peupliers élancés et de saules touffus,
entre lesquels murmurent les eaux vives des ruisseaux
descendus des montagnes voisines, et ce château
dont les ruines sont encore si belles et qui devait avoir
si grand air en ce temps-là, fièrement posté comme

____

(1) C'est des bords du Lignon que madame des Houlières écrivit une de ses plus charmantes épîtres à Mascaron, évêque de
Tulle. (Voir ses œuvres et l'Éloge historique).

il l'est, au-dessus de larges torrents, en face des majestueuses et sévères montagnes qui dominent leur
confluent. L'aspect de ce site à certaines heures du jour
a quelque chose d'indéfinissable, soit que les vallées
se couvrent d'une vapeur légère, soit que de grandes
ombres viennent accentuer les profils de ces montagnes pittoresques. Si c'est là une *prison*, comme on le
pensait autrefois à cause d'une fausse signification
qu'on attribuait au nom de la Charce, il faut convenir
que c'est une prison aussi agréable que superbe et
que les habitants ne paraissent nullement se plaindre
d'avoir été condamnés à y vivre.

« Près de la Charce au midi, dit le savant M. André
Lacroix, archiviste de la Drôme, se trouve un défilé
où coule en temps d'orage, le torrent de Pommerol.
Rien de plus étrange que cette gorge. D'un côté des
rochers énormes en assises superposées, forment une
muraille gigantesque ; de l'autre, sur un sable aux
tons chauds se dressent taillés par la pluie, des tou--
relles, des clochetons, des pyramides, des colonnes,
des forts, des bastions, le tout formant une véritable
façade de monument féerique, avec les sculptures et les
formes les plus bizarres et les plus variées. Jamais
décor plus original ne s'est offert à l'œil humain dans
un site plus étonnant. On va bien loin visiter des grot--
tes à stalactites, avec leurs spendides salles, dont
jamais, faute de lumière suffisante, l'ensemble ne
peut être embrassé. Ici tout est baigné de la clarté
du jour et inondé des rayons du soleil.

« A ces curiosités naturelles joignez, pour occuper
l'imagination du touriste, les souvenirs de l'homme
préhistorisque, réfugié dans les grottes de la double

montagne, et ceux des Sarrasins qui incendièrent les
églises et les couvents des moines de Bodon, et tout
un monde ancien renaîtra pour animer le spectacle.

« Il a manqué longtemps à ces merveilles, des voies
faciles pour les rendre populaires ; aujourd'hui elles
sont accessibles aux voitures de tous les côtés (1). »
Sans entendre pour cela renchérir sur cette fidèle de-
cription de l'honorable archiviste du département de la
Drôme, nous ajouterons qu'au sortir de ce défilé en
allant de là vers Rozans, se trouve un roc taillé à pic
et d'une élévation prodigieuse , presque au sommet
duquel le village de Pommerol est bâti sur le versant
opposé au défilé. Le curé de cette modeste paroisse,
M. l'abbé Bérard, âgé d'environ 80 ans, a entrepris là,
il y a quelques années, un travail qu'on serait tenté
tout d'abord de croire impossible, vu les difficultés de
l'exécution, si l'on n'en était témoin oculaire. Ce labo-
rieux ecclésiastique pour utiliser ses récréations et
charmer les loisirs de sa retraite, a tourné toute une
partie de cette montagne de granit, au moyen d'une
route de trois mètres de largeur. Il y a consacré tous
ses moments de liberté et les heures de récréation des
enfants de l'école communale, qu'il avait appelés à son
aide : moyen très ingénieux d'occuper des enfants oi-
sifs, qui trouvaient dans cet exercice, un amusement,
un délassement après leurs études, plutôt qu'un véritable travail ; et cependant ce travail, qui semblait
n'être qu'une distraction pour lui, qu'un plaisir pour
tous ces enfants, c'était une œuvre qui intéressait en

(1) Bulletin d'Archéologie de la Drôme. Article sur la Charce,
par M. André Lacroix.

même temps, la commune tout entière. A mesure que cette route se poursuit, le village devient moins solitaire ; ses habitants jouissent d'une superbe promenade après leurs heures de travail, et les communications paraissent de jour en jour plus faciles et les distances plus rapprochées. Malheureusement ce chemin ne sera pas terminé de longtemps encore et il est à craindre même qu'il ne le soit jamais, si Dieu retire au village de Pommerol, son vénéré pasteur.

Si madame Deshoulières n'a pu être témoin de l'intéressant spectacle de ce bon prêtre octogénaire et de ces joyeux écoliers creusant hardiment le sol, faisant rouler les rochers au fond des précipices et ouvrant une route facile au travers des obstacles de toute espèce, du moins ces belles vallées, ces pittoresques montagnes des environs de la Charce, n'ont eu sans doute rien de caché pour elle. La même curiosité qui l'avait menée avec ses amies sur les bords du Lignon, la conduisit aussi vers la fontaine de Vaucluse, la rivière de Sorgues et tous les beaux endroits qui sont aux alentours d'Avignon. Accompagnée de mesdames de la Charce, elle alla visiter ces lieux consacrés par les souvenirs de Pétrarque et de Laure, et leur vue lui rappela tout ce qu'elle avait lu de beau, de touchant, dans les vers de ce poëte immortel. Aucun sujet ne pouvait mieux se prêter aux embellissements de la poésie, et il inspira à madame Deshoulières, des vers, qu'elle dédia tout naturellement à l'aimable Philis, qu'elle jugeait sans doute plus capable que nul autre, de les apprécier. Nous ne pouvons nous dispenser de citer cette pièce qui du reste est fort connue.

A MADEMOISELLE DE LA CHARCE

POUR LA FONTAINE DE VAUCLUSE, 1673.

Quand vous me pressez de chanter
Pour une fontaine fameuse,
Vous avez oublié que je suis paresseuse,
Qu'un simple madrigal pourroit m'épouvanter,
Qu'entre une santé languissante
Et d'illustres amis par le sort outragés,
Mes soins sont toujours partagés.
Par plus d'une raison devenez moins pressante,
Daphné, vous ne sçavez à quoi vous m'engagez.
Peut-être croyez-vous que toujours insensible,
Je décrirai dans mes vers
Entre de hauts rochers dont l'aspect est terrible,
Des prés toujours fleuris, des arbres toujours **verds**,
Une source orgueilleuse et pure
Dont l'eau sur cent rochers divers,
D'une mousse verte couverts,
S'épanche, bouillonne, murmure,
Des agneaux bondissans sur la tendre verdure,
Et de leurs conducteurs les rustiques concerts.
De ce fameux désert la beauté surprenante,
Que la nature seule a pris soin de former,
Amusoit autrefois mon âme indifférente.
Combien de fois, hélas! m'a-t-elle sçu charmer!
Cet heureux tems n'est plus; languissante, attendrie,
Je regarde indifféremment
Les plus brillantes eaux, la plus verte prairie,
Et du soin de ma bergerie
Je ne fais même plus mon divertissement.
Je passe tout le jour dans une rêverie
Qu'on dit qui m'empoisonnera.
A tout autre plaisir mon esprit se refuse,
Et si vous me forcez à parler de Vaucluse,
Mon cœur tout seul en parlera.

Je laisserai conter de sa source inconnue
Ce qu'elle a de prodigieux,
Sa fuite, son retour et la vaste étendue
Qu'arrose son cours furieux.

Je suivrai le penchant de mon âme enflammée.
Je ne vous ferai voir dans ces aimables lieux
    Que Laure tendrement aimée
      Et Pétrarque victorieux.
Aussi bien de Vaucluse ils font encor la gloire ;
Le tems qui détruit tout, respecte leurs plaisirs :
Les ruisseaux, les rochers, les oiseaux, les zéphirs,
    Font tous les jours leur tendre histoire.
Oui, cette vive source, en roulant sur ces bords,
Semble nous raconter les tourmens, les transports
Que Pétrarque sentoit pour la divine Laure.
    Il exprima si bien sa peine, son ardeur,
      Que Laure, malgré sa rigueur,
      L'écouta, plaignit sa langueur,
      Et fit peut-être plus encore.

Dans cet antre profond où sans autres témoins
    Que la Naïade et le Zéphire,
      Laure sçut par de tendres soins,
De l'amoureux Pétrarque adoucir le martyre ;
Dans cet antre où l'Amour tant de fois fut vainqueur,
    Quelque fierté dont on se pique,
    On sent élever dans son cœur
Ce trouble dangereux par qui l'amour s'explique,
    Quand il allarme la pudeur.
    Ce n'est pas seulement dans cet antre écarté
Qu'il reste de leurs feux une marque immortelle ;
    Ce fertile vallon dont on a tant vanté
      La solitude et la beauté,
Voit mille fois le jour, dans la saison nouvelle,
    Les rossignols, les sereins, les pinçons,
    Répéter dans son verd ombrage
    Je ne sçay quel doux badinage
Dont ces heureux amans leur donnoient des leçons.

Leurs noms sur ces rochers peuvent encor se lire ;
    L'un avec l'autre est confondu,
    Et l'âme à peine peut suffire
Aux tendres mouvemens que leur mélange inspire.
    Quel charme est ici répandu ?
A nous faire imiter ces amans tout conspire.
Par les soins de l'Amour leurs soupirs conservés
    Enflamment l'air qu'on y respire,
    Et les cœurs qui se sont sauvés
    De son impitoyable empire,
    A ces déserts sont réservés.

Tout ce qu'a de charmant leur beauté naturelle,
  Ne peut moccuper un moment.
Les restes précieux d'une flamme si belle,
Font de mon jeune cœur le seul amusement.
      Ah ! qu'il m'entretient tendrement
      Du bonheur de la belle Laure !
      Et qu'à parler sincèrement,
Il seroit doux d'aimer, si l'on trouvoit encore
Un cœur comme le cœur de son illustre amant !

Cette jolie pièce de vers ne fut pas faite de souvenir en quelque sorte, plus ou moins longtemps après avoir été visiter la fontaine de Vaucluse. Mme Deshoulières la composa pendant qu'elle était en Dauphiné avec Philis de la Charce ; car elle demeura avec elle jusqu'au mois de septembre 1674. Quand on compare les dates et qu'on voit l'amitié qui unissait mesdames Deshoulières et de la Charce, on s'étonne de la singulière erreur des écrivains qui ont prétendu que cette femme célèbre avait été chargée de faire l'éducation de Philis et de ses sœurs. M. A. du Boys avait dû faire cette réflexion, et comprenant bien que Philis née en 1645 « ne devait avoir que 18 ou 19 ans à l'époque où elle lui fut confiée, » il en a conclu que le séjour de Mme Deshoulières en Dauphiné avait dû être probablement entre 1663 et 1666. Tout au contraire il eut lieu au printemps de 1672 au mois de septembre 1674. Philis avait vingt-sept ans lors de l'arrivée de son amie ; le voyage de la Muse et de ses filles était donc motivé par les amicales relations qui existaient dès longtemps entre les deux familles, et nullement par le besoin de compléter l'éducation littéraire de Mlle de la Charce.

Après un si long séjour en Dauphiné, Mme Deshoulières regagna la capitale à la grande satisfaction

de ses nombreux amis, les Corneille, Benserade,
Charpentier, Perrault, Fléchier, Mascaron, Tallemant,
Ménage, l'abbé de Lavau, M. de la Monnoye, les ducs
de la Rochefoucauld, de Montausier, de Saint-Aignan,
les maréchaux de Vivonne, de Vauban, M. Le Pelletier de Souzy et tant d'autres personnages qui se
plaisaient à lui payer le tribut de leur admiration, très
sincère alors et qui ne laisserait pas de paraître fort
exagérée aujourd'hui. Cependant quelque agréable
que lui dût paraître le séjour de Paris où elle était si
recherchée et si considérée, il lui resta toujours un
singulier attachement pour les solitudes du Dauphiné
dont elle avouait que l'idée inspirait une sorte de
charme à son âme. « C'est peut-être, a-t-on dit, ce
qui l'engagea à choisir ce beau pays pour la retraite
de deux de ses filles qui se firent religieuses à Nyons.
Nous nous permettons de supposer que le principal
motif qui détermina ce choix, fut que le couvent de
Saint-Césaire à Nyons, avait pour prieure, madame
Lucrèce de la Tour, sœur du marquis de la Charce ;
comme madame Deshoulières avait une fortune des
plus modiques et que ses filles n'auraient pu trouver
que difficilement à se marier, elle ne crut pouvoir mieux
faire que de les placer dans une maison dirigée par
une personne aussi respectable, sœur de ses meilleurs
amis. Du reste elle avait profité de son séjour en Dauphiné, pour faire administrer à ses filles, les cérémonies supplémentaires du baptême. Un acte qui existe
encore, nous apprend qu'elles furent reçues le 11
mars 1673, à Nyons, par Mlle Lucrèce Maurice Henriette Deshoulières âgée d'environ quinze ans,
ayant pour parrain, le cardinal de Bouillon, Arche-

vêque de Vienne, et pour marraine, Mme Lucrèce de
la Tour de la Charce, prieure de Saint- Césaire. Cette
jeune fille et l'une de ses sœurs furent ensuite religieuses dans ce couvent et restèrent toute leur vie
dans l'intimité de Mmes de la Charce. Quant à leur
mère, elle continua jusqu'à sa mort, à correspondre
avec ses amies du Dauphiné, et ce commerce épis-
tolaire eut pour elles l'avantage de les tenir au
courant des nouvelles de la Cour et de la ville, du
mouvement religieux, littéraire et politique. Combien il est regrettable qu'une correspondance si intéressante, ne soit pas parvenue jusqu'à nous ! Que
de récits curieux, que de détails piquants on y eût
trouvés sur cette société brillante et aimable dont il
ne reste plus qu'un vague souvenir ! Que d'occasions
on aurait eues de deviner les traits les plus saillants
de cette noble physionomie de Mlle de la Charce, et
de faire ample connaissance avec cette personne si
remarquable et si peu connue, qui avait assez de
goût pour mériter les dédicaces d'une Muse et qui
eut ensuite assez de courage pour mériter le nom
d'héroïne que lui donnèrent ses contemporains et que
la postérité lui a confirmé !

Veuve en Janvier 1693, très malade depuis dix ans,
ruinée par la mort de son mari et la perte de ses pensions militaires, mais toujours soutenue par une piété admirable, Mme Deshoulières mourut à Paris
le 17 février 1694, et fut ensevelie le 19, dans l'église
de Saint-Roch. Son fils, officier du génie, mourut la
même année, et sa fille Antoinette-Thérèse, héritière
de ses grâces et, au moins en partie, de ses talents littéraires, continua à jouir d'une grande réputation jus-

qu'à sa mort arrivée en 1718. Le nom Deshoulières s'éteignit avec elle ; car le temps poursuit sans s'arrêter, sa marche rapide, et souvent la beauté, la fortune et la gloire passent avec lui.

La gloire ! elle coûte fort cher le plus souvent, et le Mis de la Charce et ses fils en avaient acquis beaucoup en se montrant dignes de leurs aïeux et en soutenant l'honneur et la dignité de leur nom. Mais le temps de ces capitaines huguenots auxquels nos auteurs modernes reprochent amèrement d'avoir imité plus d'un capitaine catholique en acquérant de grosses fortunes, était déjà passé depuis longtemps ; les gentilhommes ne pensaient point à ramasser des trésors sur les champs de bataille, et croyaient que leur fortune comme leur sang et leur vie, appartenait au roi et à la patrie.

La Cour aussi est un théâtre brillant, mais où il est aisé de se ruiner quand on porte un nom qui oblige à y faire figure. Aussi la fortune de M. de la Charce était-elle assez obérée, semblable dans son désordre, à celle de beaucoup d'autres nobles familles de cette époque. On en peut juger par la misère profonde que recouvraient les réceptions splendides et les grands airs de cette vice-reine de Provence, qu'on appelait Mme de Grignan. « Les honneurs, dit Mme de Sévigné, augmentent la dépense. » Cela est vrai pour ce temps où l'on n'aspirait point à devenir quelque chose dans l'État pour s'enrichir.

Che peri purche m'innalza !

Voilà quelle belle devise la bonne marquise avait découverte pour les étendarts du régiment de Grignan,

quand son petit-fils en fut nommé colonel, grâce à
Mme de Grignan qui trouvait tout simple de se ruiner
et de ruiner sa maison pour grandir sa race. C'est
que cette maison de Grignan, parée du Saint-Esprit,
de la lieutenance-générale de Provence, de commandements, de grades, de dignités d'un duché napolitain,
et de titres pompeux, tombait en ruines et paraissait
tout près de crouler. Les créances pleuvaient comme
la grêle sur le superbe château, et aux créanciers
ordinaires s'ajoutaient ceux de la famille, les parents,
les intimes, ce qui augmentait la profondeur de l'abî-
me. Mlle d'Aleyrac, la fille que M. de Grignan avait
eue de son premier mariage, se marie malgré la volonté de son père, avec le marquis de Vibraye ; on devine pourquoi le père ne se souciait pas que la fille
se mariât ; c'est qu'il était obligé de lui remettre les
biens de sa mère (Mlle d'Angennes), de lui en rendre
compte, et que ces biens, il les avait mangés. Château, terres, seigneuries, tout était engagé ; d'année
en année, il fallait solliciter des lettres d'État pour reculer d'autorité les échéances. Il fallait en arriver à
implorer un secours de l'un, ou de l'autre, de n'importe qui, puisqu'on n'avait plus rien pour vivre, que
les expédients et les emprunts. Vendre des biens
pour payer, il n'y fallait pas songer, car ils étaient
presque tous, sinon tous, grevés de substitutions et
surchargés d'hypothèques, et leurs intérêts toujours
impayés venaient chaque année s'ajouter au capital,
en un mot, on en était aux dettes pressantes, crian-
tes, des fournisseurs, aux exploits des tailleurs, aux
refus des boulangers, au nécessaire qui manquait au
milieu du luxe d'un grand seigneur et de la repré-

sentation fastueuse à laquelle sa dignité l'astreignait.
Voilà ce qui se devine, ce qui se lit entre les lignes
dans cette correspondance de mesdames de Sévigné,
de Grignan, où l'on trouve une aussi fidèle reproduction des idées, des usages, des splendeurs et des
misères de leur temps.

Ce serait exagérer beaucoup les embarras de fortune de la famille de la Charce, que de les comparer
au gaspillage et à la ruine de M. de Grignan ; mais
ces embarras ne laissaient pas d'être gênants. Le
marquis de la Charce, héritier universel par substitution de son père César, comme celui-ci l'avait été
de son père René de Gouvernet, avait à faire des remboursements énormes, à payer des rentes importantes
à ses frères les barons de Cornillon et de Malerargues, à ses sœurs de Guillaumont, de Brésis, de
Rafélis d'Agoult, de Vincens, de Beauclos, à ses parents de Montbrun, de Pontevès, d'Agoult, du Roure,
de Montgon, d'Anteroches, de Narbonne et autres, ce
qui donnait lieu à de perpétuels et dispendieux procès ;
il est bien clair que le poids de toutes les affaires devait retomber sur la marquise, en l'absence de son
mari, sans cesse à la guerre ou à la Cour, et sur sa
fille Philis de la Charce qui jouissait de son entière
confiance et la soulageait dans toutes ses peines.
D'ailleurs dans ce temps-là, on ne comprenait pas que
le droit marchât sans le devoir, ni l'honneur sans la
charge, ni la fortune sans les obligations ; le marquis
de la Charce avait été héritier universel, mais toutes
ces belles terres, ces grandes propriétés qu'il avait
recueillies à la mort de ses parents étaient *substituées*, ce qui lui ôtait toute faculté de remboursement

et, en maintenant dans son intégrité la fortune de sa maison, le mettait souvent lui-même dans de grands embarras pour subvenir aux frais de ses campagnes, à l'éducation et aux guerres de ses fils, à l'établissement de ses filles. Peu à peu, la marquise, se rendant compte des difficultés qui allaient toujours en s'augmentant, dût s'éloigner de Paris, renoncer au luxe, aux splendeurs du monde et de la Cour, et rester dans ses terres pour diriger les affaires de sa famille et pourvoir aux besoins de tous ses membres.

. Puis Achille, ce vaillant capitaine du régiment de Sault, destiné à être l'héritier de la maison de la Charce, fut tué en Hollande, à l'attaque du fort d'Ameïlden, « après avoir donné des preuves d'une valeur extraordidaire » (1) en 1672. Son frère Pierre, qu'on appelait *M. des Plantiers,* succomba peu de temps après lui à des blessures reçues en Catalogne, janvier 1677 (2). Le marquis de la Charce leur père était mort à Nyons en 1675, au retour d'un voyage dans ses terres du Languedoc. Louis, qu'on nommait *M. de Montmorin* et qui devint alors marquis de la Charce était déjà au service ainsi que Réné-Scipion, appelé *M. de Mirabel.* L'un alla se marier en Bourgogne où sa famille ne tarda pas à acquérir une grande fortune et à s'établir avec tout l'éclat que comportait sa naissance. L'autre se maria en Flandre avec madame de Murat, jeune et riche veuve, et y fixa sa résidence, bien loin de son pays.

Bientôt la marquise de la Charce demeura seule en

(1) Robert de Briançon. État de la Provence. 1693. L. 188.

(2) Guy Allard. dict. historique publié par M. Gariel.

Dauphiné avec Philis, s'occupant des affaires de sa maison, pensant tristement aux beaux jours envolés, aux chers morts ensevelis loin d'elle, et dans cette vie sérieuse, mais pleine de dignité, elle sut maintenir intact le prestige de son nom, et conserver à sa famille toute la popularité, toute l'influence dont elle jouissait, et que l'absence de ses enfants ne put, grâce à elle, aucunement diminuer. D'ailleurs les consolations ne lui manquaient pas; ses deux derniers fils, les seuls qui eussent survécu, avaient fait de bons mariages qui leur permettaient une existence facile et heureuse, et parfois elle recevait leurs visites. De quoi ne parlait-on pas alors, entre les souvenirs et les récits de l'ancienne et de la nouvelle cour, les exploits mémorables des guerres de Louis le Grand, les hauts faits des ancêtres, les légendes des Gouvernet et des Montauban, et la gloire attachée à ce nom de la Tour-du-Pin que le caprice des historiens et la faveur des courtisans invitaient à adopter, et les vieux Dauphins dont on évoquait la flatteuse alliance et dont on aimait à parer le blason de la Tour, la façade des châteaux et les portes de l'hôtel seigneurial !

Quelles pensées ne venaient pas alors à l'esprit de mademoiselle de la Charce, qui à mesure que sa courageuse mère avançait en âge, semblait de plus en plus rester seule pour représenter sa famille au dehors du vieux manoir où le poids des ans retenait la marquise au foyer domestique? Elle représentait le plus souvent son père, le vaillant guerrier qui n'était plus, ses deux frères qui avaient péri de la mort la plus glorieuse, ses deux autres frères plus jeunes qu'elle avait élevés en partie, chez qui elle avait contribué à déve-

lopper les sentiments chevaleresques de son illustre
race. Elle restait en quelque sorte le seul homme de
la famille, le seul rejeton d'une pépinière de héros,
et l'on voudrait que cette fille nourrie de fortes
leçons, de beaux exemples, accoutumée aux grands
romans et aux sublimes lectures, fière de la naissance
et du rang de ses ancêtres, passionnée pour la gloire et
les nobles élans qu'elle inspire, n'ait jamais rêvé d'être
aussi un homme à son heure, n'ait jamais ressenti
cette ardeur chevaleresque qui était l'apanage séculaire
de sa maison? On voudrait qu'au milieu de tous les
orages qu'avait amenés la reprise des luttes religieuses,
cette femme aux principes sévères, à la foi vive, aux
convictions arrêtées, aux résolutions inébranlables, ne
se soit jamais demandé pourquoi elle ne remplace-
rait pas à son tour, ses frères absents ou disparus, son
père mort, ses aïeux descendus au tombeau, et tous
les grands chevaliers de sa race que les guerres avaient
moissonnés? les rêves de la jeune fille qui en grandis-
sant, n'avait entendu parler que de combats, de siéges
et de victoires remportées, pouvaient-ils donc avoir
été effacés par l'oubli, lors que restée seule avec tous
les grands souvenirs, Philis voyait suspendue sous ses
yeux, l'épée des marquis de la Charce, et que tous les
objets qui faisaient l'ornement de sa demeure, lui rap-
pelaient sans cesse tous ces grands hommes qui
avaient honoré leur siécle et donné tant de prestige au
nom de sa famille? Mais avec le temps, ce qui était
rêve, était devenu réalité; jeune fille, elle n'avait eu
qu'à admirer son père, ses oncles, ses frères, à leur
porter envie peut-être parce qu'elle ne pouvait faire
comme eux; maintenant ils n'existaient plus, et elle

était seule pour les remplacer, pour les continuer.
Fortement éprise de tout ce qui est brave et glorieux,
profondément convaincue que le vrai mérite est de faire
son devoir, quel qu'il soit, tout entier et jusqu'au bout,
son âme virile, son âme chevaleresque se recueillait,
se fortifiait, se trempait à mesure que les idées religieuses y prenaient un plus grand développement avec
le sérieux de l'âge; elle dormait non de ce sommeil
léthargique qui est celui de l'indifférence et de l'oisi-
veté, mais de ce sommeil qui repose de la peine du
jour et prépare à celle du lendemain, qui commence et
finit par une prière au Dieu tout-puissant, de ce
sommeil que peuvent seuls goûter les héros à la veille
des grandes batailles et qui les rend forts pour la lutte.
C'est dans cet accomplissement calme et régulier de
tous ses devoirs quotidiens, que Mlle de la Charce
retrempait continuellement son âme; elle était prête
désormais, et bientôt l'occasion de le prouver se présenta.

Cependant les rigueurs contre les protestants
avaient succédé à une longue période de tranquillité et
d'apaisement, et mesdames de la Charce que nous
avons vues tout le long de leur vie, intimement liées
avec de fervents catholiques, étaient toujours demeu-
rées fidèlement attachées aux doctrines que leurs
pères avaient malheureusement adoptées au siècle
précédent. Monsieur A. du Boys (1) dit que le
marquis de la Charce, devenu catholique un peu
avant 1630, « traita assez sévèrement ses vassaux
« qui n'avaient pas voulu imiter son exemple et qui

(1) A. du Boys. Philis de la Charce. p. 7.

« continuaient de tenir des assemblées au désert, en
« contravention avec les ordonnances du Roi. »

« Il y a là quelque confusion, » répond M. Auzias (1),
« après la prise de la Rochelle, un édit de mars 1626
« avait pleinement maintenu les protestants dans 'les
« libertés que leur assurait l'Édit de Nantes. Ce n'est
« qu'après la révocation de cet édit en 1685, que les
« protestants pratiquèrent l'usage du prêche au désert;
« vers 1630 notamment, ils avaient à Nyons leurs
« temples et le libre exercice de leur culte. Que si de
« mauvais traitements furent employés à une époque
« quelconque, ce qu'on ignore, contre ceux de la
« Charce, ce fut bien en vain qu'on méconnut ainsi à
« leur égard, le véritable esprit de la religion; car pas
« un seul ne s'est converti et ils sont maintenant tels
« que les a faits leur Seigneur de 1562....... Il semble
« que rien en cela, ne se prête à la donnée des sévé-
« rités exercées par le marquis de la Charce ou autre,
« sur les protestants de ce temps. »

On a prétendu aussi que le marquis de la Charce,
dans son ardeur de nouveau converti, avait fait lui-
même brûler son beau château de la Charce qui
servait de lieu ordinaire de rendez-vous aux protestants. Cette dureté envers d'anciens coreligionnaires,
cet acte de vandalisme sont donnés comme une preuve
de sincérité et d'énergie par plusieurs auteurs et par
les journaux contemporains. Il n'y a à tout cela qu'une
réponse à faire, c'est que le marquis de la Charce
resta protestant toute sa vie et mourut protestant.
Décédé à Nyons le 22 août 1675, il y fut enterré le

(1) Bulletin de l'Académie Delphinale. 11 Juin 1866.

lendemain dans le cimetière de ceux de la religion
prétendue réformée, comme il résulte du certificat
délivré le 3 janvier 1679, à sa veuve, par M. de la
Colombine, ministre de ladite religion à Nyons (1).

Mmes de la Charce continuèrent à suivre la religion à laquelle le marquis Pierre avait été si fidèle
malgré les efforts de ses frères et sœurs qui étaient
catholiques zélés comme l'avait été leur mère (2). L'abjuration de René-Scipion, le Benjamin de la famille,
dès l'année 1679, ne les décida même pas à se convertir. Le marquis Louis n'abjura certainement qu'en
1685, année de la naissance de son fils qu'il fit baptiser
dans l'église réformée d'Is-sur-Tille en Bourgogne, et
peut-être même en 1686, date de l'abjuration de Jacques
de Mazel, son beau-père, le 31 janvier, aux Capucins
de Dijon (3). Enfin la révocation de l'édit de Nantes
rendait la conversion nécessaire et la marquise se
décida à abjurer entre les mains de l'évêque de Gap,
le 11 février 1686, ce dont il lui fut délivré un certificat
pour qu'elle pût jouir des priviléges accordés par le roi
aux nouveaux convertis (4).

(1). Ce fait est constaté par un mémoire original sans date, qui
est de la main du secrétaire du M{is} de la Charce écrivant à son
homme d'affaires à Nyons (Archives de M. Morin-Pons.).

(2) Nous parlons ici des enfants du M{is} César venus de son
second mariage avec Mlle de Soissans, qui avait obtenu sa conversion.

(3) Note communiquée par M. le Comte Fortuné de Chabrillan.

(4) Ce fait est constaté dans une remontrance pour la M{ise}
de la Charce contre Jean Etienne d'Autane seigneur de Bésignan
(Archives de M. Morin-Pons.)

Après leur conversion, Mmes de la Charce restèrent vis à vis des protestants ce qu'elles avaient
toujours été auparavant envers les catholiques. Bien-
veillantes, charitables, pleines de foi et de sincérité
dans leurs actes et leurs discours comme dans leurs
croyances intimes, elles conservèrent toujours le même
ascendant sur les simples et loyales populations au
milieu desquelles elles habitaient. M. Albert du Boys
nous dit que Philis, par ses hautes qualités, avait
acquis une telle influence sur les habitants de Nyons
et des Baronnies, qu'une sorte de prestige avait fini
par entourer sa personne ; « ils la regardaient comme
un être merveilleux et professaient pour elle, un culte
où l'amour se mêlait à l'admiration » (1). Faut-il s'é-
tonner de la confiance, de l'affection que cette personne si affable et si distinguée s'était acquises auprès
de ces populations ? La charité bien comprise et
exercée avec délicatesse, a en elle-même un charme
infini qui captive tous les cœurs ; Philis, oubliant en
quelque sorte la noblesse de son origine et l'éclat de
sa famille, ou plutôt ne se les rappelant que pour accomplir les devoirs que son nom lui imposait, ne
craignait pas de s'abaisser en rendant des services, en
prodiguant des soins aux pauvres gens de la campagne que l'obscurité de leur naissance, la modicité
de leurs ressources condamnaient à la pauvreté, ou à
la souffrance. Dans une chaumière délabrée, sous les
rayons de la misère, on découvre parfois de belles
âmes qui peuvent rester ignorées, mais qui par le
parfum de leurs vertus cachées, ne le cèdent en rien à

1. A. du Boys. Philis de la Charce. p. 12.

celles que l'aveugle fortune a placées au sein du luxe
et de l'opulence. C'est bien là ce que Mlle de la Charce
avait compris. Fille d'un grand seigneur, d'un vaillant
général qui s'était illustré sur tous les champs de bataille, elle pensait se grandir encore en s'informant
des besoins des plus pauvres familles de son pays, en
soulageant leurs misères, en adoucissant leurs peines,
et en les renvoyant alors plus confiantes et plus heureuses, à leurs travaux quotidiens. Tout en conservant
sa dignité naturelle, elle leur parlait sans jamais
craindre que la familiarité diminuât le respect, dans
leur *patois*, dans ce langage populaire, si vif, si fortement imaginé, que l'on dédaigne le plus souvent et
qui renferme parfois cependant une inimitable poésie.
Aussi par ses rapports faciles, par la grâce et la fran-
chise de ses manières, par la sagesse et la bienveillance de ses conseils, était-elle devenue l'oracle de
nos vallées, l'ange consolateur de tous les cœurs
brisés, la confidente discrète et vénérée de tous les
chagrins et de tous les soucis. Cette sorte de célébrité
toute chrétienne qu'elle s'était acquise au milieu des
populations des Baronnies par ses vertus et son dévouement, voilà ce qui lui permit au jour du danger,
de les appeler de sa voix énergique, de les grouper
sans acception de religion ni d'intérêt particulier, et
de les entraîner comme par enchantement, au col de
Cabre pour défendre leur sol natal contre l'enva-
hissement de l'étranger.

Nous avons déjà dit que la famille de Grignan était
en relations suivies avec celle de la Charce. Elles
étaient devenues de plus en plus fréquentes et intimes
à mesure que les éminentes qualités de Philis et de

Mlle d'Aleyrac, sa sœur, étaient arrivées à leur complet développement. « M. de Grignan trouvait dans le
château de Montmorin une hospitalité attentive quand
il allait sur les limites de la Provence et du Dauphiné,
poursuivre les assemblées clandestines que tenaient
les protestants au désert, c'est-à-dire dans les lieux
écartés, éloignés de toute habitation. » C'est à quoi
faisait allusion cette lettre de Mme de Sévigné où
M. du Boys a cru voir une sorte de compliment à
l'adresse de Mmes de la Charce, tandis que nous n'y
trouvons qu'une épigramme sur leur habitation :

« La lettre de M. de Grignan m'a fait frémir, moi,
« ma chère enfant, qui ne puis pas souffrir la vue ni
« l'imagination d'être toujours à deux doigts de la
« mort affreuse ! Je ne comprends pas comme M. de
« Grignan peut aller dans un pays dont les ours ne
« peuvent souffrir la demeure. Vraiment Mlles de la
« Charce sont agréablement établies : voilà un joli
« château ! ce qui me fâche, c'est que je crains que
« ces démons qui disparaissent dès qu'ils ont peur et
« qu'ils voient M. de Grignan, ne reparaissent avec la
« même facilité dès qu'il n'y sera plus et ce serait
« toujours à recommencer. En vérité, ma fille, le roi
« est bien servi ; on ne compte guère ni son bien ni sa
« vie quand il est question de lui plaire ; si nous
« étions ainsi pour Dieu, nous serions de grands
« saints ! » (1).

M. de Grignan, « pour que cela ne recommençât
pas toujours, » dit M. du Boys, laissa à ce qu'il paraît

---

(1) Lettre de Mme. de Sévigné du mercredi 9 mars 1689.
(Edition Régnier. T. VIII. p. 513.)

des instructions avec pleins pouvoirs, à ses nobles
hôtesses , afin qu'elles fussent en mesure de réprimer
elles-mêmes les contraventions des protestants de
leur voisinage , aux ordres du roi. Aussi quelque
temps après, *ces démons,* comme dit Mme de Sévigné,
s'étant réunis près de Bordeaux et ayant formé un
camp qui prenait le nom de *Camp de l'Éternel,*
Mlle d'Aleyrac escortée de plusieurs hommes d'armes,
monta à cheval, alla parlementer avec les chefs de
cette assemblée, et moitié par persuasion, moitié par
menaces, les amena à se dissoudre immédiatement.
Cette entreprise hardie, couronnée d'un plein succès,
fit le plus grand honneur à la jeune amazone. Elle
y avait déployé autant d'habileté que de présence
d'esprit (2).

Déjà Mme des Houlières l'avait invitée, à ce que l'on
croit, à venir la rejoindre à Paris et l'avait présentée à
la cour. Il ne faut pas l'entendre dans le sens qu'avait
le mot de *présentation* au siècle dernier, c'est à dire
avec toutes les conditions et cérémonies que la présentation à la cour exigeait. Car il est probable qu'à ce
prix–là, Mme des Houlières n'aurait jamais été *pré-*
sentée elle-même. Il ne peut s'agir ici que d'avoir fait
connaître Mlle d'Aleyrac dans des salons où se ren-
contraient les personnes les plus illustres et les plus
spirituelles de ce temps. Mais nous pensons que
Mlle d'Aleyrac avait dans ce monde brillant, de beaucoup plus puissantes protectrices que la *dixième*

(2) Mercure de Septembre 1692. — A. du Boys. Philis de la
Charce. p· 31 — André Lacroix. Bulletin de la Drôme. 1881.
p. 203.

Muse, et il suffit de nommer parmi elles, la Duchesse de Nemours qui l'honorait de la plus vive affection.

Toujours est-il que cette jeune amazone qui avait à l'occasion, fait preuve de beaucoup d'énergie dans les montagnes du Dauphiné, ne tarda pas à s'acquérir dans le monde élégant de la capitale, une certaine réputation de personne spirituelle et lettrée. Elle avait la plus aimable conversation et savait tourner avec facilité, des bouts-rimés et des vers de circonstance. Nous trouvons dans *la Nouvelle Pandore,* espéce d'Almanach des Muses de ce temps, un madrigal de cette nouvelle *Sapho,* comme l'appelait en riant son amie des Houliéres (1), sur l'expédition de Louis XIV en Flandre en 1678.

Madrigal

sur la prise de Gand le 9 mars et de sa citadelle le 12
et d'Ypres le 25 mars 1677.

Vous revenez bien tard, oiseaux, dans ce bocage ;
Louis a déjà fait de glorieux exploits.
Que ne vous pressiez-vous pour avoir l'avantage
De mêler à nos chants votre charmante voix,
En l'honneur du plus grand des rois ?
Autrefois le printemps et vous et la victoire,
Vous paraissiez tous à la fois ;
Maintenant Louis a la gloire
De ranger en tout temps la victoire à ses lois.

M. de Vertron, éditeur de la Nouvelle Pandore, répondit par la pièce suivante :

Vous qui dans vos beaux vers reprochez aux oiseaux
D'être lents à chanter la gloire,
Les progrès merveilleux et les exploits nouveaux
D'un roi suivi de la victoire,
Parmi les beaux esprits vous avez peu d'égaux :

(1) Guy Allard. Généalogie de la maison de la Tour-du-Pin. p. 31.

> Sans avoir d'Amphion la lyre,
> Par votre chant divin que le Parnasse admire,
> Vous savez attirer d'abord les animaux,
> Comme par vos appas et par votre art d'écrire,
> Vous enchantez les Dieux et charmez les Héros (1).

Le grand monde dans lequel vivait M. de Vertron, et le désir qu'il avait d'y plaire, lui ont fait faire quantité de pièces en prose et en vers français à l'honneur des dames, principalement de celles qui ont brillé par leur esprit et par leur érudition (2). C'est ainsi qu'il avait fait ce quatrain sur Mlles de la Charce.

> Par la prudence et la valeur
> La Charce surpasse Clélie,
> Par l'esprit et par la douceur,
> D'Aleyrac surpasse Télie. (3)

Voilà de la poésie médiocre, il faut en convenir, mais elle n'en a pas moins son prix comme témoignage historique. Car il résulte de tous les documents que nous venons de citer, que si les événements de 1692 donnèrent par la suite, au nom de Philis de la Charce, une beaucoup plus grande notoriété, néanmoins sa jeune sœur, Marguerite d'Aleyrac, s'était dès lors

(1) Vertron. Nouvelle Pandore — A. du Boys. Philis de la Charce. p. 15.

(2) Moreri, dict, hist. — Claude Charles Guyonnet de Vertron, mort en 1715, historiographe du Roi, Commandeur de St-Lazare et du mont Carmel, membre des Académies d'Arles et de Padoue. son nouveau Panthéon, sa nouvelle Pandore, ou les femmes illustres du siècle de Louis le Grand (deux volumes in-12. Paris; 1698.) et quelques autres ouvrages l'ont fait placer par Titon du Tillet, dans son Parnasse français.

(3) Vertron. Nouvelle Pandore. p. 448 — A. du Boys. Philis de la Charce. p. 25 — A. Lacroix. Bulletin de la Drôme, année 1881. p. 203

acquis autant de réputation par le courage et l'habileté de ses expéditions près des protestants des Baronnies, que par son esprit et ses succès littéraires dans
les salons de la capitale. D'ailleurs M. de Vertron ne
manquait lui-même ni de génie ni d'érudition, nous
dit le savant Moréri ; il était en liaison avec la plupart
des beaux esprits de son temps ; le grand roi lui avait
fait l'honneur de le nommer son historiographe et nul
n'était mieux placé que'lui assurément pour célébrer
les hauts faits et chanter les louanges de Mlles de la
Charce.

C'est à cette époque en effet que commence le rôle
héroïque de Philis de la Tour-du-Pin, brillant épisode
qui fut le couronnement d'une vie sans reproche ni
faiblesse, d'une existence entièrement consacrée au
dévouement et à la vertu. En 1692, Philis se trouvait
seule avec sa mère, durant les chaleurs de l'été, au
château de Montmorin. Ses frères étaient aux armées,
Mlle d'Aleyrac se trouvait à Paris près de la duchesse
de Nemours, Madame d'Urtis habitait avec son mari
et ses enfants, de l'autre côté de la Durance, dans les
terres de la maison de Pontis. C'est alors qu'eut lieu
l'invasion dn duc de Savoie et des Impériaux, et que
Philis cueillit des lauriers plus glorieux encore que
ceux dont son aimable sœur faisait, en se jouant, une
moisson quotidienne. Pour bien comprendre les évè-
nements auxquels le nom de notre héroïne va se trouver mêlé, nous croyons nécessaire de rentrer un instant
dans l'histoire générale et de donner quelques détails
sur la campagne de 1692, si habilement dirigée par le
célèbre Catinat et les généraux placés sous ses ordres.

CHAPITRE IV

Pour se rendre compte des événements accomplis en 1692, il est nécessaire de remonter aux temps qui les avaient précédés. Après trente-six années de luttes acharnées, Henry IV, victorieux des partis et de l'étranger était devenu le pacificateur de la patrie. « Mais les protestants qui prétendaient avoir fait le roi, conservaient toujours une attitude hostile et sous le règne suivant, ils ne se continrent plus. La polémique théologique et les disputes publiques se réveillèrent plus vives, plus acrimonieuses que jamais ; les deux partis étaient lassés, épuisés, mais toujours imbus d'une haine profonde. Les protestants en demandaient toujours davantage ; la discipline de leurs églises était toute républicaine. Cependant Richelieu à la prise de la Rochelle, n'avait pas touché dans son *édit de grâce*, à l'égalité des droits civils entre les catholiques et les réformés, ni à la liberté des deux cultes. Il s'était contenté d'abattre un parti politique. » (1) Mais peu à peu la guerre recommença sous une autre forme ; on chercha à supprimer le protestantisme, en chassant les protestants de tout emploi public, de toute charge municipale, puis en envoyant des missions dans les pays qu'ils habitaient ; ensuite vinrent les conversions forcées, les abjurations payées, les dragonnades, les garnisaires imposés aux habitants. « Dès lors c'en était fait de l'influence, de l'opiniâtre résistance des huguenots. Le point de vue religieux, dogmatique, s'effaçait devant les intérêts du temporel ; les intérêts humains étaient seuls en jeu, et si l'on voulait arriver à détruire les protestants, c'était comme puissance politique beaucoup plutôt que comme secte religieuse (2) ». C'est qu'à dire vrai, la réforme religieuse française avait été l'ère de la révolution politique et sociale. Richelieu, Mazarin s'étaient bornés à contenir le torrent. De funestes conseillers persuadèrent au grand roi d'en tarir la source. Ils obtinrent de sa dévotion, la suppression de la liberté des cultes, et ils prirent sur eux de supprimer en outre celle des consciences. Désapprouvée par quelques esprits éclairés, qui étaient, il faut le reconnaître, en avance sur leur siècle, la révocation de l'Édit de Nantes fut l'œuvre de Louvois bien plus que celle du roi et des membres

(1) Long. La Réforme et les guerres de Religion en Dauphiné.

(2) Charronnet. Les guerres de religion et la société protestante dans les Hautes-Alpes.

éminents du clergé. Néanmoins elle fut très populaire ;
les orateurs et les poètes la célébrèrent à l'envi. La
tendre des Houlières ne fut pas des dernières à en fé-
liciter le monarque.

> L'erreur féconde en attentats
> Qui traînait la discorde et l'orgueil à sa suite,
> Ne répand plus enfin dans tes vastes États
> Le poison dont s'arma l'enfer qui l'a produite.
> Ta piété, grand roi, pour jamais l'a détruite.

Elle était cependant quelque peu philosophe et
même *libre-penseuse*, quoique fort dévote, et son mari
était protestant ; mais son enthousiasme ne se bornait
pas aux éloges, il allait jusqu'à l'idolâtrie !

> Instruit par cent et cent exemples
> Qu'à de moindres mortels on a bâti des temples,
> Contre ta modestie on ose murmurer.
> Oui, si ta piété n'y mettait des obstacles,
> Tes jours fertiles en miracles
> Nous forceraient à t'adorer (1).

L'édit de révocation rencontrait donc l'approbation
générale, et le roi, en cédant à l'assurance qu'on ne
cessait de lui donner, de conversions innombrables,
était loin de croire que cet édit allait être le signal
d'horribles persécutions. Dès lors il n'y avait plus de
protestants en langage officiel ; il n'y avait plus que
des *nouveaux convertis*, et ceux qui persévéraient dans
l'erreur, devenant des criminels d'État, tout était permis à leur égard. On sait tout ce dont sont capables,
les agents *trop zélés* qui veulent avant tout plaire au
maître. Puis il semble que les gouvernements qui sor-
tent de la sereine application des grands principes

____

(1) Œuvres de Mme des Houlières. I. 167.

d'équité se trouvent fatalement saisis par un courant qui les entraîne de violence en violence. Non content de forcer les protestants à se convertir en dépit de leurs convictions, de les soumettre aux plus mauvais traitements, de les chasser de ses États, de confisquer leurs biens, Louis XIV voulut les empêcher de trouver un asile dans d'autres pays, et considérant Victor-Amédée duc de Savoie, son neveu (1), comme son vassal, il exigea de lui de persécuter les religionnaires piémontais qui pouvaient leur donner un refuge et leur prêter main forte. Le duc répondit que d'abord il entendait examiner mûrement les choses, attendu que ceux de ses prédécesseurs qui avaient voulu agir de la sorte, n'y avaient rien gagné que de mettre le désordre dans tout le pays(2). Cependant il finit par céder aux instances de plus en plus menaçantes de Louvois, et fit entrer des troupes dans les vallées piémontaises habitées par les Vaudois, sujets très dévoués, mais hérétiques obstinés qu'on appelait communément les *Barbets* à cause de leurs prêtres auxquels ils donnaient le surnom de *Barbes*. En même temps il s'abaissa jusqu'à demander l'assistance des troupes françaises, et le roi en envoya sous les ordres de Catinat et du marquis de Sainte-Ruth. Alors en Piémont, dans le Briançonnais, dans le Trièves, ce fut une guerre d'ex-

(1) Il avait épousé la fille du duc d'Orléans, frère du roi, en 1685.

(2) Lettre de M. d'Arcy, ambassadeur de France, au roi, du 27 octobre 1685. (Voir A. de Rochas d'Aiglun : campagne de 1692 dans le Haut Dauphiné — Note sur quelques documents inédits relatifs à la révocation de l'édit de Nantes.)

termination. Selon le rapport de l'intendant Bouchu, plus de 10 000 protestants émigrèrent du Dauphiné.

Quant aux vallées vaudoises ; nous n'en voulons rien dire ; il suffit de citer ces paroles de Catinat à Louvois :

« Je vous confirmeray, monseigneur que l'affaire
» des vallées est entièrement consommée de notre
» costé; *l'on n'y trouve presque plus personne*..... un
» partisan de M. de Magny en a attrapé deux dans les
» montagnes ; il en a fait pendre un par son cama-
» rade, faute d'exécuteur................. Ce pays est par-
» faitement désolé ; il n'y a plus ni peuple ni bestiaux.
» Les troupes ont eu de la peine par l'âpreté du pays,
» mais le soldat en a été bien récompensé par le bu-
» tin........... J'espère que nous ne quitterons point ce
» pays-cy que cette race de barbets ne soit entièrement
» extirpée ; j'ay ordonné que l'ont eust un peu de
» cruauté pour ceux que l'on trouve cachés dans les
» montagnes qui donnent la peine d'aller les cher-
» cher; ceux qu'on prend les armes à la main et qui
» ne sont point tués, passent par les mains du bour-
» reau (1).

Et M. de Saint Ruth écrivait :

« Vous croirez facilement que s'il y avoit eu quel-
» qu'un de pris, j'en aurais fait justice promptement ;
» il me paroit bien extraordinaire qu'un souverain
» entre en traité avec ses sujets révoltés ; il seroit à
» souhaiter pour le bien de la religion et pour rendre
» l'esprit de nos nouveaux convertis plus docile,

(1) Catinat à Louvois, 9 mai 1686 (de Rochas-Aiglun. Etude sur les Vallées Vaudoises, p. 163)

que *ces canailles* fussent bien battus .... (1) »
t le comte de Tessé :

« De concert avec les troupes de monsieur de
Savoye, l'on traquera les bois comme font les paysans à la chasse du loup. » (2)

Parmi toutes les exigences de la politique fran-
aise, nulle n'avait plus profondément révolté le duc
e Savoie, que cette persécution à outrance dont on
avait fait l'instrument contre ses propres sujets. Dès
ue le joug français eut cessé de peser sur lui, il se
âta de rappeler dans leur patrie, les malheureux fu-
itifs qui étaient parvenus à échapper aux massacres,
 il en composa une milice franche qu'animaient des
entiments féroces contre la France et contre le clergé
atholique, bien innocent cependant de tant de cruau-
és. Il chercha en même temps à lier des intelligen-
es avec les protestants dauphinois et tourna tous ses
fforts de ce coté, quand il eut définitivement rompu
vec le grand roi dont l'astre avait commencé à décli-
er.

Ses deux premières campagnes furent malheureu-
es ; mais la troisième année, 1692, il ne s'en persuada
as moins qu'il pourrait prendre une revanche écla-
ante, parce que les troupes dont Catinat disposait,
vaient été tellement réduites au profit de l'armée du
Nord, que ce général semblait hors d'état de lui oppo-
er une résistance sérieuse.

Pendant l'hiver de 1691 à 1692, Catinat (3) avait reçu

(1) Ste Ruth à Louvois, 29 mars 1686. (Idem. p. 126).
(2) Tessé à Louvois, 14 juin 1686. (Idem. p. 170).
(3) Voir la note E.

l'ordre de rester dans les Alpes et ue bien approvisionner Pignerol pour la campagne suivante. Il avait à peine 27 bataillons et 33 escadrons, c'est-à-dire 20 000 hommes sans équipages de vivres et sans chevaux pour traîner son artillerie. Il était donc condamné à la défensive, ayant à garder à la fois le Dauphiné et les montagnes du Piémont.

Il est à propos de faire observer ici qu'indépendamment de ce que les vallées transalpines étaient occupées militairement par Catinat, elles avaient de tout temps fait partie du territoire français, ayant été données à Charles de France par le Dauphin Humbert II, en 1349. Les vallées de Bardonesche au pied du mont Fréjus sous lequel passe aujourd'hui le tunnel *dit du mont Cenis*, avaient appartenu dès les temps les plus reculés à une puissante famille relevant directement de l'empire et qui avait su conserver une sorte d'indépendance bien qu'elle fût à la fois vassalle des Dauphins comme princes du Briançonnais, et des Comtes de Savoie comme princes du Piémont. Le Dauphin Guigues VIII toujours occupé de lutter pied à pied contre l'ambition des comtes de Savoie selon la politique héréditaire de la maison de la Tour-du-Pin dont il était le chef, voulut s'assurer la domination de ces vallées qui étaient l'une des clefs du Piémont, et il chargea l'un de ses parents, le Seigneur Pierre de la Tour, Damoiseau, châtelain et bailly Delphinal (1), des négociations nécessaires. Ce Seigneur assisté de

___

(1) Ce Pierre de la Tour était le onzième aïeul en ligne directe de Philis de la Charce, de qui nous écrivons l'histoire. (Voir les tableaux généalogiques de la maison de la Tour-du-Pin.

maître Jehan Fabri, notaire Delphinal, conclut le 13
Novembre 1330, avec Pierre et Constant de Bardonesche, un traité par lequel ils consentaient à recevoir
des terres en Dauphiné et à se reconnaître vassaux et
hommes-liges des Dauphins de Viennois, leur aban-
donnant en même temps tous leurs droits et toutes
leurs possessions dans la vallée de Bardonesche. Cet
acte fut confirmé solennellement par Guigues VIII, à
la Mure, le 10 Mars 1331, en présence de Humbert
Sire de Villars, d'Albert de Sassenage, de Guy de
Grolée, de Guy de Morges, de François de Theys,
chevaliers et d'autres grands personnages (1)

Humbert II compléta l'œuvre de son prédécesseur,
en confisquant les biens de François de Bardonesche (2). Maître alors de la vallée de Bardonesche, de
celle de Césane et d'Oulx, et de celle d'Exiles jusqu'à
Chaumont (Chiomonte), c'est-à-dire jusqu'au fameux
Pas-de-Suze que Louis XIII franchit de vive force
en 1629 (3) , maître aussi de la vallée du Cluson
et de Fénestrelle et enfin de celle de Châteaudauphin
sur le revers du mont Viso, ce prince avait en sa
possession, tous les cols et passages du Piémont,
s'intitulait *Marquis en Italie* pour prouver au comte
de Savoie, qui s'appelait de même, qu'il y avait un

(1) Archives de la chambre des Comptes de Grenoble. Registre
Pilati. 1331. 1332. 1333. (Annexes aux Tableaux de la famille).

(2) Valb. II. 257. 259. — Il s'est trompé en disant que les
biens de Pierre et de Constant furent confisqués en même temps,
puisqu'ils avaient été échangés en 1331.

(3) Pierre de la Tour, marquis de la Charce, père de Philis, s'y
distingua particulièrement à la tête des Enfants-perdus. (de Courcelles, dict. des généraux français. IX. 308.).

pied tout comme lui. Les princes d'Achaïe, branche
aînée de la maison de Savoie réduite par le comte
Amédée V à la possession du Piémont, reconnais-
saient d'ailleurs la suzeraineté des Dauphins dont la
puissance s'étendait de même sur le marquisat de
Saluces (1). D'un autre côté les Dauphins de la maison
de la Tour-du-Pin possédaient le Faucigny, c'est-à-
dire la vallée de Bonneville, Sallanches et Chamounix
jusqu'au mont Blanc et avaient les comtes de Genève
et les sires de Villars pour alliés, en sorte que les
comtes de Savoie se trouvaient singulièrement resser-
rés entre toutes les possessions d'Humbert II.

Après que par suite de la donation faite par ce prince
en 1349, ses états furent devenus peu à peu une annexe
de la monarchie française, les vallées transalpines continuèrent toujours à en faire partie et il en fut ainsi
jusqu'aux traités d'Utrecht qui les abandonnèrent en
échange de la vallée de Barcelonnette, au Duc de
Savoie. Ce jour-là le nouveau monarque put s'écrier :
« Le plus bel acte de mon règne, c'est d'avoir pu mettre
une sentinelle sur le mont Genèvre ! » et Vauban put
dire tristement au grand Roi : « Sire, vous avez cédé
un pays d'où vos sentinelles criaient : Qui vive ? aux
portes de Turin ! (2) » Signé au mépris des conditions

(1) Les Princes d'Achaïe descendaient de Philippe de Savoie et
de Catherine de Viennois, et les marquis de Saluces, de Frédéric
de Saluces et de Marguerite de Viennois : ces deux princesses,
filles d'Humbert Ier de la Tour-du-Pin et d'Anne Dauphine,
(Valbonnais. Généal. de la maison de la Tour-du-Pin.).

(2) M. l'abbé Gaillaud. Éphémérides des Hautes-Alpes.p. 18
— Traité d'Utrecht. art. 4. — de Saint-Genis, hist. de la Savoie.

stipulées lors de la cession de 1349, ce traité assurait à la Savoie un avantage incalculable et mettait Louis XIV dans la nécessité de fortifier Briançon, Grenoble et les autres places du Dauphiné, et de la Provence, qui avaient été jusqu'alors si bien à l'abri derrière Exiles, Oùlx, Césanne, Fénestrelles, Pignerol, Château dauphin et toute la grande chaîne des Alpes.

A l'époque dont nous parlons, toutes ces vallées étaient au pouvoir des Français, ainsi que Suse et Pignerol, les deux places situées à leurs débouchés du côté de Turin et il est aisé de comprendre l'importance que le prudent Catinat attachait à leur conservation.

Aussi quand il apprit le projet qu'avait le duc de Savoie d'envahir le Dauphiné, aima-t-il mieux le laisser s'engager d'une manière assez aventureuse dans l'intérieur de cette province, que d'abandonner un seul instant, des places dont l'occupation était indispensable, vu leur situation, pour les intérêts du roi.

Victor-Amédée disposait de forces considérables, composées de Piémontais, d'Allemands, de Bavarois, d'Espagnols, que commandaient sous ses ordres, le prince Eugène de Savoie, l'un des hommes de guerre les plus remarquables de son temps, le prince de Lorraine – Commercy, le comte Caprara, le marquis de Parelles et le marquis de Leganez. En outre il avait un corps de plusieurs milliers de religionnaires, et émigrés français que Frédéric-Guillaume lui avait envoyés du fond de la Prusse sous les ordres du comte de Schomberg, et de barbets plus animés qu'eux encore par le fanatisme protestant et la haine contre la politique royale. Ces barbets étaient commandés par Jean du Puy-Montbrun, seigneur de Villefranche et de la Jonchère, qu'on appelait le marquis de Montbrun (1). Toutes ces troupes réunies pouvaient monter à environ 40 000 hommes ; mais Victor-Amédée laissait du monde derrière lui, de l'autre côté des Alpes ou sur leurs versants, pour ne pas être coupé dans sa ligne de retraite (2).

Catinat n'avait donc que des forces bien insuffisantes pour tenir tête aux coalisés. Il est vrai que du moment où il s'agissait de défendre le territoire français contre l'invasion de l'ennemi, il devait compter sur le patriotisme des vaillants Dauphinois. Mais Catinat et le duc de Savoie se trompèrent l'un et l'autre dans cette occasion, l'un en se méfiant de ces populations que rien ne pouvait détourner de la fidélité au Roi et à la patrie, l'autre en comptant imprudemment sur leur trahison ou leur connivence. A une époque si voisine encore des odieuses persécutions dont la révocation de l'Édit de Nantes avait été le prétexte, Catinat n'avait aucune confiance dans les *nouveaux convertis*, auxquels Victor-Amédée avait fait entrevoir par ses proclamations et par le moyen de ses nombreux

(1) C'est à tort qu'on l'appelait ainsi ; car il était fils de René du Puy, marquis de Villefranche, et d'Isabelle de Blacons, et ce René n'était que fils puîné de Jean-Alleman du Puy, créé marquis de Montbrun en 1620, et de Lucrèce de la Tour de Gouvernet. (Généal. imprimée de la maison du Puy Montbrun).

(2) A. du Boys. Philis de la Charce. — De Rochas d'Aiglun. Les Vallées Vaudoises. — Campagne de 1692 dans le Haut-Dauphiné. — Lettres de Catinat — Weiss. histoire des Réfugiés protestants, p. 184 — Mémoires du capitaine Le Clair, à la Bibliothèque de Grenoble. — Mém. du Prince Eugène de Savoie. — St-Genis, hist. de Savoie, II.

agents, les espérances les plus flatteuses et la liberté
de conscience la plus entière.

Dès le commencement de cette campagne, comme
le duc de Savoie paraissait avoir l'intention de faire
passer ses troupes par le col de Vars, (entre Barcelonnette et Guillestre) qui n'était pas gardé, les
habitants, l'ayant appris, en avaient fait avertir Catinat
l'assurant qu'ils défendraient ce passage contre toute
l'armée ennemie, si forte qu'elle fût, pourvu qu'il
voulût bien leur permettre de prendre les armes.
Catinat leur refusa cette permission de peur qu'ils ne se
joignissent aux envahisseurs, et l'ennemi put ainsi
franchir les Alpes sans être contrarié (1). Il est juste
de dire que la vallée de Barcelonnette faisait alors
partie des états de Savoie, et que Catinat était en droit
de se méfier des habitants. Mais cette méfiance s'étendait à tous les nouveaux convertis du Dauphiné,
parce qu'on les supposait convertis de force et partant
peu sincères. Ainsi le 26 juillet 1692, Catinat étant à
Briançon, écrivait au roi :

« Je ne suis point sans inquiétude des nouveaux
» convertis ; ce sont des fols capables d'une action
» mauvaise et sans raison. Mrs de Larray et Bouchu
» sont persuadés de leur mauvaise volonté. »

Le 8 août, il lui écrivait du mont Genève :

« J'ay toujours une grande inquiétude que cet air de
» prospérité et de supériorité des ennemis, ne fasse
» faire quelque sottise aux religionnaires du Diois ».

Le 12, il lui écrivait du camp de Presle :

« Le grand avantage que Votre Majesté vient de

____

(1) A. du Boys. Philis de la Charce, p. 16.

» remporter en Flandre sur l'infanterie de M. le prince
» d'Orange, est d'un grand effet pour les affaires de
» ce pays-cy. Je compte que rien n'estoit plus capable
» de contenir nos nouveaux convertis. »

Catinat eut donc des craintes continuelles sur leur
conduite et le 6 septembre encore, quand il envoya
M. du Cambout avec des troupes dans les environs de
Mens, il lui prescrivit de garder les passages du Triéves
et de surveiller ce pays où il y avait beaucoup de
nouveaux convertis ; et cependant quand à la même
date, il en rend compte au roi, il dit :

« Tous les avis que je reçois, Sire, sur les nouveaux
convertis, sont comme on peut le désirer et il est sans
aucune apparence qu'ils se portent à quelque soulè-
vement (1).»

C'est qu'en effet, placés entre les promesses et les
avances de Victor – Amédée, les ménagements de
M. de Schomberg qui plaçait des sauvegardes à leurs
châteaux et maisons pour les empêcher d'être pillés,
et les soupçons offensants des généraux français qui
surveillaient leur conduite et leur refusaient des armes, tous les nouveaux convertis donnèrent l'exemple
du dévouement et du patriotisme, oubliant les rancunes
du passé pour défendre généreusement le sol Dauphi-

(1) Cette lettre et celles qui précèdent, sont extraites du volume 1170 du dépôt de la guerre, contenant la correspondance
de Catinat et des officiers sous ses ordres, pendant la campagne
de 1692. Elles ont été citées in-extenso par M Albert de Rochas-
Aiglun, le savant officier du Genie, notre compatriote et membre
de notre société d'études de Gap, auteur de la campagne de 1692
dans le Haut Dauphiné, livre fort intéressant auquel nous avons
fait de nombreux emprunts pour le recit de cette campagne.

nois souillé par l'invasion de son ennemi séculaire.

Dès le 3 septembre, une lettre adressée de Grenoble au *Mercure Galant* s'exprimait en ces termes :

« On dit partout que M. le Duc de Savoie fait porter
» des armes pour armer des protestants dont il atten-
» dait la révolte ; mais l'expérience lui a fait voir que
» les espérances sont trompeuses, puisque dans le
» grand nombre des nouveaux convertis qu'il a trou-
» vés dans l'Embrunois, aucun n'a voulu se déclarer
» pour lui et il n'a pu y trouver de quoi augmenter
» le nombre des infidèles Barbets............ il y a sans
» doute beaucoup d'apparences à croire que M. le
» Duc de Savoie n'est pas sans se repentir de s'être
» engagé dans des montagnes dont la sortie ne sau-
» rait lui être avantageuse. » (1)

La défiance contre les nouveaux convertis, leur fidélité patriotique, la déception éprouvée par les coalisés, voilà le résumé de l'invasion de 1692. Aussi ne pourrions-nous trop multiplier les témoignages rendus à la conduite irréprochable de nos populations dans cette circonstance.

C'est ainsi que le 23 aout, le marquis de Dangeau écrit.

« M. de Savoie a mis dans Embrun deux bataillons
» de religionaires. Il espérait que les nouveaux con-
» vertis mal intentionnés le reviendraient joindre ;
» mais pas un n'a bougé ; au contraire ils sont
» tous venus donner de nouvelles assurances de fidé-
» lité et ceux qui sont dans les troupes ennemies dé-
» sertent fort et reviennent chez eux » (2).

(1) Mercure Galant de Septembre 1692 (Bibl .nationale).

(2) Mém. de Dangeau (Champollion-Figeac. Choren. Dauphinoises. II. 306.).

Le 6 Septembre, le roi répond à Catinat :

« Je suis bien aise que mes sujets nouveaux conver-
» tis se soient bien conduits jusqu'à présent ; je leur
» donnerai avec plaisir dans la suite, des marques de
» la satisfaction que j'ai de leur fidélité et de leur zèle.
» Vous pouvez les en assurer » (1).

M. de Durfort de Boissières, commandant par inté-
rim en Diois et dans les Baronnies, écrit de Die, le
11 Septembre :

» M. de Catinat ayant souhaité que je donne les
» ordres dans le Diois et les Baronnies en l'absence de
» M. le Marquis de Larrey, je crois qu'il est de mon
» devoir de vous rendre compte de la sage et bonne
» conduite des nouveaux convertis. Je n'entre point
» en aucun détail, *Sa Majesté en étant informée*
» *par M. de Barbezieux à qui jai eu l'honneur d'en*
» *écrire ;* mais comme M. de Savoie a fait courir mille
» billets pour les soulever et que cela n'a servi qu'à
» redoubler leur fidélité, je prends la liberté de vous
» supplier humblement de vouloir bien leur accorder
» l'honneur de votre protection, afin qu'il plaise à sa
» Majesté de vouloir bien leur relâcher la taxe qu'on
» a fait sur les nouveaux convertis du Royaume. » (2)

Catinat écrit le 19 Septembre du camp de la Bais-
sée :

» Le Roi m'a fait honneur de me témoigner par
» deux différentes lettres, la satisfaction qu'il res-
» sentait de la bonne et sage conduite de ses sujets
» nouveaux convertis et il a vu avec joie qu'ils lui

(1) Champollion-Figeac, Chron. Dauphinoises. II.307
(2) Idem. II. 307.

» étaient bons et véritables sujets et même disant qu'il
» leur en donnera des témoignages. Je vous assure
» qu'avec un véritable esprit de charité pour ces pau-
» vres gens-là, j'ai appréhendé qu'ils ne fissent quelque
» chose mal à propos, pour les châtiments cruels que
» cela leur aurait attirés et qu'ils auraient mérités. J'ai
» toujours fait valoir, ayant l'honneur d'écrire au
» Roi, tout le bien que vous me mandiez de leur con-
» duite(1). »

Et le 20 Septembre il ajoute :

« Le Roi a témoigné tant de satisfaction de la con-
» duite des nouveaux convertis que je crois qu'ils en
» recèvront des marques (2). »

Voici ce qu'en dit le *Mercure* du même mois de
septembre, après les éloges donnés à Mademoiselle
de la Charce et à sa famille :

« Si je voulais vous parler de tous les nouveaux
» convertis qui ont fait éclater leur zèle pour le ser-
» vice du Roi, je ne finirais point cette lettre. Je me
» contenterai de marquer ici ce que j'ai lu dans une de
» celles de M. de Saint-Fériol gouverneur de Die. Ce
» gouverneur après avoir parlé du bon état où se
» trouvait Sisteron, dit qu'il voudrait que sa place fût
» aussi bonne à quoi il ajoute qu'en tout cas le zèle
» des nouveaux convertis lui servira de citadelle, qu'il
» est tout à fait content et que dans la conjoncture pré-
» sente ils se comportent parfaitement bien.

« Messieurs de Genève ayant su la marche du Duc
» de Savoie dans le Dauphiné et qu'il menait avec lui

(1) Champollion Figeac. II. 309.
(2) Idem. 309.

» des ministres protestants qui prêchaient la révolte
» contre leur prince, firent dresser par leurs ministres
» qui ont le plus de crédit, une lettre pastorale par la-
» quelle ils exhortent les Protestants de France de
» demeurer inviolablement attachés à l'obéissance
» qu'ils doivent à leur souverain et que pour quelque
» prétexte que ce soit, et qu'on puisse leur en donner,
« leur religion ne permet pas qu'ils se révoltent jamais.
» Je vous laisse faire toutes les réflexions que cette
» exhortation mérite (1). »

Le Duc de Savoie ayant fait passer le gros de ses
troupes avec 26 pièces d'artillerie et 150 voitures de
munitions dans la vallée de Barcelonnette, y plaça
comme gouverneur, le marquis de Seyssel d'Aix,
gentilhomme de la Savoie (2) et attendit que les quatre
mille Religionnaires commandés par M. de Schomberg, eussent pénétré par le col de la Croix, dans la
vallée de Queyras.

A cette nouvelle, Catinat qui se tenait en observation à Fenestrelle, accourut en toute hâte dans la vallée de la Haute Durance, visita Embrun (24 Juillet) et
Briançon (26 Juillet) où il ordonna quelques travaux.
C'est alors qu'on démolit la *paroisse* de cette ville
et son beau clocher, le couvent des Récollets et les
maisons du faubourg (3) . Puis il ordonna au marquis de Larrey d'aller s'enfermer à Embrun avec

(1) Mercure Galant. du mois de Septembre (Lettre adressée
de Grenoble à la date du 14 septembre). Bibliothèque nationale.

(2) Mémoires d'Étienne Grassi, notaire de Barcelonnette.

(3) Mémoires de M. de la Blottière, maréchal de Camp, repro-
duits par ceux de Brunet et de Bourcet.

quelques bataillons et fit occuper par des postes suffi-
sants, tous les passages par lesquels l'ennemi pourrait s'avancer sur Briançon, place qui était alors à
peine fortifiée, de même que toutes les autres de notre
province.

Sur les entrefaites, Schomberg, après avoir passé
par Ristolas et Aiguille, était arrivé devant la Ville-
vieille, à 1500 mètres du château de Queyras. Il fit
occuper par un détachement de 600 hommes sous
les ordres du marquis de Montbrun, les maisons les
plus voisines du château et fit en même temps, sommer le gouverneur de se rendre, en menaçant de
passer sa garnison au fil de l'épée. On lui répondit
fièrement qu'il serait reçu comme il le méritait et
qu'il apprendrait à connaître les Français, puisqu'il
ne les connaissait pas encore. Puis à la nuit, le gouverneur fit mettre le feu aux maisons envahies, ce qui
força les ennemis à se sauver précipitamment, en
perdant environ 50 soldats et quelques officiers que
Schomberg prit soin de faire emporter par des paysans
de corvée du côté de Guillestre dont il prenait la direction (1).

Catinat s'était déjà mis en marche avec 3 000 hommes,
avait marché toute la nuit du 5 au 6 Août, espérant
surprendre l'ennemi en débouchant de la vallée de
Cervières dans celle du Queyras par le col de Péas ;
mais prévenu que ce col venait d'être franchi par le
Comte de Grancey et l'avant-garde, M. de Schomberg
s'était hâté de partir et de rejoindre le gros de l'armée alliée qui venait de s'emparer de Guillestre.

(1) Notes du Curé de Château-Queyras (Aux archives de cette
commune).

Dès le 28 Juillet, le Prince Eugène, le Prince de
Commercy, le Comte Caprara et autres généraux
étaient arrivés avec plusieurs milliers d'hommes devant cette petite ville qui avait une enceinte de murailles sans fossés, trois canons seulement et pour toute
garnison, 600 miliciens Dauphinois et 200 Irlandais,
sous les ordres de M. de Chalandière, colonel. Comme
il n'y avait ni munitions ni moyens de s'en procurer,
la pauvre place fut obligée de capituler au bout de
trois jours et la garnison fut envoyée sans escorte à
Veillanne. Le Duc prit quatre ôtages qu'il garda prisonniers au camp des alliés, jusqu'au 4 septembre,
date à laquelle il lui fut payé une contribution de 6000
livres (1).

De Guillestre, les alliés se dirigèrent sur Embrun
qu'ils investirent le 4 août. L'attaque commença par un
corps de cavalerie ; soixante dragons commandés par
M. d'Amanzé, colonel du régiment de Quercy, sortirent
au-devant d'eux et les repoussèrent. 20,000 ennemis
arrivèrent ensuite avec le duc de Savoie en personne ;
les Allemands commandés par le comte Caprara « qui
était fort incommodé et n'allait qu'en chaise » (2), par le
prince Eugène et par M. de Commercy, les Espagnols
par Messieurs de Leganez et de Louvigny, les Piémontais par le Lieutenant-général, marquis de Parelle.
Enfin les passages étaient gardés par 10,000 hommes
sous les ordres de M. de Schomberg.

Le marquis de Larrey était dans la ville avec 60

(1) Manuscrits du Dépôt des Fortifications. — Rochas d'Aiglun, campagne de 1692 — A. du Boys. Philis de la Charce.

(2) Lettre de Catinat au Roi, du mont Genève, le 5 Août.

dragons et 2.000 fantassins; mais la place ne possédait que dix canons de fer démontés. On fabriqua trois affûts et on parvint ainsi à mettre trois pièces en batterie, mais « on ne les tira que rarement parce qu'on n'avait d'autres boulets que ceux que l'on faisait chaque jour et qui ne valaient rien, et ceux que les ennemis envoyaient. »

Dans la nuit du 7 au 8 août, les alliés voulurent tenter une attaque au moyen de travaux qu'ils avaient poussés activement; mais ils furent vivement repoussés et eurent 200 hommes tués ou blessés, entre autres le marquis de Saint-Michel, qui fut blessé mortellement. Une autre attaque qui eut lieu dans la nuit du 11 au 12, fut l'occasion d'un combat plus terrible encore, après qu'une sortie eut été dirigée sur la tranchée du bastion des Capucins. Les assiégés perdirent 52 hommes; le brave colonel d'Amanzé fut tué dans le moment où il tenait le drapeau ennemi et le montrait aux soldats en les appelant pour le leur donner. M. de Saint-Germain, major du régiment de Quercy, fut tué; les capitaines de Fageac et de Mauville et 85 hommes furent blessés. M. de Pezac, capitaine aux dragons de Gramont, reçut vingt-six coups de sabre ou de baïonnette et tua huit ennemis de sa main. Les capitaines de Buffières et de Jonde furent faits prisonniers. Messieurs de Suzemont, de Champignoles, capitaines aux Dragons de Gramont, M. de Castelas, capitaine aux Grenadiers de la Marine, M. Scott, lieutenant-colonel du régiment Irlandais de Clancarty, se distinguèrent particulièrement dans cette affaire où l'ennemi éprouva les pertes les plus sensibles.

Le commissaire de Bertier montrait un zèle infatigable et le sieur Robert, ingénieur principal, multipliait ses efforts d'une façon si louable que Vauban s'exprima ainsi sur son compte, quelques mois après : « Ce Robert a parfaitement fait son devoir dans cette place et a si bien travaillé que quand elle s'est rendue, elle était plus forte qu'au commencement du siège, et cela avec tant d'économie que sa dépense n'est allée qu'à 2.500 livres, et quand il fut appelé pour avoir son avis sur sa reddition, il le donna en homme fort éloigné de croire qu'on pût être pris (1). »

Du reste les habitants secondaient de leur mieux les efforts de leur vaillante garnison et c'était à qui se dévouerait pour prolonger la défense de la place. Parmi ceux dont la noble conduite mérita le plus d'être connue de la postérité, nous citerons un ecclésiastique, le chanoine Sauveur-Étienne Roux d'Arbaud de la Peyrusse. Voici ce qu'en écrivait Vauban : « Le prévôt de l'église cathédrale d'Embrun, homme de qualité et dont je ne sais pas le nom, a parfaitement fait son devoir avant le siège, pendant le siège et après le siège : avant le siège, en excitant les bourgeois de fait et de parole à brûler les maisons qu'ils avaient hors de la ville, à raser les murs de leurs jardins, et à couper les arbres ; commençant à mettre le feu lui-même à la sienne qu'il avait fait faire depuis peu et fort bien accommodée, et faisant abattre les murailles et couper son jardin, ce qui fut imité par toute la bour-

____

(1) Lettre de Vauban à M. le Pelletier de Souzy, du 6 janvier 1693. Ce dernier était directeur général des fortifications de terre et de mer.

geoisie. Pendant le siége, c'était lui qui quêtait le plomb et l'étain, le faisait mettre en balles, faisait boire son vin aux officiers et les régalait; faisait porter tout ce qu'il pouvait aux attaques, donnait courage aux bourgeois, les excitait à leur devoir. Après le siége, il sut si bien faire sa cour aux généraux ennemis par des régals fréquents qu'il leur faisait et à M. et Madame Royale même par son adresse et ses maniéres respectueuses qu'il a sauvé bien des maisons du feu et arrêté une infinité de violences et de pilleries qui auraient été faites sans sa recommandation. Je sais tout cela par la voix publique qui s'en loue extrêmement et le juge par Robert qui n'est pas homme à me mentir et qui se loue fort aussi des bourgeois qui non contents d'avoir brûlé leurs bâtiments de la campagne, défaisaient eux-mêmes les planchers de leurs maisons dans la ville et arrachaient les poutres et les solives pour en faire des palissades et portaient en même temps leur pain et leur vin et tout ce qu'ils avaient de meilleur, aux soldats qui étaient à la défense du rempart (1). »

Grâce à cette louable conduite des habitants et à leur accord avec une brave garnison, le marquis de Larrey put résister à l'ennemi pendant douze jours dont dix de tranchée ouverte, et en rendant compte de la capitulation au ministre de la guerre, il dit formellement: « Je ne me serais point déterminé à capituler si je ne m'étais trouvé dans la disgrâce de n'avoir plus de plomb après avoir fait mettre en balles, tout celui et l'étain qu'on put trouver dans la ville. M. le duc de

______

(1) Lettre de Vauban à M. le Pelletier de Souzy, du 6 Janvier 1693.

Savoie et ses alliés prétendaient trouver moins de
résistance sur ce qu'on les avait assurés que la place
ne pouvait pas durer trois jours..... Les sorties que
j'ai fait faire pendant le siège ont coûté assurément
plus de 2.500 hommes aux ennemis, de leur propre
aveu. M. de Caprara et M. de Leganez m'ont dit y avoir
perdu beaucoup de monde. Lorsque je me suis rendu,
il y avait trois mineurs attachés et une mine déjà
chargée au demi-bastion des Capucins où je ne pouvais faire aucun retranchement qui pùt arrêter les
ennemis (1). »

Outre ces 2.500 tués ou grièvement blessés de l'aveu
même de l'ennemi, il faut citer le prince de Commercy et le marquis de Leganez blessés, le prince Eugène
contusionné, M. du Quesne, le marquis della Torre
blessés, le comte de Lagnasco neveu du Lieutenant-
général de Parelle, et le fils de l'ingénieur Barctta tués.
Par sa capitulation M. de Larrey obtint pour ses
troupes les honneurs de la guerre et la permission de
se retirer à Grenoble à la condition de ne pas servir
pendant le reste de la campagne contre l'armée alliée;
quant à lui, il restait entièrement libre ainsi que ses
aides de camp, mais il avait été tellement fatigué par
ce pénible siège qu'il fut malade tout le mois suivant (2).

La nouvelle de la prise d'Embrun jeta le Bas-Dauphiné dans une véritable consternation. Pendant le

(1) M. de Larrey au ministre de la guerre. De Grenoble 22
Août 1692.

(2) Les Mémoires du prince Eugène portent le chiffre des
morts à 1200 et celui des blessés à 3000. Vauban dans sa correspondance, dit que les ennemis perdirent au moins 6 ou 7 mille
hommes par le siège, les maladies ou la désertion.

siége, Catinat s'était tenu au camp de Presle, puis au camp de Palons afin de couvrir Briançon et d'être toujours à portée de nos places du Piémont et il s'était borné à masser un corps de cavalerie à Aspres pour protéger le défilé de Corps, et la grande route de Grenoble. Mais pour rassurer le peuple, il fut obligé de s'y rendre lui-même, d'y faire venir les députés du Parlement et de leur expliquer son plan de campagne qui consistait à rejeter les ennemis dans les parties arides de la Haute-Provence où leur cavalerie aurait de la peine à subsister, et à rester sur leur flanc pour tâcher de rompre leur ligne d'opérations quand elle serait suffisamment étendue. De plus, il prit quelques mesures pour mettre Grenoble, qui n'était alors qu'une mauvaise place, en état de défense, et il fit venir du Briançonnais au Bourg d'Oisans, dix bataillons destinés à se porter selon le cas, soit sur Grenoble, soit sur Corps.

Le 21 août, il écrit au roi que les régiments Religionnaires de Loche, de Montbrun, et de Cornuau occupent Embrun, que ceux de Schomberg et de Miremont ont quitté Saint-Clément pour venir camper sous les murs de cette ville et que M. de Schomberg est allé de sa personne, rejoindre le gros de l'armée.

Dès le 18, le Comte de Grignan, lieutenant-général de la Provence, qui aux premières nouvelles de l'invasion ennemie, avait ordonné aux milices des Vigueries de sa province de prendre les armes et de s'assembler, annonçait au ministre qu'il avait déjà fait placer des postes à Seyne, à Digne, à Sisteron, à Entrevaux, à Saint-Vincent, à Ubaye, à Pontis, et aux principaux cols et passages où ils s'étaient retranchés,

que les postes d'Ubaye et de Pontis avaient été atta-
qués par des partis de maraudeurs, mais s'étaient
bien défendus.

Le plan de Catinat résulte clairement d'une lettre
écrite par lui le 12 août à M. de Langallerie qui de
son autorité privée, avait donné ordre à M. de Bachivilliers de passer avec son corps de cavalerie du côté
de Pontis et de Seyne, ordre auquel celui-ci n'avait
pas obtempéré. Il lui dit que son intention est de
réunir toute la cavalerie et les dragons tant de Dauphiné que de Savoie et de Provence, pour couvrir les
approches de Grenoble et autant que possible, le reste
du Dauphiné, en rejetant les ennemis du côté de la
Provence. Catinat ordonne à M. de Langallerie de
rester à Sisteron « qui est son commandement naturel, » et il ajoute : « et si cela ne suffit pas, j'ose vous
l'ordonner de la part du Roi. » En même temps il
prescrit à M. de Vins de rejoindre M. de Bachivilliers
avec son régiment de dragons. Aussi Catinat ne craint
pas beaucoup pour Sisteron qui éloignerait trop l'ennemi, et où sont M. de Langallerie, M. de Vallavoire,
l'intendant de Provence M. Lebret, et quelques
bonnes troupes avec de l'artillerie. Toutes ses craintes
sont pour Grenoble où il envoie en toute hâte le Comte
de Grancey et M. de Cray, et ordonne d'employer à la
défense, la garnison qui vient de capituler à Embrun,
se fondant sur ce que Grenoble est le lieu de retraite
qui lui avait été assigné.

Pendant ce temps-là, les Alliés laissant dix bataillons à Guillestre et à Embrun, s'étaient mis en marche
le 28 août vers Gap, sans laisser voir exactement si
leur projet était de tourner vers le Dauphiné ou vers la

Provence. Mais Victor-Amédée était à peine en route
qu'il fut pris d'une fièvre violente et se vit dans l'obligation de retourner de Chorges à Embrun où il resta
à se faire soigner chez les Pères Jésuites. Ses troupes
continuèrent leur chemin sous les ordres du prince
Eugène, poussant devant elles, l'avant-garde de la cavalerie française qui recula pas à pas dèpuis Savines
jusqu'à Gap. Cette ville était déserte ; il n'y restait plus
que quelques religieux ; les habitants affolés par la
terreur s'étaient enfuis dans la campagne, sans que les
magistrats pussent les retenir. Les escadrons français
ne pouvaient songer par conséquent à défendre la
place de sorte qu'ils continuèrent leur retraite jusqu'à
Aspres-les-Corps, pendant que le prince Eugène prenait paisiblement possession de la place abandonnée.

Les Alliés s'empressèrent de mettre à contribution
tout le pays qui se trouvait à leur merci. Pontis fut un
des endroits qui eurent le plus à en souffrir. Vauban
dit à ce sujet : « Il y a un gouverneur à Seyne, gentilhomme du pays, qui a un peu de service, beaucoup
d'esprit et de courage et qui se remue fort à propos. Il
a pour tous appointements, permission de manger
son bien, ce qu'il fait honorablement et de bonne foi. Il
a eu même le plaisir de voir brûler toute la terre dont il
porte le nom, qui s'appelle Pontis. Il est le neveu de
celui dont vous avez pu voir les mémoires (1). Ce gouvernement vaudrait aussi bien 300 livres par mois

(1 Louis de Pontis, né au château de Pontis (Basses-Alpes) en
1578, maréchal de bataille, passa 56 ans dans les armées et à la
cour et mourut en 1670 à Port-Royal, âgé de 92 ans. Il a laissé
des mémoires fort curieux.

d'appointements qu'aucun autre que je connaisse (1). »

Le 1ᵉʳ septembre, M. de Grignan avait écrit effectivement que l'ennemi avait forcé et brûlé Pontis et attaqué Ubaye, et M. de Quincy en son histoire de Louis XIV, dit que le marquis de Parelle, lieutenantgénéral piémontais, y reçut une blessure si grave qu'il alla en mourir à Saluces. Les mémoires du capitaine Leclair disent aussi que le vieux manoir de Pontis fut brûlé, que l'ennemi y pilla tout, fouilla même les tombeaux, se servant de la baguette divinatoire pour rechercher les objets qu'il soupçonnait les habitants d'y avoir cachés.

Si nous insistons un peu longuement sur ce fait, c'est que ce généreux gentilhomme, seigneur de Pontis et gouverneur de Seyne, était François de Pontis, seigneur d'Urtis, de Curban et de Saint-Pons, fils d'Isaac de Pontis et d'Uranie Odde de Boniot. Il avait épousé en 1652 Françoise de la Tour, sœur aînée de Philis de la Charce, et nous verrons bientôt qu'elle se trouvait alors dans les terres de son mari, de l'autre côté de la Durance. Nous ne savons où les romanciers ont trouvé que M. de Pontis avait été attaché à la diplomatie. « Elevée ainsi que Philis loin du monde, « Madame d'Urtis venait de parcourir presque toutes « les cours de l'Europe, et le courtisan le plus consom« mé n'eût pas su se tirer mieux qu'elle, de ces posi« tions difficiles. Son mari, *espèce d'ambassadeur in-* « *cognito*, chargé de missions secrètes, devait exa« miner les pays étrangers, connaître leurs idées, « leurs projets à l'égard de la France, sous le prétexte

(1) Vauban à M. le Pelletier de Souzy. 5 Janvier 1698.

« d'un voyage de plaisir. Diplomate habile, il avait
« obtenu la confiance particulière de Louis XIV, si
« difficile dans ses intimités. Au retour de sa mission
« il envoya sa femme et son enfant en Dauphiné et
« resta à la Cour où sa présence était nécessaire (1). »
Si nous ne lisions dans les tableaux généalogiques de
Moulinet, que M. d'Urtis était « ambassadeur en Allemagne, » nous serions tentés de croire qu'il n'a jamais
été diplomate, réellement ou incognito, que dans l'i-
magination de la Ctesse Dash dont le témoignage a
bien peu de poids au point de vue historique.

M. de Bachivilliers avait quitté Saint-Bonnet que les
Alliés incendièrent ainsi que tous les villages et ha-
meaux environnants, les granges, les meules et les
récoltes. Ils allèrent de même à Tallard où se trouvait
un superbe château qui avait appartenu successivement aux maisons de Trians, de Sassenage, de Clermont, de Bonne et d'Hostun et dont le nom était alors
porté par Camille d'Hostun, comte de Tallard, depuis
maréchal de France, qui avait récemment commandé
avec une grande distinction sur les bords du Rhin.

(1) Ctesse Dash. Mademoiselle de la Tour-du-Pin — Madame
d'Urtis eut, quatre enfants, entre autres une fille mariée en
1674 à Joseph de Gumin, seigneur de la Murette, d'une très
ancienne famille du Dauphiné. Leur fille, Emilie de Gumin épousa
Joseph Rozier de Linage, brigadier des gardes du Roi et chevalier de Saint-Louis, dont la famille a produit de nos jours, des
officiers supérieurs d'un grand mérite. Chorier, Guy Allard et
l'Armorial de M. de Rivoire la Bâtie ne donnent sur la maison de
Pontis, que des renseignements très incomplets. Ce dernier qui
paraît n'avoir été que fort peu instruit de tout ce qui concerne la
maison de la Tour-du-Pin, n'a pas même mentionné le mariage
de François de Pontis avec la sœur de Philis de la Charce.

Sous le prétexte de venger les cruautés commises par les ordres de Louvois dans le Palatinat, ils remplirent ce château historique, de poudre et de sacs de blé et le livrèrent aux flammes. Il comptait alors, dit-on, autant de portes que de semaines, autant de fenêtres que de jours, dans l'année, et bientôt il n'en resta plus que les ruines. A Gap, les ennemis pillèrent les maisons abandonnées, enlevèrent les meubles qu'ils envoyaient par convois en Piémont, et le prince Eugène raconte lui-même dans ses mémoires que les simples soldats s'y étaient tellement enrichis qu'on en voyait mettre sans hésiter jusqu'à vingt louis sur une carte. Un détachement commandé par le Comte Caprara ou l'un de ses officiers, fut envoyé à Saint-Bonnet et rançonna tout le Champsaur, brûlant sans pitié les villages qui n'apportaient pas leur rançon dans le délai prescrit.

Catinat que l'infériorité de ses forces empêchait de venir attaquer les Alliés, prenait toute espèce de précautions pour qu'ils ne trouvassent pas les passages libres et fussent obligés de ne pas s'avancer davantage et de se retirer du côté par où ils étaient venus. Le camp d'Aspres barrait la route de Corps et de la Mure et le lit encaissé du Drac. Le colonel du Cambout se tenait dans le Trièves entre Mens et Clelles, surveillant le massif montagneux du Dévoluy ; les habitants du Trièves coupaient les routes et barricadaient solidement les cols de la Croix-Haute et de Menée où les milices dauphinoises (régiment de Ville) venaient se mettre de garde. Un gros parti ennemi avait poussé une pointe jusqu'à Sisteron où Catinat venait précisément d'envoyer 200 dragons, et avait osé sommer M. de Langallerie de se rendre et la ville de payer contribution.

Mais ce général avait répondu qu'on n'avait qu'à essayer
de les prendre et par une simple démonstration, avait
mis les ennnemis en fuite. Ainsi d'un côté Sistéron
gardait la Provence où M. de Grignan avait fait activement des préparatifs de défense; de l'autre, le camp
d'Aspres, les postes de Corps, de Mens, de la Croix-
Haute, de Menée, barraient les chemins qui pouvaient
conduire vers Grenoble. Les partis ennemis entre-
prirent faute de mieux, d'envahir les Baronnies (1) et le
Diois, en passant par Veynes, Serres et tournant le col
de la Croix-Haute, pour se répandre dans les vallées
de la Drôme, de l'Oulle, de l'Aygues, s'emparer de
Die, de Nyons et descendre de là dans la vallée du
Rhône, vers Montélimar ou Valence. Ils brûlérent
Veynes, pillèrent le château de Montmaur, assiégèrent
inutilement la tour de Champeron dans le comté de
Laric (Chabestan) (2), et s'avancèrent vers le col de
Cabre. Mais ils n'osèrent pas attaquer Aspres-les-
Veynes ni le Pont-Madame que gardaient six compa-
gnies envoyées là fort à propos par M. du Cambout.
Mme d'Urtis, de son côté, ayant fait avec une rare pré-
sence d'esprit couper tous les câbles des bacs de la
Durance pour empêcher les ennemis de la traverser,
ils étaient obligés de se tenir entre cette rivière et celle

(1) Partie du Bas-Dauphiné, confinant à la Provence et au
Comtat Venaissin, composée des anciennes baronnies de Mévouillon (chef-lieu : le Buis) et de Montauban (chef-lieu : Nyons). Les
baronnies comprennent les vallées de l'Oulle, de l'Aygues où
est Nyons, et de l'Ouvèze où est le Buis. Le Diois au nord des
baronnies comprend la vallée de la Drôme dont la ville de Die est
le lieu principal.

(2) M. l'abbé Gaillaud. Èphémérides des Hautes-Alpes. p. 413.

du Buech, espérant forcer quelque passage mal gardé et envahir ensuite les Baronnies.

Mais partout les habitants veillaient à leur propre défense. Dans les Hautes-Alpes, messieurs de Flotte et de Taillade (1) avaient armé leurs paysans de Saint-Pierre, d'Argenson, de la Piarre et des lieux voisins Dans les environs de Die, messieurs de Vaugelas et de la Cardonnière (2) avaient réuni des volontaires. Le marquis de Boissières, commandant du Diois et des Baronnies avait enjoint aux châtelains et consuls de faire prendre les armes à tous les « *anciens catholiques* » et de les envoyer au Buis (3). Nous soupçonnons

(1) Auguste de la Tour, seigneur de Saint-Sauveur et de Taillade, marié en 1671 à Catherine de la Bastide, mort au Buis en 1715, était fils cadet de René de la Tour, seigneur de Saint Sauveur, Tarendol, le Villard, le Broc, Boisset, Carros, Saint-Martin, capitaine de cinquante hommes d'armes et de Gabrielle de Castellane. Sa sœur Honorée de la Tour avait épousé Pierre de Flotte, seigneur de Saint-Pierre d'Argenson, fils de Claude de F. et d'Anne de Combourcier, remariée à Aymar d'Agoult. Son autre sœur, Marie de la Tour, avait épousé Pierre de Flotte, seigneur de Saint-Martin, fils de Gaspard de F. et de N. de Révilliasc. Cette branche de Verclause-Taillade est encore représentée aujourd'hui par le comte Ludovic de la Tour-du-Pin et son fils le comte Girard marié en 1881 à Mlle de Chateaubriand, petite-nièce de l'immortel auteur du *Génie du Christianisme.* (Voir les tableaux de famille — Borel d'Hauterive, Annuaire de la noblesse — Almanach de Gotha).

(2) Joseph Lagier de Vaugelas et André Lagier de la Cardonnière, frères, nés à Valdrôme, se distinguèrent par leur zèle et leur fidélité (Ad. Rochas. Biogr. du Dauphiné — Rivoire de la Bâtie : armorial.)

(3) Délibération du Conseil général des habitants de Mirabel près de Nyons. Sur les ordres du marquis de Boissières de faire

même que ce général dont nous avons cité plus haut
les lettres instantes de recommandation en faveur des
nouveaux convertis, n'avait pas été sans se relâcher de
son exclusion primitive et leur avait permis de s'armer comme les autres. Mais si les partisans ennemis
n'avançaient plus que fort difficillement, ils pillaient et
brûlaient tout autour d'eux et dans cette partie des
Baronnies qui aurait donné accès jusqu'à Nyons, jusque dans le cœur du Diois, il paraît qu'il ne se trouvait pas un ancien officier, pas un gentilhomme ayant
quelque expérience de la guerre, pour se mettre réso-
lument à la tête des paysans formés en bandes irré-
gulières et les guider au combat. Le marquis de la
Charce, qui était le principal seigneur du pays et le
comte, son frère, se trouvaient à l'armée du Nord pour
le service du roi et la marquise leur mère était seule
en Dauphiné, âgée de soixante-treize ans, avec sa
fille, Mlle de la Charce qui en avait quarante-sept.
Mais dans des circonstances aussi critiques, ces deux
femmes courageuses n'hésitèrent pas un instant à
faire ce qu'eussent fait certainement leurs fils et leurs
frères s'ils avaient été près d'elles. Romanciers, chro-
niqueurs et historiens se sont entendus jusqu'à présent
pour louer une si noble conduite ; mais M. Champollion-Figeac (1) a cru voir une « certaine exagération »
dans leurs récits et a invité en quelque sorte, les écri-

incessamment prendre les armes à 40 hommes *anciens catholiques*
qui auront le plus de service, et de les nourrir et les armer, ils par-
tent le 10 septembre (1692) pour le Buis. (Archives dép. de la
Drôme. E. 4634. cahier 388.)

(1) Chron. Dauphinoises. II. 298.

vains qui ont conté les exploits de Philis « à se mettre
d'accord avec les actes officiels dont il donne le texte
fidèlement copié », dit-il, « sur les originaux » ; nous
ne doutons pas de cette fidélité, mais nous sommes
persuadé que M. Champollion ne peut se flatter d'a-
voir eu connaissance de tous les documents qui se
rapportent à cette époque. Il en cite un certain
nombre qui ont beaucoup d'intérêt par eux-mêmes,
et donne un texte abrégé du roman publié en 1731,
qui n'a aucune valeur historique, et celui d'un article publié en 1881 dans le journal *le Dauphiné*
qui n'a d'autre portée que celle d'un feuilleton. Il
cite comme témoignages « *très sérieux* » ceux de
M. Albert du Boys, Ad. Rochas, Tranchant (1), Rivoire
de la Bâtie, de Terrebasse (2), de Courcelles, du Mercure Galant ; et ensuite comme en s'en excusant, ceux
de Voltaire, de mesdames Deshoulières et de Genlis,
Dash et Drevet. Il nous semble qu'il y aurait fort à
dire sur cette énumération, que les témoignages de
M. du Boys et Rochas sont plus sérieux que les autres,
et que ceux de Mme Deshoulières et du Mercure ont
une grande importance, étant contemporains. Aussi
nous appuierons-nous sur eux et nous y ajouterons
ceux du marquis de Larrey, du comte de Grignan et
du roi Louis XIV lui-même, qu'évidemment M.

(1) Les femmes guerrières de la France.

(2) Nous ne savons où M. de Terrebasse a parlé de Mlle de la
Charce à moins que ce ne soit dans l'armorial du Dauphiné ; car
M. de Rivoire la Bâtie dit que cet érudit a bien voulu *en réviser*
les épreuves : en ce cas il aurait bien dû corriger les fautes innombrables que l'on y remarque, et qui sont, nous le reconnais-
sons, toujours difficiles à éviter dans les ouvrages de cette nature.

Champollion a ignoré . Nous admettons volontiers
qu'il y ait une certaine exagération dans les romans et
c'est à dessein que nous nous sommes passé de leur
autorité très contestable, ne les citant que pour relever
parmi leur erreurs nombreuses, celles qui étaient en
contradiction flagrante avec la vérité historique. Le
romancier anonyme de 1731 (1), la Ctesse Dash (2) et
Mme Louise Drevet (3), ont voulu que leur héroïne
eût dix-huit ans au lieu de quarante- sept, que l'amour
fût le mobile de sa conduite, qu'elle gagnât des bataillles
et fût presque un général d'armée. Ce sont là des récits
pleins de charmes peut-être pour la jeunesse, plus
propres aussi, nous ne le contestons pas, à exciter son
intérêt et à fixer son attention, que ce livre où nous
essayons de faire l'histoire de Philis en n'y disant rien
qui ne soit scrupuleusement vrai et prouvé . Mais,
comme M. A du Boys l'a dit fort sagement (4), « l'impor-
« tance du service qu'a rendu notre héroïne a été de
« trop bonne heure et trop longtemps obscurcie par

(1) Histoire de Mlle de la Charce de la maison de la Tour du Pin
en Dauphiné ou mémoires de ce qui s'est passé sous le règne de
Louis XIV. A Paris, chez Pierre Gandouin, quai des Augustins, à
la Belle Image. 1731.

(2) Ctesse Dash. Mademoiselle de la Tour du Pin. Paris Desses-
sarts. 1847

(3) Mme Louise Drevet. Légendes Dauphinoises. Philis de la
Charce. Grenoble. X Drevet, édit. 1870-71.

(4) A. du Boys. Philis de la Charce. M. du Boys cite aussi un
chapitre entièrement romanesque de l'Itinéraire de Mme Lebrun
en Dauphiné. Cependant il est juste de reconnaître que ces romanciers, et après eux, Mme Drevet ont rendu pleine justice au rôle
patriotique joué par Philis, et que Mme Drevet l'a fait ressortir
avec autant d'habileté que d'à-propos.

« les fictions romanesque, et les fables puériles. Cela
« a en quelque soite diminué l'intérêt sérieux qui
« devait s'attacher à elle, et dérobé aux yeux du public
« la véritable signification d'un événement fécond en
« graves consé.juences. » On n'a pas été sans nous
dire d'un autre côté qu'il nous serait impossible de
surmonter les difficultés de notre entreprise , parce
que la belie conduite de Mlle de la Charce n'était qu'une
légende qu'aucun document contemporain ne venait
confirmer et que si elle avait reçu une pension du Roi,
c'était sans doute parce qu'elle avait abjuré , tout
comme beaucoup d'autres protestants. Comme nous
n'avons pu malgré nos recherches, découvrir l'acte
d'abjuration de Philis, nous avons eu so'n de ne pas
en préciser la date, nous bornant à supposer ce qui est
le plus vraisemblable, c'est qu'habitaut avec sa mère,
elle se convertit en même temps qu'elle, c'est-à-dire
au commencement de l'année 1686. Quant à la pension
que le Roi lui accorda et dont nous citerons l'ordonnance, nous n'avions pas besoin de savoir quels motifs
avaient guidé le Grand Roi, car si cette pension avait
été la triste récompense d'une abjuration, il nous semblait évident qu'elle aurait été donnée à la marquise de
la Charce et non à l'une de ses filles. Mais que le lecteur se rassure ; la conversion de mesdames de la
Charce avait été sincère et elle ne fut point payée.

La tradition veut que Philis de la Charce ait assemblé
les vassaux de sa famille et les paysans de la contrée,
leur ait fait prendre les armes et les ait conduits au c ol de
Cabre où après plusieurs combats, les ennemis auraient
été mis en fuite et obligés de se replier sur le gros de
leur armée. Nous crovons en effet que c'est au *col de*

Càbre où passe la route de Gap à Dié et à Valence, et *au col des Tourettes*, par où l'on descend dans la vallée de l'Oulle, qu'il devait s'agir d'arrêter les forces ennemies, et comme c'étaient des partisans, qui s'avançaient pour piller et brûler, ils pouvaient fort bien venir se présenter simultanément sur des points assez éloignés les uns des autres. Ainsi ils avaient été arrêtés à Aspres-les-Veynes par les quelques compagnies de M. du Cambout, et peut-être par les volontaires de M. de Lagier. Mais les détachements repoussés de Sisteron, avaient menacé Serres et essayé de descendre dans les vallées de l'Oulle et de l'Aygues, pendant que les autres tentaient de pénétrer dans la vallée de la Drôme (1). Il nous paraît donc probable que c'est à ces montagnes que l'ennemi fut arrêté définitivement et nous n'admettons pas qu'il ait pu venir brûler les Piles et se présenter à la porte même de Nyons, comme on le raconte encore aux enfants du pays. Mlle de la Charce dont le nom et la personne étaient populaires depuis Nyons jusqu'au fond de nos vallées, s'était sans doute mise à l'œuvre depuis longtemps ; elle avait su encourager, prêcher, exciter si bien les populations que tout le monde se montrait disposé à concourir à l'œuvre de la défense commune. Son zèle connu pour la religion catholique à laquelle sa sœur d'Aleyrac, sa mère et probablement elle aussi, avaient donné plus d'un gage de fidélité et de dévouement, lui avait permis de s'adresser au marquis de Boissières et d'obtenir de lui, l'autorisation d'armer les nouveaux convertis aussi bien que les anciens catholiques. Elle avait eu alors le talent

____

(1) Gazette du 15 septembre.

la présence d'esprit de distribuer des postes, de faire
barricader, couper et occuper les passages les plus
importants des montagnes : et quand les troupes ennemies se présentèrent pour les franchir, elle eut assez
d'intrépidité pour leur livrer combat, assez de sang-
froid pour donner des ordres et diriger l'action. Tout
cela, pour un capitaine qui a l'habitude de la guerre,
ce ne serait que de l'habileté ; pour une femme c'est de
l'héroïsme .

Voilà quelle dut être l'œuvre de Mlle de la Charce
et nous croyons qu'il y aurait de l'exagération à éten-
dre son champ d'action depuis les environs de
Gap jusqu'aux Baronnies, puisque les alentours de
Veynes et de Serres, étaient ravagés par les partisans
ennemis, à moins qu'on ne veuille admettre qu'elle
était allée avec une partie de sa troupe se joindre à
ces compagnies et à ces volontaires, qui gardaient
Aspres-les-Veynes, et qu'elle s'était de là rabattue sur
le col de Cabre pour le défendre contre une attaque
des détachements qui revenaient de Sisteron.

Dès le 14 septembre, on écrivait de Grenoble, une
lettre que publia le Mercure, de ce même mois ; en
voici le texte exact, au sujet de notre héroïne :

« Le zèle qu'a fait paraître Mlle Philis de la Charce
« (ce nom est écrit la Charsse) *nouvelle convertie*, en
« Dauphiné, pour le service du Roi, ne doit pas être
« oublié. Elle a empêché la désertion des peuples
« depuis les environs de Gap jusqu'aux Baronnies,
« elle s'est mise à leur tête, a fait couper les ponts,
» gardé les passages, empêché les ennemis de péné-
« trer au delà de Gap. Cette Amazone *ayant informé*
« *les généraux de tout ce qu'elle avait fait, en fut*

« *approuvée et complimentée, et, de leur aveu, elle*
« *fit armer tout ce qu'elle put de monde*, pour le ser-
« vice du roi et la sûreté de la province. Mme la mar-
« quise de la Charce sa mère exhortait les peuples de
« la plaine à se maintenir dans le devoir pendant que
« sa fille résistait aux ennemis dans la montagne.
« Mme d'Urtis son aînée fit d'un autre côté couper
« toutes les cordes des bateaux qui traversaient la
« Durance afin que les ennemis ne s'en pussent em—
« parer.

« Ce n'est pas d'aujourd'hui que ceux de cette illustre
« maison ont signalé leur zèle pour le service de l'État
« Ils ont de tout temps donné des marques de la
« valeur et de l'intrépidité si ordinaires à la maison
« de la Tour-du-Pin, autrefois souveraine du Dau—
« phiné dont ils sont sortis (1). Pendant que Mme la
« marquise de la Charce et ses filles marquent si bien
« leur fidélité dans leur province, M. le marquis et
« M. le Comte de la Charce et ses frères (2) qui

(1) Cette citation du Mercure se trouve tout au long dans les
mémoires de Dangeau (édition Feuillet de Conches) et dans les
lettres de Mme de Sévigné (édition Régnier, de l'Institut).
Seulement on y a supprimé, en la remplaçant par des points,
cette phrase qui constatait, en 1692, l'origine de la famille de
la Charce, *issue de la maison de la Tour-du-Pin autrefois souveraine du Dauphiné*. Ce procédé peu délicat n'a pas été suivi par
M. Albert du Boys qui a reproduit cette phrase a peu près exactement, et sa version a été adoptée par M. André La Croix (Bulletin de la société d'arch. de la Drôme, Philis de la Tour-du-Pin
la Charce.) Celle que nous donnons, est conforme littéralement
au texte du Mercure de Septembre 1692.

(2) *Ses* frères : se rapporte à Philis et *ses* gendres et petits-
fils, à la marquise de la Charce,

« sont actuellement dans le service, aussi bien que ses
« gendres et ses petits-fils font connaître leur valeur
« et leur courage. »

« M. le marquis de la Charce fit lui-même, il y a quel-
« ques années, ruiner la terre dont il porte le nom, à
« cause que les religionnaires y avaient fait des as-
« semblées contre les ordres du Roi (1) ; et puisque
« nous en sommes sur les actions glorieuses de cette
« famille, on ne doit pas passer sous silence, le cou-
« rage et l'intrépidité avec laquelle Mlle d'Aleyrac de la
« Charce, cadette de cette maison, soutint le parti des
« catholiques contre les mutins qui s'étaient assemblés
« en Dauphiné, proche de Bordeaux, et qui avaient
« baptisé leur assemblée du nom de *Camp de l'Eter-*
« *nel* ; cette demoiselle est présentement à Paris où
« elle fait briller son esprit, sa piété et ses autres
« vertus, et l'on dit qu'elle voudrait être en Dauphiné
« pour partager avec sa famille, la gloire qu'elle s'est
« acquise dans cette dernière rencontre (2). »

Philis n'était pas un général d'armée ; elle n'avait
pas sous ses ordres des aides de camp, un état-major,
des régiments complets et aguerris ; elle n'avait pas
non plus à former de ces plans stratégiques qui font la
gloire des grands tacticiens ; dans un pays qui ne possédait aucun ouvrage de fortifications, au milieu de
populations découragées, terrifiées, entre les anciens

____

(1) C'est donc à Louis, frère de Philis qu'il faut attribuer « la ruí-
ne de la terre de la Charce », ce qui ne veut pas dire l'incendie
du château. Car le marquis Pierre était resté protestant et était
mort en 1675.

(2) Mercure galant de Septembre 1692 (Bibliothèque nationale.)
Nous répétons ici que cette citation est textuelle.

catholiques qui étaient pleins de méfiance contre les
nouveaux convertis et les anciens protestants auxquels,
généraux, gouverneurs et intendants avaient obstiné-
ment refusé des armes, elle eut néanmoins besoin de
l'ascendant extraordinaire que l'esprit, le mérite, la
résolution, la vertu peuvent seuls acquérir, pour entraîner les uns et les autres au combat, et pour les
grouper autour d'elle dans des circonstances où peut-
être plus d'un vaillant capitaine aurait eu de la peine
à se faire écouter, à se faire suivre. Elle était seule
avec *sa demoiselle* quand elle monta hardiment à
cheval, vêtue en amazone, l'épée au côté, les pistolets
à l'arçon de sa selle, pour parcourir tout le pays de
Nyons à Montmorin, et distribuer, *de l'aveu des généraux*, des armes à tous ceux qui demandaient à marcher avec elle (1). Son énergique détermination frap-
pa d'admiration les plus timides, les plus incertains et
ce fut à qui s'empresserait de courir au-devant de l'ennemi.

« À la tête de la colonne improvisée, » dit l'auteur de
l'histoire de l'ordre de Saint-Louis, « elle met en fuite les
bandes de pillards qui devançaient l'armée principale,
prend les mesures les plus énergiques pour arrêter
la marche de l'ennemi, fait couper les ponts, obstruer
les gorges des vallées par des abattis d'arbres et rend
les défilés impraticables. Philis constamment à cheval
croisa le fer avec les officiers du duc de Savoie; main-

(4) Nous regrettons de ne pouvoir qu'indiquer une pièce curieuse qui nous avait été signalée, il y a quelques années, par une personne des plus respectables de Nyons. C'est une quittance signée
par Philis et relative à un achat de 200 chevaux en 1692. Nous
n'avons pu malheureusement nous en procurer la reproduction.

tes fois elle renversa à coups de pistolet les chefs les
plus intrépides des Barbets. Les paysans électrisés
par l'exemple de la noble demoiselle, descendent en
foule des montagnes et viennent se ranger sous ses
ordres. Les Impériaux et les Piémontais assaillis de
toutes parts, furent obligés de battre en retraite et de
renoncer au projet qu'ils avaient formé de s'emparer
de Nyons et de pénétrer dans la plaine (1). »

Comme nous ne voulons pas sortir du domaine de
l'histoire et que certainement Philis n'eut point affaire
avec les Impériaux et les Piémontais, mais seulement
avec quelques détachements de leur armée qui était à
Gap et à Embrun et non au col de Cabre, nous lais-
sons aux auteurs comme celui que nous venons de
citer et aux romanciers anciens et modernes, les détails qu'ils ont donnés sur les exploits de Mlle de la
Charce. Eut-elle « de très rudes combats à livrer ? »
Tira-t-elle réellement l'épée et reçut-elle des balles
« dans ses vêtements, son chapeau et son panache? » Son
cheval fut-il tué sous elle sans qu'elle fût atteinte ?
Les peuples la crurent — ils invulnérable et la regar-
dèrent — ils « comme le Palladium du Dauphiné ? »
Qu'importent ces détails légèrement emphatiques, à la
gloire véritable de cette femme héroïque, mais surtout
modeste ? Sous sa conduite les habitants des Baronnies
marchèrent contre les détachements ennemis qui
étaient autour de Saint-Julien en Beauchêne; d'Aspres
les-Veynes, de Serre, ils les repoussèrent du Col de
Cabre, route de Die, du col de Montclus route de Nyons;

(1) **A. Mazas** et Théod Anne. Hist. de l'ordre royal et militaire de Saint-Louis. I. p. 85 (Paris, Firmin Didot 1860.)

les empêchèrent de descendre dans nos vallées, et les contraignirent à rebrousser chemin et à regagner Gap et le gros de leur armée. Aucun rapport officiel ne le mentionne d'une manière explicite, nous dit-on ; mais les faits parlent d'eux-mêmes et ils suffisent pour assurer la gloire de Philis de la Charce, sans qu'il y ait besoin d'imaginer des combats fantastiques pour que sa conduite reste digne d'être proposée comme un admirable exemple de la valeur féminine et du plus pur patriotisme.

M. Albert du Boys dit que le succès éclatant de Mlle de la Charce eut un immense effet moral et nous n'en doutons pas. Les alliés avaient profité de ce que Catinat n'avait que des troupes peu nombreuses et ils voyaient que cet habile et prudent général gardait à la fois Suse et Pignerol, barrait la route de Grenoble, se tenait opiniâtrément devant eux sans compromettre ses régiments et n'éprouvait point de pertes, tandis que les leurs étaient considérables. Le bruit s'accréditait que bientôt le Roi allait envoyer des renforts qui permettraient à Catinat de prendre l'offensive. La brusque invasion du Duc avait d'abord consterné les populations, les avait mises en fuite, et maintenant elles se levaient spontanément pour défendre leur territoire envahi ; il avait compté particulièrement sur l'appui, sur la connivence des nouveaux convertis ; il s'était figuré que toujours huguenots au fond du cœur, ils se laisseraient prendre à l'appât de ses vaines promesses et accourraient le rejoindre en haine de leurs persécuteurs ; et à présent ces nouveaux convertis suspects aux généraux français, se groupaient autour de leurs seigneurs, de leurs officiers improvisés, et interceptaient

tous les passages qui auraient été favorables à l'invasion. Ce prince avait basé ses calculs sur la pénurie
des chefs expérimentés, des hommes énergiques et
connus qui auraient pu organiser la défense, et voilà
qu'une femme jouissant du plus singulier prestige,
appelait tout le monde aux armes et faisait reculer des
troupes aguerries et victorieuses. La face des choses
était donc complètement changée. Désormais les
envahisseurs se trouvaient entre les troupes intactes
de Catinat et les milices volontaires du Diois et des
Baronnies qu'un ardent patriotisme animait. D'ailleurs
Victor-Amédée était assez malade, ayant été pris de
la petite vérole après la fièvre (1). La duchesse était
arrivée près de lui à Embrun dès le 5 septembre et le
prince Eugène était allé l'y saluer le lendemain. Elle
n'eut problablement pas grand'peine à persuader au
malade, qu'il serait prudent de repasser les Alpes ;
car il n'avait jamais auguré très bien de cette expédition aventureuse à laquelle on sait qu'il ne s'était
décidé que par condescendance pour ses alliés. La
maladie, les manœuvres de Catinat dont il s'exagérait
le danger, la très grande difficulté d'un pays montagneux et qu'il ne connaissait qu'imparfaitement, enfin
cette résistance inattendue que ses troupes rencon-
traient de quelque côté qu'elles dirigeassent leurs pas,
achevèrent de dégoûter Victor-Amédée de cette entreprise, et le 11 septembre, il donna l'ordre de la retraite.
Le 13, on commença l'évacuation des malades d'Embrun ; le 14 on fit sauter les bastions ; le 16 on se retira
en brûlant Chorges, Savines et toutes les habitations

(1) Rapport de l'intendant Bouchu, 17 septembre

et les récoltes. Le 17, toute l'armée vint camper sous
les murs d'Embrun, le duc et la duchesse partirent le
lendemain matin, et le 19 et le 20, l'armée les suivit
en brûlant et détruisant tous les ponts de la Durance
dont il ne resta plus un seul de Sisteron à Guillestre.
Le 21 et le 22, les alliés sortirent enfin du territoire
français (1).

Quant à la ville de Gap, les alliés l'avaient quittée
le 12 à deux heures après y avoir mis le feu. Ce fut, il est
vrai, la faute des habitants qui n'avaient pas su s'entendre pour le paiement de la rançon exigée par le prince
Eugène.

L'intendant Bouchu qui avait déployé beaucoup d'activité pendant cette campagne, s'était empressé d'aller à
Grenoble, pour se procurer l'argent nécessaire ; mais
malgré toute la diligence qu'il put mettre, les habitants
chargés par lui de porter aux ennemis la somme re-
quise, n'arrivèrent à Gap que deux heures avant celle
qui avait été fixée pour le départ. Caprara pensant
qu'on lui apportait du papier au lieu d'argent, ne voulut pas recevoir les envoyés et donna l'ordre d'incen-
dier la malheureuse ville. Il n'y resta qu'une centaine
de maisons sur pied, dont plusieurs finirent par crouler aussi. La cathédrale, le séminaire, les monuments,
tout fut détruit et 12000 familles se trouvèrent sans
abri et sans ressources. Les Allemands se firent remarquer par leur barbarie, brûlant les granges, les meules,
tous les meubles qu'ils ne pouvaient emporter, mas-

(1) A. du Boys Philis de la Charce — Rochas d'Aiglun Campagne de 1692 — Champollion Figeac. Chroniques Dauphinoises.
II. 308

sacrant les enfants, violant les femmes, les religieuses et tuant tout sur leur passage (1).

Ce fut là l'épilogue d'une expédition commencée sous de brillants auspices, commandée par un souverain, dirigée par les plus fameux capitaines du siècle. Toutes nos pertes ne montaient pas à cent hommes tués ou blessés (nous parlons des militaires) tandis que celles de l'ennemi s'élevaient à six ou sept mille. Mais les pertes matérielles étaient énormes. Le roi chercha à venir en aide aux malheureuses populations qui en avaient été victimes, et le 13 décembre de la même année, il ordonna que 400,000 livres seraient affectées au rétablissement de Gap, 60,000 à celui de Veynes, 81,200 à celui de Chorges etc.etc... et que ces lieux seraient exempts d'impôts pendant dix ans (2). De plus il envoya aussitôt Vauban parcourir la frontière des Alpes pour en étudier le système de défense et c'est de cette inspection à jamais mémorable que

(1) Robert ingénieur. Plan du siège d'Embrun et relation de ce qui s'est passé depuis le 4 août 1692 jusqu'à la retraite de l'armée ennemie, le 22 septembre (l'original est aux archives du Génie à Embrun). Mémoire du Prince Eugène — Vauban. Etat du Gap au 22 décembre 1692. (Correspondance de Vauban en neuf volumes in-8 allant de 1667 à 1707 au dépôt des fortifications).

(2) Les fonds devaient être faits au moyen de 50000 livres du Trésor royal, de 28000 livres provenant des fonds versés par les communautés de l'élection de Gap pour l'excédant du prix des fourrages des équipages de l'infanterie au de-là de 5 sols que le Roi rembourse ; d'un impôt pendant dix ans de 15000 livres sur Gap ; de 4000 livres sur Veynes de 4500 sur Chorges et de 38000 sur les communautés dépendant de la recette de Gap qui auraient peu souffert de l'irruption des ennemis. (Ladoucette. Hist. et top. des Hautes Alpes p. 659.)

datent la fondation de Montdauphin, le camp retranché de Tournous, et les grands travaux exécutés
successivement à Briançon, à Embrun, à Grenoble et
aux diverses places de la Provence jusqu'à Nice.

Ainsi finit la campagne de 1692, par la retraite peu
glorieuse d'une armée considérable, sans qu'elle eût
pu prendre à la France un pouce de terre et le conserver, sans qu'elle se fût signalée par aucune action
mémorable, sans qu'elle fût parvenue à ébranler le
patriotisme des nouveaux convertis, ni à réveiller le
souvenir des terribles luttes religieuses qui avaient
naguère fanatisé d'une manière si lamentable, les
populations du Dauphiné.Le duc de Savoie et ses alliés
avaient compté beaucoup sur leur concours mais
comme le dit Dangeau : « Ils ont eu la mortification de
« voir que pendant qu'ils étaient en Dauphiné, pas un
« religionnaire n'a branlé. » De même M. de Saint-
Fériol gouverneur de Die,qui était une assez mauvaise
place, disait : « En tout cas, le zèle des nouveaux
convertis me servira de citadelle (1). » C'est que l'esprit des temps avait changé et dans cette contrée qui
retentissait encore du bruit des exploits de René de
Gouvernet, le *roi des Baronnies*, de César marquis de
la Charce, le lieutenant du duc de Rohan, d'Hector
de Montauban, le défenseur de Soyans et de Mévouillon, nul exemple ne pouvait le mieux prouver que
celui de Philis de la Tour-du-Pin, leur intrépide des-
cendante. Zélée protestante tant qu'elle était restée,
comme sa mère et peut-être par respect pour elle,

(1) Mercure de Septembre 1692. Lettre adressée de Grenoble
le 14 septembre (Bibliothèque nationale.)

attachée à la doctrine de ses ancêtres, elle était devenue catholique fervente, sincère et convaincue, et sa foi, en devenant plus pure, était restée toujours aussi ardente. En un mot elle était profondément religieuse, et la religion qui a le don surnaturel d'élever toutes les idées, d'ennoblir tous les cœurs, donne aussi à l'âme cette énergie sublime qui rend l'homme capable des belles actions, et la femme assez forte pour le suppléer au besoin et pour oublier son sexe, s'il le faut, et conquérir, l'épée à la main, une gloire impérissable.

Le duc de Savoie et ses alliés n'étaient pas encore partis du territoire français dont ils ne franchirent les limites que les 21 et 22 septembre, que déjà le bruit public avait porté a Paris et à la Cour, la nouvelle des exploits de Mademoiselle de la Charce. C'est ainsi que le Mercure (1) reproduisait une lettre du 14 de ce mois envoyée de Grenoble, où de justes éloges étaient

----

(1) Le *Mercure galant* de Donneau de Visé, embrassait en les effleurant, toutes les matières qui sont le butin des chroniques, courriers, feuilletons de théâtre et revues d'aujourd'hui. A partir de 1678, il fut rédigé sous forme de lettres et parut tous les mois en un volume in-12 de 300 à 400 pages. Le nombre des volumes se trouvait porté à seize sur la fin du règne de Louis XIV, du prix de 24 livres par an pour Paris et 32 livres pour la province. Devenu *Mercure de France* en 1724, il prit une extension littéraire qu'il n'avait pas encore eue. Voltaire, Marmontel, La Harpe, Chamfort furent ses collaborateurs. (Le comte de Luçay, les secrétaires d'Etat) — Jean Donneau de Visé, fondateur du Mercure, mort en 1710, était cousin-germain et beau-frère du Mis de Visé blessé à Rocroy, qui servit pendant 52 ans, fut blessé à chaque occasion, eut 20 chevaux tués sous lui, et reçut la croix de Saint-Louis en 1694 — (Mazas et Th. Anne. hist. de l'ordre de Saint-Louis. I. 136.).

donnés à la fidélité et au patriotisme des nouveaux
convertis, et où la conduite intrépide de Philis, le zèle
de sa vieille mère et de sa sœur aînée étaient l'objet
d'une sorte d'admiration. Nous avons déjà cité cette
lettre remarquable, parce que c'est un précieux témoignage non seulement de l'époque, mais pour ainsi dire
du moment même. Il n'y a là ni emphase ni banalité, ni
exagération : « Elle a empêché la désertion des peuples,
elle s'est mise à leur tête, elle a arrêté les ennemis »...
voilà le fait principal ; il montre suffisamment le caractère viril de Mlle de la Charce, son énergique résolution, son inspiration énergique, son ascendant sur
les populations terrifiées de son pays.

Il est bien certain que si Mlle de la Charce était à
Montmorin ou à Nyons avec sa mère, elle devait y
recevoir des visites quotidiennes de remerciements et
de félicitations des habitants de nos contrées ; car le
récit des horreurs commises par les Allemands et leurs
alliés dans tous les lieux de leur passage, l'incendie de
Veynes, de Savines, de Saint-Bonnet, de Chorges, de
Gap, la ruine de cette ville causée par le découra-
gement, le défaut d'entente entre ses citoyens, faisaient
comprendre parfaitement l'immense service que Philis
venait de rendre aux peuples des Baronnies. Les
paysans devaient se réjouir de voir leurs récoltes et
leurs pauvres chaumières épargnées, et les seigneurs,
d'avoir conservé intacts leurs châteaux et leurs
domaines, d'avoir eu leurs fiefs préservés du pillage et
des horribles désastres qu'amène l'invasion. Ceux
enfin qui réfléchissaient aux événements graves accomplis sous leurs yeux, admiraient le courage de
cette femme qui n'avait pas craint en face d'un pressant

danger, de suppléer à l'absence de ses frères, de ses parents et des officiers expérimentés, et de prendre les armes, la première, pour rendre un peu de cœur à tous ceux qui n'en avaient plus. L'ennemi s'avançait, le fer et le feu à la main, sans que rien l'arrêtât ; tout le monde fuyait à son approche ; les maisons étaient abandonnées, chacun désertait le toit paternel ; habitations et récoltes, églises et châteaux, tout allait devenir la proie de barbares vainqueurs ; Nyons et Die allaient peut-être voir les étrangers envahir leurs rues, saccager leurs maisons, violer leurs femmes et leurs filles, égorger leurs vieillards et leurs rares défenseurs. Une femme seule, sans autre force que celle d'une belle âme, sans autre autorité que celle de sa parole et de son exemple, avait sauvé toute la contrée et ramené la tranquillité, la paix, dans ces vallées que la guerre allait désoler. Quelle reconnaissance, quelle admiration ne devait-on pas avoir pour cette fille héroïque dont chacun avait pu voir le sang-froid et l'énergie dans des circonstances où personne ne pensait plus qu'à se sauver au plus vite ! Et ces sentiments, comment n'auraient-ils pas été communs aux anciens catholiques et aux nouveaux convertis, puisqu'au jour du péril, Philis de la Tour-du-Pin oubliant toutes les rancunes, s'élevant au-dessus de toutes les rivalités, les avait appelés les uns comme les autres, à faire preuve de patriotisme et de dévouement, les avait employés les uns comme les autres pour la défense, pour le salut de leur pays !

Ici il y a lieu de faire une observation qui est, on en conviendra, **tout** à la louange de Mlle de la Charce ; on est tenté tout d'abord de voir en elle, une femme courageuse, il est vrai, mais enfin une femme qui combattait pour ses propres intérêts, *pro aris et focis*, on soupçonne que voyant l'ennemi s'approcher, elle craignit pour les châteaux de Montmorin et de la Charce, pour les biens et les propriétés de sa famille à Cornillon, à Rémusat, dans le Diois et dans les Baronnies : et il faut reconnaître qu'il y a quelque chose de moins héroïque à défendre sa propre demeure, qu'à s'en aller au loin défendre sa patrie. Mais les rapports de la campagne de 1692, et les témoignages des contemporains constatent que les chefs ennemis avaient grand soin de ménager les nouveaux convertis, de laisser leurs propriétés intactes, de mettre des sauvegardes à leurs habitations.

' Qui donc aurait eu lieu de compter sur cette faveur intéressée des envahisseurs, plus que la famille de la Charce dont les aïeux avaient été les principaux chefs du protestantisme en Dauphiné, en Provence et en Languedoc ? A l'époque dont nous parlons, la plupart de ses membres étaient encore huguenots : Il suffit de nommer le marquis de la Chau (1), le baron de Malerargues (2) qui étaient allés prendre du service dans

----

(1) Charles-Louis de la Tour de Montauban, marquis de la Chau , seigneur d'Aiguebonne , né en 1666 , fils du marquis Alexandre maréchal de camp et de Lucrèce du Puy-Montbrun, alla servir en Prusse sous le fameux Comte de Dohna, son oncle maternel, en qualité de colonel de Dragons. Il servit ensuite en Angleterre, puis à Venise pour laquelle il fit la guerre aux Turcs avec une grande distinction. Il rentra en France en abjurant et recevant le brevet de maréchal de camp (1698) et mourut à son château d'Allex (Drôme) en 1739.

(2) Pierre de la Tour la Charce, baron de Malerargues,Monts,

des contrées éloignées pour ne pas être exposés à combattre contre leur propre pays, le comte de Paulin qui aima mieux mourir dans une prison que de renoncer à sa foi (1). Françoise de Montcalm-Gozon et Lucrèce du Puy-Montbrun, deux dames de la Tour, avaient quitté la France et vivaient à Genève avec leurs enfants et parents, sans que la confiscation de leur fortune, les rigueurs de toute sorte pussent les décider à se convertir. La marquise de Gouvernet, Esther d'Hervart, qui possédait des biens immenses, avait obtenu du roi, l'autorisation de passer en Angleterre et de disposer librement de sa fortune. Elle y mourut à 86 ans en 1722, ayant eu deux fils et deux filles dont l'une épousa M. de Grolée Viriville, gouverneur de Montélimar, et l'autre, lord Charles Eland, fils aîné de lord Georges Savill, marquis de Halifax, ministre, pair et chancelier d'Angleterre. Cette dernière mourut en, 1696 et fut ensevelie, comme sa mère le fut ensuite, dans la chapelle royale de Wesminster (2). Ainsi, bien

Fontenilles, neveu de Pierre marquis de la Charce, émigra en 1680, alla servir en Prusse où il devint officier général, fut ensuite capitaine des gardes du roi de Pologne, Maréchal de ses camps et armées. Il eut un fils marié en Prusse, dont la descendance s'est éteinte.

(1) Gaspard de la Tour Gouvernet, marquis de la Roche-Chalais, comte de Paulin, baron de Cubzac, colonel au régiment de Modène, sergent de bataille du Languedoc (du grade d'officier général), marié à Sylvie de Lanes, sœur de la comtesse de Rochefoucauld de Roissac, ne voulut jamais changer de religion, fut emprisonné à Guise pour ce motif, et y mourut après plusieurs années de détention, le 22 octobre 1699, sans avoir consenti à abjurer.

(2) Voir la Note F sur M. d'Hervart, à la fin de ce volume.

des membres de la famille de la Tour-du-Pin étaient
restés fidèles au protestantisme, et nous ferons remarquer que le marquis de Montbrun, qui commandait les
religionnaires pendant l'invasion de 1692, était très
proche parent des marquis de la Charce puisqu'il descendait comme eux, de René de la Tour, seigneur de
Gouvernet, baron d'Aix, de Montauban et de Mévouillon et marquis de la Charce (1); qui donc parmi les
religionnaires et les Piémontais leurs alliés, pouvait
avoir oublié les exploits légendaires de ce grand capitaine des huguenots, l'un des héros de nos malheureuses guerres de religion, *l'ami d'Henri IV, le bras
droit de Lesdiguières, le roi des baronnies*, comme
l'appelaient ceux, fort nombreux sans doute, qui a-
vaient à se plaindre de ses actes arbitraires? Tous ne

Esther sa fille avait épousé en 1655, Charles de la Tour, marquis
de Gouvernet et de Sennevières, baron d'Aix et d'Auberive, sénéchal de Valentinois et Diois.

(1) René de la Tour, seigneur de Gouvernet né en 1543, mort
en 1619, fut élevé par sa mère dans la religion calviniste,
commença à guerroyer dès sa tendre jeunesse et se signala
pendant nos luttes religieuses, par des exploits dignes des plus
beaux temps de la chevalerie. Il fut successivement lieutenant
général en Provence et Comtat Venaissin et chambellan du Roi
de Navarre, capitaine de cent hommes d'armes des ordonnances
du Roi, son chambellan, son conseiller d'Etat et privé, maréchal
des Camps et armées, Sénéchal de Valentinois et Diois, gouverneur de Die, Nyons, Crest, Montélimar, gratifié d'une pension
royale de 10,000 livres, créé Marquis de la Charce; il eût
élevé à la dignité de maréchal de France, dit Guy Allard, s'il eût
été comme Lesdiguières, consenti à abjurer : Robert de Briançon
dit même qu'il l'était déjà, quand il mourut, (de Courcelles, dict.
des généraux — et tous les auteurs qui sont par lui cités.
A. Rochas. Biogr. du Dauphiné).

savaient-ils pas qu'Hector de Montauban, l'oncle de Philis (1), dernier chef des protestants en Dauphiné, avait eu l'audace et la force de tenir tête au grand connétable en personne, et de soutenir dans ses châteaux, le siège d'une armée royale? que César de la Charce, l'aïeul de Philis avait été le lieutenant-général des troupes de la réforme, aux temps du fameux duc Henry de Rohan? que Pierre, son père, avait passé toute sa vie sur les champs de bataille, fidèle à son roi, mais fidèle aussi à Calvin, et était mort sans avoir jamais voulu renoncer à sa religion? qu'elle-même, sa mère et son frère le marquis Louis, avaient attendu les dernières limites de la clémence royale pour embrasser enfin le catholicisme? Il est vrai que Louis avait, paraît-il, *ruiné la terre de son nom*, pour empêcher les assemblées illicites des religionnaires, que mademoiselle d'Aleyrac avait été hardiment dissoudre le *camp de l'Éternel*, que Philis et sa mère avaient reçu de pleins pouvoirs de M. de Grignan pour contenir les *mutins* de leurs environs. Mais tout cela pouvait s'expliquer par un certain désir de complaire à la Cour et aux gouverneurs de la province, et il y avait toute apparence que nos châtelaines n'avaient fait que céder à la force des choses, à la loi du maître

(1) Hector de la Tour, seigneur de Montauban, fils puîné de René de Gouvernet, né en 1585 à Die, mort en 1630, gentilhomme ordinaire de la chambre du roi, maréchal des camps et armées, gouverneur de Mévouillon et de Montélimar, dernier chef des protestants du Dauphiné en 1626, obtint du roi pour ses descendants, le privilège d'avoir des canons dans son château de Soyans. Ils y existaient encore à l'époque de la Révolution (de Courcelles, dict. des généraux — A. Rochas, Biogr. du Dauphiné).

dura lex, et qu'au fond elles étaient restées attachées
à la foi de leurs pères ; si donc M. de Savoie, M. de
Caprarà, M. de Schomberg usaient de tant de ménagements, de tant de précautions gracieuses envers les nouveaux convertis, assurément Mmes de la
Charce, les parentes de M. de Montbrun, en méritaient
plus que personne. Personne n'était moins exposé aux
mauvais traitements, personne n'avait moins besoin
qu'elles, de courir aux armes pour défendre châteaux,
maisons et propriétés. La marquise n'avait qu'un mot
à dire et les sauvegardes n'auraient pas manqué à sa
demeure ni aux villages presque entièrement protestants de ses domaines. Mais les grandes âmes ne connaissent pas l'égoïsme ; les nobles cœurs puisent ailleurs que dans des considérations d'intérêt personnel, leurs résolutions généreuses. Inspirée par le Dieu
d'amour et de charité, Philis de la Tour-du-Pin ne
songea pas à préserver sa propre demeure , elle ne
pensa pas davantage qu'un mot lui suffisait pour la
garantir et que sa courageuse résolution pouvait au
contraire en causer la ruine, si elle était repoussée et
que l'ennemi s'avançât à sa poursuite ; elle voyait son
pays envahi par l'étranger, elle n'eut qu'une idée, marcher contre l'ennemi ! elle ne voyait autour d'elle, personne d'assez fort ou d'assez brave pour prendre le
commandement, elle le prit, oubliant à la fois et le sexe
et le danger. Elle allait au devant du péril, de la mort
peut-être ; mais qu'importent le péril et la mort quand
il s'agit de chasser l'étranger et de sauver son pays ?
Ah ! malheureuse France, que n'as-tu dans le temps
de tes derniers désastres, eu quelqu'une de ces femmes
héroïques dont la résolution eût sauvé tes villes ,

et dont le prestige eût conduit par la main, tes généraux à la victoire, comme jadis Jeanne d'Arc y conduisit l'indolent Charles VII !

Mais aujourd'hui les temps sont changés. Peut-être autrefois se pressait-on un peu trop de grossir les faits, d'enfler les succès, de poétiser les légendes ; peut-être y avait-il quelque exagération à croire inspirée de Dieu, toute héroïne, toute personne courageuse, et il n'y a eu que Jeanne d'Arc dans notre pays, dont on puisse considérer la mission comme véritablement surnaturelle (1). Néanmoins ces légendes, cette confiance en Dieu, cette inspiration, cette foi, voilà ce qui avait fait notre belle France, si grande, si glorieuse, si respectée du monde entier, même dans ses revers, pendant le cours de tant de siècles. Où donc était le mal d'enfler un peu les belles actions, de poétiser un peu les caractères, de flatter à l'occasion les portraits des grands personnages ou des femmes héroïques ? Il semble qu'aujourd'hui la science consiste presque uniquement à tout analyser, tout disséquer, tout photographier, à tout peser au poids le plus exact, à réduire chaque personne et chaque chose à des proportions mathématiques. On se croit savant si l'on a mis son amour-propre à disserter sur de menus détails, sur des mots et sur des apostrophes. On regarde sans doute comme très utile aux générations présentes et futures, comme très essentiel à la vérité historique, d'établir que Phillippe de Valois a dit, non pas : « Ouvrez, c'est la fortune de la France, » mais bien : « Ou-

(1) Panégyrique de Jeanne d'Arc par Mgr l'évêque de Coutances, prononcé en 1881 dans la cathédrale d'Orléans.

vrez, c'est l'infortuné roi de France » ; que François I
a écrit à sa mère, non plus : « J'ai tout perdu fors
l'honneur, » mais quelques phrases moins concises et
moins belles. On rend un service réel à la science en
démontrant que la Pucelle d'Orléans s'appelait Jeanne
Darc et non Jeanne d'Arc, que mademoiselle de la
Charce avait pris le nom de la Tour-du-Pin, quelques
années plus tôt ou plus tard.. (1)....... et qu'en résulte-
t-il ? il en résulte que dans ces querelles historiques et
littéraires, qui nous rappellent involontairement les
controverses byzantines au milieu desquelles sombra
l'Empire d'Orient, tout idéal disparaît, la légende s'efface, la tradition se perd, l'inspiration s'enfuit, et il ne
reste plus rien que le doute, le scepticisme frondeur,
le réalisme, et bientôt cette égoïste indifférence qui
conduit fatalement les nations à la décadence et à la
ruine. Non, ce n'est pas en dépouillant les grandes
figures historiques de la couronne dont l'admiration
publique a ceint leur front, en dissipant l'auréole qui
entoure leur visage légendaire, en les montrant toutes
nues, privées de ces vêtements, de ces parures, de ces
emblêmes que la tradition avait consacrés, que vous
ferez vivre leur souvenir dans la mémoire des peuples !
Ce n'est pas ainsi qu'aux jours de danger, qu'aux jours
de malheur surtout, quand l'ennemi prendra vos villes,

(1) Lorsque parut l'excellente notice de M. A. du Boys, sur
Philis de la Charce, ce fut là la singulière préoccupation de
M. Auzias, autant que l'on en peut juger par le Bulletin de
l'Académie Delphinale du 11 Juin 1866 — A propos de l'apos-
trophe qui existe ou n'existe pas dans le nom de Jeanne d'Arc,
nous ferons observer que jamais le *de* n'a été une preuve de
noblesse, quoiqu'on se l'imagine assez généralement.

assiégera votre capitale, mettra vos campagnes à feu
et à sang, rançonnera votre nation, vous ferez naître
de ces hommes courageux prêts à s'acrifier leur vie
pour leur pays, ni de ces héroïnes capables de les
appeler aux armes et de leur montrer le chemin du
devoir et de l'honneur !

Si donc Mlle de la Charce ne trouvait que des éloges
et de la reconnaissance autour d'elle, nous savons
aussi qu'elle comptait au loin nombre d'amis parmi
les personnes les plus distinguées et les plus éminentes de Grenoble, de Paris et de la Cour. Nous avons
déjà dit que sa sœur Marguerite d'Aleyrac se trouvait
dans la capitale, qu'elle vivait dans l'intimité de la
duchesse de Nemours (1), et de tous les beaux-esprits
que cette princesse aimait à réunir autour d'elle. Madame Deshoulières elle-même, quoique arrivée presque au terme de ses longues et cruelles souffrances,
puisqu'elle y succomba au mois de février 1694, dut
ressentir une joie bien vive en apprenant la noble conduite de celle dont elle était l'amie depuis tant d'années. « Elle composait en ce temps là-même, des ré-
« flexions sur l'envie immodérée de faire passer son
« nom à la postérité... Il eût été difficile en effet que
« fournissant tant de matière aux éloges, elle eût été

(1) Marie d'Orléans-Longueville, femme d'Henry de Savoie,
duc de Nemours et princesse souveraine de Neufchâtel, morte à
Paris en 1707 à 82 ans. C'était une des femmes les plus instruites
et les plus spirituelles de son siècle ; elle a laissé des mémoires
remarquables par leur exactitude, leur fidélité et l'agrément de
leur style. Ils sont ordinairement imprimés avec ceux du Cardinal de Retz et de Joly. (Biogr. universelle par une société de gens
de lettres).

« exempte de quelques mouvements de vanité (2). » Y aurait-il donc lieu de s'étonner si cette femme excellente dont les vers charmaient le grand Condé et ses contemporains les plus illustres, si cette aimable d'Aleyrac qu'elle se plaisait à appeler Sapho, pour l'encourager dans ses essais poétiques, avaient par hasard fait contribuer leur Muse à la glorieuse légende du col de Cabre, et composé ou inspiré les vers consacrés à éterniser le souvenir des exploits de la « *nouvelle Pallas ?* » N'était-ce pas une trop grande merveille que cette « *résurrection de la Pucelle d'Orléans,*» pour que les charmantes précieuses de cette époque, n'y trouvassent pas un sujet digne de leurs rimes élogieuses ?

Il y a là comme un petit aveu dont nous espérons que la critique nous tiendra compte. Mais s'il en fut ainsi en réalité, comment croire alors que tous ces seigneurs illustres, ces femmes spirituelles et aimables auxquelles ils rendaient des hommages si assidus n'aient pas aussitôt couru charmer le Grand Roi des récits plus ou moins fidèles, plus ou moins poétisés des hauts-faits de Mlle de la Charce ? A quoi serviraient donc les amis fidèles si ce n'est à vanter la gloire d'une personne sincèrement aimée, surtout s'ils la savent modeste et étrangère à toute ambition ? L'envie ne pouvait manquer de venir bien vite au monarque, de voir paraître devant son trône, cette femme intrépide qui devenait une gloire nouvelle à ajouter à toutes les gloires de son siècle ; aussi Louis XIV appela-t-il près de lui, Philis de la Tour-du-Pin.

---

(2) Elog. hist. (œuvres de madame et de Mlle Deshoulières. Ed. citée).

Les détails nous manquent pour préciser la part prise par l'intendant Bouchu à cette affaire. La lettre que le sieur Souchat, sur lequel nous avons en vain cherché des renseignements, écrivit de Gap, à la date du 15 octobre 1692, à Mlle de la Charce, semble bien indiquer que Bouchu s'en occupa :

A Gap, le 15 octobre, 1692.

« Ce n'est pas d'aujourd'hui, Mademoiselle, que je sais que vous faites revivre les Amazones. Bien que nous soyons d'un pays perdu, nous avons ouï parler de vos exploits et si nous avions été assez heureux pour avoir ici quelqu'un de votre valeur, nous aurions évité très assurément les maux que les ennemis nous ont faits. Si j'en étais cru, *non seulement Monsieur l'Intendant*, mais Monsieur de Catinat publierait si fort vos louanges à la Cour, que votre nom y serait éternisé, puisque c'est à vous seule que l'on doit la conservation de notre pays.....

SOUCHAT (1)

A mademoiselle de la Charce.

Il y a donc apparence que l'intendant Bouchu adressa un rapport ou tout au moins une lettre, à la Cour ou au ministre pour rendre compte de la conduite de Mlle de la Charce. Mais le fit-il dès l'abord et de son propre mouvement, ou sur une demande venue de la Cour même où la famille de la Charce comptait tant d'amis ? Qu'importe, dirons-nous. Nous

____

(1) Annexes aux tableaux généal. de la maison de la Tour-du-Pin — A. du Boys. Philis de la Charce —

l'ignorons et c'est sans doute dans les archives des
ministères qu'on pourrait découvrir quelques traces
de ce rapport officiel qui nous serait si précieux.
Mais en voyant que dès le mois de septembre 1692,
on était déjà instruit à Paris de la conduite de Philis,
et que dès le mois d'octobre Bouchu avait déjà très
probablement *publié ses louanges*, il nous semble impossible que ce rapport n'ait pas été fait.

Nous rappellerons d'ailleurs ce que le marquis de
Boissières commandant en Diois et dans les Baronnies,
avait écrit dès le 11 septembre :

« Je crois qu'il est de mon devoir de vous rendre compte
« de la sage et bonne conduite des nouveaux convertis. Je
« n'entre pas en aucun détail, *Sa Majesté en étant infor-*
« *mée par M. de Barbezieux à qui j'ai eu l'honneur d'en*
« *écrire* (1). »

Il est évident que M. de Boissières ne pouvait faire
l'éloge des nouveaux convertis à M. de Barbezieux,
sans louer plus que tous les autres, Mlle de la Charce
qui les avait maintenus dans le devoir, excités à la défense et menés au combat. Or, M. de Barbezieux rendait compte de tout au Roi.

« Louis XIV, en effet, fut son propre ministre de la
« guerre depuis le 16 juillet 1691, époque de la mort
« de Louvois, jusqu'au 9 juin 1709 que M. de Chamil-
« lard fut renvoyé, et il présida lui-même avec une

---

(1) Champollion Figeac — il a mis en italique : *je n'entre point
en aucun détail*, on remarquera que nous n'y mettons pas la
même phrase, et l'on comprendra aisément son motif et le nôtre.

« application également soutenue et louable, à la cor-
« respondance avec les généraux. Je possède des ma-
« nuscrits qui constatent que toutes les lettres un
« peu importantes furent minutées de sa main ou dic-
« tées par lui à messieurs de Barbezieux, de Chamlay
« et de Chamillard ; le roi fréquemment prenait la
« plume et achevait ce qu'il avait fait commencer par
« eux (1). »

D'un autre côté, le marquis de Larrey, lieutenant-
général ; avait adressé un rapport à la Cour ; cela résulte d'une manière incontestable, de cette lettre qu'il
écrivit à Philis un an après ces événements :

Au camp de Fénestrelles, le 22 septembre 1693.

« Si le Roy avait dans ses provinces beaucoup de person-
« nes comme vous, Mademoiselle, il n'y aurait pas besoin
« d'y avoir des troupes ni d'autres forces que celles de votre
« prudence pour son service. Vous rassurâtes si fort le pays
« l'année dernière que nous vous devons la tranquillité qui
« s'y conserve. Il est vrai, Mademoiselle, que *j'en ai rendu*
« *compte à la Cour ;* elle appréciera certainement tout ce
« qu'il y a de grand, d'héroïque dans votre conduite, et vous
« en serez récompensée par la reconnaissance et l'estime de
« sa Majesté...

LARREY (2)

Des rapports officiels ont donc été faits sur les actes
glorieux de Mlle de la Charce, et si nous n'avons pas
eu la bonne fortune de les retrouver jusqu'à présent et

_____

(1) Général de Grimoard — œuvres de Louis XIV. T. III. p. 14
(2) Annexes aux tableaux généal. de la maison de la Tour-du-
Pin — A. du Boys. Philis de la Charce —

de les faire connaître au public, ce n'est pas une raison pour en conclure qu'ils n'ont pas existé. De plus
heureux que nous les découvriront sans doute un jour.

La lettre du marquis de Larrey que nous venons de
citer, indique que nulle récompense n'avait été donnée
à cette date, à Mlle de la Charce et même qu'elle n'é-
tait pas encore allée à la Cour; d'ailleurs M. de Larrey était à Fenestrelle, (la fin du monde, comme son
nom l'indique, dit-on) fort éloigné du mouvement de
Versailles, et ce *compte par lui rendu à la Cour* pouvait remonter déjà à plusieurs mois. Mais, après tout,
qu'était-il besoin de rapports officiels, de comptes-
rendus par écrit pour informer le Roi de la conduite
de Mlle de la Charce? Qu'on ouvre les mémoires de
Dangeau et on y lira à la date du mercredi 10 décembre 1692, à Versailles :

, « M. de Catinat arriva ici le matin. Il y avait trois
« ans qu'il n'avait été à la Cour. Il *fut enfermé avec le*
« *Roi le matin l'après-dîner et le soir*. Il repartira
« incessamment paur retourner à Pignerol. »
et le mardi, 30 décembre, à Versailles :

« M. de Catinat est reparti. Vauban est encore en
« Dauphiné. Il a envoyé au Roi des projets pour forti-
« fier des places en ce pays-là. »

Catinat eut donc tout loisir d'informer le Roi de ce
que Mlle de la Charce avait fait. Quant à M. de Larrey, il vint aussi bientôt après à la Cour; car on lit
encore dans les mémoires de Dangeau :

« Vendredi, 16 octobre 1693, à Fontainebleau, M. de
« Larrey est arrivé ce soir du Piémont; il en partit le
« 12 au matin. On ne dit pas pourquoi M. de Catinat
« l'envoie, mais on ne doute point que ce ne soit pour

« recevoir les ordres du Roi de ce qu'il y a à faire en Piémont. *Il a été enfermé ce soir avec le Roi jus-* « *qu'à son coucher qui a été plus tard qu'à l'ordi-* « *naire.* »

« Samedi, 17 octobre. *Le Roi a été enfermé le ma-* « *tin et l'après-dîner avec M. de Larrey.* »

Comment supposer que ce vaillant général qui avait le 22 septembre écrit une lettre si flatteuse à Mlle de la Charce, n'ait pas saisi l'occasion de parler d'elle au Roi dans ces longues entrevues ? Il n'était donc pas rigoureusement nécessaire que des rapports officiels par écrit, fussent faits à Louis XIV sur la conduite de Philis, et si nous tenons pour certain qu'ils ont existé, bien que nous né les connaissions pas, c'est parce que cela résulte incontestablement de la lettre même de M. de Larrey qui avait précédé de quelques jours, la mission de ce général auprès du monarque.

Quant aux récompenses accordées, il est fort naturel qu'un retard se soit produit dans leur distribution. Car *la première* promotion faite par le roi dans l'ordre de Saint-Louis récemment institué (en 1693) se fit en Flandre au camp de Gembloux et les officiers généraux nommés dans cet ordre et qui servaient soit en Allemagne sous le maréchal de Lorges, soit en Espagne sous le maréchal de Noailles, soit en Piémont et en Dauphiné sous M. de Catinat nommé maréchal de France le 27 mars 1693, ne furent reçus que plus tard lorsque la cessation des hostilités leur permit de venir à Versailles (1). Or nous savons que le maréchal de

____

(1) Mazas et Th. Anne. hist. de l'ordre royal et militaire de Saint-Louis. I. 108.

Catinat, le marquis de Larrey et les généraux que
nous avons vus prendre part à la campagne de 1692,
passèrent l'année suivante en Piémont, et que la
guerre se rouvrit de la manière la plus vigoureuse
au delà des Alpes pendant l'été, comme elle se pour-
suivait à la fois dans la Flandre, l'Allemagne et la
Catalogne. Le terrible siège de Pignerol commença en
septembre 1693, Catinat marcha le 2 octobre sur Turin
et livra le 3, la grande bataille de la Marsaille. Il se
serait rendu maître de tout le Piémont, grâce à la mé-
sintelligence qui s'était mise entre Leganez, Caprara
et le prince Eugène, si la Duchesse de Savoie, nièce
de Louis XIV ne lui avait pas écrit pour le supplier de
faire cesser les horreurs de la guerre. Les ordres du
roi vinrent renverser les plans formés par le maréchal
pour occuper le Piémont pendant la mauvaise saison
et lui prescrivirent de renforcer les garnisons de Pignerol, Casale, Suse et de repasser les Alpes pour
faire prendre à ses troupes leurs quartiers d'hiver
dans la Savoie et le Dauphiné. Le mouvement se fit
le 20 novembre, et Catinat après avoir inspecté la place
de Grenoble et avoir été reçu triomphalement à Lyon,
arriva tout au commencement de l'année 1694, à Versailles où le roi le reçut chevalier de Saint-Louis.

« Dès la fin de Janvier, Versailles fourmillait d'officiers accourus du Piémont, des bords du Danube, de
la Flandre ou de l'Espagne ; la grande galerie du château était encombrée de généraux, de colonels, de capitaines blessés, estropiés, et *faisant parade des faveurs de Bellone,* suivant l'expression d'un poète.
Racine dans sa correspondance, dit que c'était un
spectacle curieux de voir ces gentilshommes animés,

remplis d'agitation, se félicitant entre eux de leur bonne fortune, c'est-à-dire des coups d'épée ou de mousquet qu'ils avaient reçus au milieu des combats (1). »

Louis XIV tint à remplir ses promesses à l'égard d'officiers qui venaient de prodiguer leur vie dans l'intérêt de sa gloire et mit dans la distribution des récompenses, une mesure qui devait en rehausser le prix. Il s'était fait pour cela, un système dont aucune considération ne put jamais le faire écarter : la même parsonne ne devait pas recevoir deux grâces à la fois. Le monàrque avait à sa disposition comme grands moyens de récompenses, les pensions, les grades, les gouvernements de places fortes et les croix de Saint-Louis. Un travail fut établi dans les bureaux de la guerre, d'après les mémoires de propositions envoyés ou remis par les commandants des diverses armées et la deuxième promotion de chevaliers de Saint-Louis fut faite par le Roi, les 6 et 8 février 1694. *C'est là que les officiers qui s'étaient le plus distingués en Dauphiné et en Piémont sous les ordres de Catinat, reçurent leur récompense.* Parmi eux nous remarquons le marquis de Bachivilliers, le commandant d'artillerie de Cray, *le marquis de Larrey*, etc., etc... C'était le première année de l'institution de l'ordre de Saint-Louis et les nominations accordées causaient un vif enthousiasme. Aussi trouvons-nous bien léger, ce mot de Voltaire à propos de Mlle de la Charce : qu' « en 1692 l'ordre n'était pas encore insti-

(1) **Idem.**

tué (1). » Comme l'a observé très justement M. du Boys, Voltaire insinuait par là qu'elle aurait obtenu la croix de cet ordre, si elle était venue à la Cour un an plus tard, comme si cette faveur n'avait pas pu l'aller chercher dans sa retraite, au sein des montagnes du Dauphiné ! Nous ajouterons à cette réflexion fort juste que si Louis XIV, tout au début de l'institution, ne donna pas à Philis, la croix de Saint-Louis, c'est que cela eût paru probablement quelque peu extraordinaire, et qu'on eût trouvé singulier qu'il la donnât à une femme, et aussi à une nouvelle convertie, quand il ne l'accordait qu'avec la plus grande parcimonie aux généraux et aux officiers blessés. Du reste, en consultant les annales de cette glorieuse phalange, nous voyons que jamais aucune femme n'a été décorée de l'ordre de Saint-Louis, ce qui aurait été, à l'origine surtout, une dérogation formelle à son institution.

Maintenant que voilà Philis créée chevalier de Saint-Louis par M. de Voltaire qui s'entendait fort bien en patriotisme, ayant été gentilhomme du Roi de Prusse, nous nous bornerons à dire qu'elle vint précisément à cette époque, auprès du grand Roi, ainsi que le constatent tous les écrivains qui ont parlé d'elle. Reçut-elle l'ordre ou l'invitation de s'y rendre, ou bien y vint-elle de son propre mouvement, par les conseils de Bouchu l'intendant du Dauphiné? C'est ce que nous ne savons pas exactement ; il nous semble cependant qu'on grossit un peu l'importance de l'intendant dans cette affaire, quand il y avait Catinat, les

----

(1) Voltaire. Dict. philosophique. Amazones — A. du Boys. Philis de la Charce.

marquis de Larrey, de Boissières et d'autres généraux qui ne pouvaient moins faire que de s'en occuper. Quoi qu'il en soit, Mlle de la Charce fut reçue
par Louis XIV avec la plus grande faveur et la plus
rare distinction et il la gratifia d'une pension de 2.000
livres, semblable à celle qu'il donnait en récompense
à ses colonels et à ses plus braves officiers, la lui
accordant « *en considération des services qu'elle
avait rendus à la province de Dauphiné* (1). »

Dangeau n'a pas manqué de relater ce fait remarquable :

« Août 1694. Lundi, 9, à Trianon. Le Roi donna ces
« jours passés, une pension de 2.000 francs à Mlle de
« la Charce qui défendit l'année passée, une entrée du
« Dauphiné aux Barbets ; elle se mit à la tête de
« quelques paysans qu'elle ramassa et obligea les
« ennemis à se retirer. Elle est de la maison de Gou-
« vernet (2). » On voit que Dangeau, ce courtisan
émérite qui n'avait jamais eu plus de goût que Saint-
Simon pour la guerre, parlait des choses militaires
assez légèrement.

Il dit : l'*année passée*, au lieu d'il y a deux ans ; il
appelle *les Barbets*, les Piémontais, les Impériaux et
tous les alliés du duc de Savoie ; et il ajoute que Philis,

____

(1) Ordonnance de pension (l'original est aux Archives nationales, papiers du contrôle général).

(2) Mémoire de Dangeau (éd. Feuillet de Conches. IV. 158). —
M. du Boys a noté (Philis de la Charce. p. 24) qu'il y a au bas
de la page, une note curieuse, extraite du Mercure. C'est en effet
le passage du Mercure, dont on a retranché la phrase constatant
que Philis était *de la maison de la Tour-du-Pin, autrefois souveraine du Dauphiné.*

avec quelques paysans, les obligea à se retirer. C'est faire grand honneur aux talents et à l'intrépidité de notre héroïne ! Mais tout le monde sait ce qu'il faut penser de la frivolité des cours et de la futilité des courtisans.

Mais le roi accorda à Mlle de la Charce, une autre faveur, une faveur tellement exceptionnelle que nous devons y insister tout particulièrement. Il ordonna de déposer au trésor royal de Saint-Denis, l'épée et les pistolets de l'héroïne du Dauphiné et d'y joindre son portrait et l'écusson de ses armes. C'était lui faire DE SON VIVANT, le même honneur que nos rois avaient jadis accordé à Jeanne d'Arc et au Chevalier sans peur et sans reproches, un honneur si rare, si précieux qu'elle et sa famille avaient à tout jamais le droit de s'en enorgueillir (1). Hélas ! ces glorieux trophées ont disparu ; les volontés de Louis XIV ne furent pas respectées quand les révolutionnaires vinrent dans des jours de délire, profaner les tombeaux des rois et détruire les monuments des grands hommes. Malheur aux nations qui brisent d'une main sacrilège, les souvenirs de leur gloire séculaire ! Mais est-ce bien la Révolution qui a fait disparaître du trésor de Saint-Denis, les trophées de notre héroïne. M. de Ladoucette nous dit qu'ils y restèrent jusqu'à la mort de Louis XIV

---

(1) Guy Allard. généal. de la maison de la Tour-du-Pin — Œuvres de Madame des Houlières, introd. — Mad. de Sévigné (éd. Régnier) notes — De Courcelles, dict. des Généraux IX. 309 — Ad. Rochas. Biogr. du Dauphiné. II. 36 — A. du Boys Philis de la Charce — A. de Rochas Aiglun. Campagne de 1692 — Ladoucette. Hist. des Hautes-Alpes, pag. 741 — Parnasse des Dames. V. 107. — Mad. de Genlis, Mlle de la Fayette. etc. etc

et il y a tout lieu de croire qu'il n'a fait que copier cette phrase dans la note des œuvres de Mme Deshoulié-res (1). Nous avouons que cela nous étonne et que nous ne pouvons comprendre pour quel motif les ar-mes de Philis, placées à Saint-Denis par les ordres de Louis XIV, en auraient été retirées sous son suc-cesseur. Nous nous bornons à mentionner cette asser-tion à laquelle il nous semble difficile d'ajouter foi.

Quant au fait en lui-même, nous ne connaissons aucun document original officiel qui le constate, et peut-être n'en a-t-il jamais existé aucun, les ordres du roi ayant pu être donnés verbalement ; mais le fait a été admis et cité par tous les historiens et biographes. Madame Dash a même donné le texte d'une lettre du roi à Catinat, dans laquelle cette insigne faveur est mentionnée ; mais comme il n'en est point question dans l'article consacré à Philis par sa propré famille, dans la récente publication dont nous avons déjà parlé, nous présumons que cette lettre est apocryphe et qu'elle est dûe à Mme Dash et non à Louis XIV (2).

Guy Allard mourut en 1716 ; il avait publié en 1674, une *généalogie de la maison de la Tour-du-Pin*, que l'abbé Jacques-François René de la Tour-du-Pin la Charce, petit-neveu de Philis, fit réimprimer en 1764, pour fournir les preuves de noblesse exigées pour son admission dans le chapitre des chanoines de Tournay. On y lit ce qui suit :

(1) Œuvres de Mad. déshoulières. Eloge hist. note sur Philis — Ladoucette. hist. des Hautes-Alpes. p. 741.

(2) Ctesse Dash. Mlle de la Tour-du-Pin — Annexes aux ta-bleaux généalogiques de la maison de la Tour-du-Pin.

« Elle fut accueillie de Louis XIV avec la distinction
« la plus singulière. Ce prince la combla de bienfaits
« et lui prodigua des éloges. Par les ordres exprès du
« même monarque, le portrait et l'épée de cette nou-
« velle Amazone furent placés dans le Trésor de Saint-
« Denis en France à côté de la Pucelle d'Orléans avec
« cette inscription : « Philis de la Charce, de la maison
« de la Tour-du-Pin en Dauphiné (1). »

Pourquoi des écrivains qui se sont occupés de l'histoire de Mlle de la Charce, et M. Champollion-Figeac
qui l'a taxée de *légende*, ont-ils dit qu'on joignit *plus
tard* à ses armes de guerre, le portrait de Philis et ses
armoiries, avec cette inscription : « Philis de la Charce,
de la maison de la Tour-du-Pin-Gouvernet en Dauphiné? »

Cela donnerait à penser que cette inscription a été
faite après coup, et que les membres de la famille de
Philis en ont profité pour faire passer un nom nouvellement adopté. Nous nous figurons que Louis XIV,
en ordonnant une chose aussi honorable pour la mémoire de Mlle de la Charce qui était à sa cour, ne songeait nullement aux droits plus ou moins réels qu'elle
pouvait avoir, ainsi que ses frères, de s'appeler *la
Tour-du-Pin* au lieu de *la Tour*, qu'il entendait récompenser une conduite héroïque par une distinction
éclatante, et nullement préciser une question de généalogie. Nous ajouterons que « *la Tour-du-Pin-
Gouvernet* » est le nom d'une branche et non celui de
la famille ; le nom de Philis, si l'on avait voulu spé-

---

(3) Guy Allard. Généal. de la maison de la Tour-du-Pin. 1674
réimpr. en 1764.

cifier la branche à laquelle elle appartenait, eût été *la Tour-du-Pin-la Charce*, comme on le voit dans ses portraits du temps. Les critiques nous objecteront que les parents de Philis étaient appelés *la Tour-Gouvernet* dans les actes ; soit ! mais ils savent aussi bien que nous, que Messieurs de la Charce, en prenant le nom de la Tour-du-Pin, avaient quitté absolument celui de Gouvernet qui était le nom d'une autre branche, de même que celui de Montauban, que celui de la Chau, que celui de Paulin etc etc,... Si donc il était vrai que l'inscription n'eût été faite que « *plus tard,* » il serait alors d'autant plus évident que le nom de Gouvernet n'y fut pas mis par Messieurs de la Charce, frères ou neveux de Philis, puisqu'ils ne le portaient pas. Mais nous l'avons déjà dit, aucun document officiel à notre connaissance ne prouve le dépôt des armes de Philis à Saint-Denis, ni par conséquent l'inscription citée par Guy Allard : nous en convenons, parce que cela ne nous empêche pas d'y ajouter foi ; mais seulement nous nous permettons de demander à ceux qui ont corrigé Allard en ajoutant le mot *Gouvernet*, quel est le document officiel sur lequel ils se fondent, ce qu'ils ont négligé de nous dire jusqu'à présent.

Nous n'hésitons pas à ranger parmi les preuves de l'admiration publique pour la conduite de Mlle de la Charce et des récompenses dont elle fut l'objet, son portrait équestre dont la gravure se trouve à la Bibliothèque nationale, et qui est tout-à-fait contemporaine, puisque cette gravure porte la date de 1695. Philis y est à cheval, vêtue en amazone, « sans armure, montant son fougueux coursier, » comme dit M. Cham-

pollion, « à la manière de Jeanne d'Arc, c'est-à-dire
comme les hommes ». Le cheval monté par l'héroïne ressemble assez « au contraire, à l'un de ces animaux auxquels Ajax est comparé dans Homère, »
comme disait M. d'Anfossy (1) ; et nous supposons
que c'est la tournure peu artistique du noble animal
qui aura empêché la famille de la Tour-du-Pin de reproduire dans sa récente publication (2), le fac-simile
de ce portrait. Mais celui-ci n'en est pas moins des
plus intéressants. D'abord la housse ou caparaçon
du cheval a une large bordure dentelée, ornée alterna-
tivement de tours et de dauphins, allusion évidente au
nom de la Tour-du-Pin et aux dauphins que M. Auzias a été si fâché de voir reproduire à Nyons dans le
blason de Mlle de la Charce, bien qu'elle-même les ait
adoptés dès avant le temps de ses hauts faits. On voit
des pistolets à l'arçon de la selle, mais pas d'épée au
côté de Philis comme dans le portrait à pied dont nous
parlerons bientôt. Dans le fond du tableau, on aper-
çoit des troupes en marche et un combat dans les montagnes, et un peu en avant Mlle de la Charce au galop,
faisant un geste de commandement et accompagnée
d'une personne aussi à cheval à côté de laquelle il est
écrit : « *Sa demoiselle.* »

Voici l'inscription placée au bas de ce portrait :

« Philis de la Tour-du-Pin la Charce fille du mar-
« quis de la Charce, du Dauphiné, Lieutenant Général

---

(1) A. du Boys. Philis de la Charce — Lettre de M. d'Anfossy
au marquis de Seytres-Caumont, datée de Versailles, 23 février
1731.

(2) Annexes aux tableaux généalogiques déjà cités.

« des Armées du Roy. Laquelle en 1692 dans l'irrup-
« tion du Duc de Savoye en Dauphiné, fit armer sous
« les ordres du général de Catinat, les Communes de
« son canton et s'estant mis à leur tête, repoussa plu-
« sieurs fois les ennemis qui s'estoient avancés pour
« piller et bruler. Action digne d'une éternelle mé-
« moire et de l'illustre naissance de cette Héroïne qui
« a esté receue de Sa Majesté avec les dernières mar-
« ques d'estime et a esté mesme honorée d'une pen-
« sion. »

Entre le portrait et cette inscription, on lit :

« Tous les portraits de Cour se vendent chez H.
« Bonnard, rue St-Jacques au Coq, avec Privilège
« 1695. R. B. del.

Un cartouche placé dans le bas de la gravure, sous
les pieds du cheval, représente le blason de Philis,
ainsi figuré : écartelé aux 1 d'or au dauphin d'azur, qui
est de Dauphiné ; au 2 de gueules à la chaîne d'or, qui
est de Navarre ; au 3 d'or à deux vaches de gueules
clarinées d'azur, qui est de Béarn ; au 4 d'azur à trois
tours d'or, qui est de Montauban ; sur le tout d'azur à
la tour avec son avant-mur d'argent, au chef de gueules chargé de trois casques d'or posés de front — Supports : deux griffons, couronne ducale.

Nous remarquons que M. Rochas en mentionnant
ce portrait, lui donne pour date, 1693 ; c'est une erreur,
mais celle de 1695 qui indique un tableau ou dessin
antérieur, nous suffit pour constater que ce portrait
avec son inscription, son blason, et ses différents détails, est un véritable monument contemporain, qu'il
importait grandement d'examiner.

La bibliothèque Nationale possède un autre portrait

de Mlle de la Charce. Elle y est représentée à pied,
debout, la main gauche appuyée sur la hanche, près
de la garde de son épée, la droite posée sur un cartouche contenant ses armoiries. Cette gravure, qui
est mieux faite que la précédente, nous fait voir que
Philis avait « une taille élevée et majestueuse, des
traits réguliers, une physionomie où la douceur se
mêlait à la fierté. On la comparaît à Pallas à cause de
la noblesse de sa figure et de sa démarche (1). » Un
combat est représenté dans les montagnes, au second
plan du tableau, et l'on y retrouve l'héroïne à cheval,
donnant des ordres et accompagnée de « *sa Demoiselle* ». Quant aux armoiries, elles sont écartelées :
aux 1 et 4 d'azur à la tour avec son avant-mur d'argent au chef de gueules chargé de trois casques d'or
de profil : aux 2 et 3 d'or au dauphin d'azur. L'écusson est en lozange, surmonté d'une couronne ducale
antique, et d'un casque de prince souverain sommé
de l'aigle du Saint-Empire Romain. Les supports sont
des griffons assis, couronnés à l'antique, ayant aussi
une couronne passée au cou et y portant suspendu un
petit écusson, qui pour un des griffons est de gueules
à la tour d'argent, pour l'autre, d'or au dauphin d'a-
zur. Dans le fond, il y a des drapeaux aux armes de
France, de Navarre, de Dauphiné, de la Tour-du-Pin,
et dans le bas, des tambours et des trompettes : et le
manteau est parsemé de tours et de dauphins. Il y a
dans tout cela, un peu de fantaisie et l'on sent que ce
portrait est plutôt que l'autre, le portrait *officiel de
l'héroïne*.

(1) A. du Boys. Philis de la Charce.

Dans le bas de la gravure, on lit : H Bonnart, exc.
au Coq. avec privil-(1695) : et au-dessous l'inscription
suivante :

> Phylis (1) de la Tour-du-Pin la Charce.
> Cedite Amazonides, dum Phyllis Amazone maior
> Virginis Aureliœ fortia facta refert,
> Bellatrix cuius Pallas si inspexerit ora,
> Vel sua crediderit vel velit esse sua.

> Cesses de nous vanter vostre gloire immortelle :
> Amazones, cedez : Phylis par sa valeur,
> Ranime l'illustre Pucelle
> Qui vangea nos Ayeux d'un insolent vainqueur.
> Dans cette Amazone nouvelle,
> Pallas reconnoistroit, tout son air, touts ses traits ;
> Ou, du bonheur d'avoir mesme air, mesmes traits qu'elle
> Feroit sesplus ardents souhaits.

Il est probable que M. Rochas n'a pas eu connaissance de ce curieux portrait, qui se trouve cependant
à la Bibliothèque Nationale ; car il n'en a pas fait mention dans la Biographie de Mlle de la Charce. L'exemplaire de la Bibliothèque, quoique pareil à celui que
possède M. le Baron de la Tour-du-Pin Chambly de
la Charce, n'est pas daté, tandis que celui-ci porte la
date de 1695 comme le portrait équestre (2). On peut

(1). Le nom est écrit Phylis dans ce portrait et *Phyllis* dans le
texte latin. Il est écrit *Phylis* et *Phyllis* dans l'autre gravure où
l'héroïne est à pied. Nous savons que le vrai nom de Philis était
Philippe. Mais celui de *Philis* est consacré par l'histoire.

(2) A. Rochas. Biogr. du Dauphiné. II. 36. Il a parlé de Mlle de
la Charce, d'une manière très honorable et, sauf qu'il la fait naître
à Nyons et veut qu'elle fût assez laide d'une façon fort exacte.
Il pourra donc fort bien se dispenser de *compléter ou de modifier
la légende de Phylis de la Tour-du-Pin Gouvernet lu Charce,*
comme M. Champollion l'y invite dans son article destiné à amoin-
drir autant qu'il peut dépendre de lui, la gloire de notre héroïne.

voir sa reproduction par la peinture, au musée de
Grenoble.

L'ensemble héraldique du cartouche indiquant plus
de recherche que dans le portrait équestre, nous aurions été tentés à première vue, de croire celui-ci un
peu postérieur à l'autre. Mais on lit dans un fragment
de Mme de Sévigné que M. A. du Boys a rapporté :

« J'ai vu ensuite Mme de Vins. Monsieur le cheva-
« lier y présentait Mlle de la Charce, autrement *la*
« *guerrière Pallas*. Elle nous a conté ses dernières
« campagnes avec beaucoup d'esprit. »

Ce fragment est daté simplement du 20 décembre,
sans indication d'année. Une note des œuvres de
Mme de Sévigné (édition Régnier. T. V. p. 154) dit :
« ce premier fragment pourrait être daté approxima-
« tivement par les deux phrases qui le terminent dans
« l'édition de la Haye. Il y est parlé de Mlle de la
« Charce autrement *la guerrière Pallas*, et nous
« croyons qu'avant la campagne de 1692, Mlle de la
« Charce n'avait eu aucune occasion de déployer son
« héroïque courage » — Quoi qu'il en soit, il y a dans
cette expression *autrement la guerrière Pallas*, une
allusion qui nous paraît évidente à la *Bellatrix Pallas* de l'inscription du portrait de Philis, et comme
Mme de Sévigné est morte au château de Grignan au
mois d'avril 1696, il en résulte que la date de 1695 au
plus tard, doit être celle de ce fragment et à plus forte
raison de ce portrait.

Que Mlle de la Charce ait été reçue avec la plus
flatteuse distinction par Louis XIV, que toute la Cour
ait loué la belle conduite de la nouvelle convertie, que
les gentilshommes et les beaux esprits l'aient accueil-

lie avec empressement et aient chanté ses louanges et
célébré ses exploits, qu'on l'ait suivie et montrée partout comme une personne extraordinaire, que tous en
un mot l'aient comblée de compliments et de faveurs,
c'est ce dont l'on peut être persuadé ; mais nous n'a-
vons aucun détail précis à ajouter à tout ce que les
romanciers et les biographes en ont déjà dit. Seulement il y a un point sur lequel nous sommes obligés
de nous arrêter. Plusieurs écrivains ont dit qu'on la
pressa de se marier et qu'elle n'écouta ni les soupirs
ni les tendres déclarations. Ce sont là des phrases
qu'il n'est pas surprenant de trouver sous la plume
des romanciers, qui se sont plu à imaginer une jeune
et séduisante Philis de dix-huit ans, amoureuse du
Comte Caprara, d'un M. de Bérenger de *Mauges* (1),
ou inspirant sans s'en douter, de belles passions autour d'elle. Mais Mlle de la Charce avait alors 47 ans,
une réputation intacte, une vertu que pas le moindre
indice, quelque léger qu'il soit, ne donne le droit de
soupçonner, et avec cela, des allures un peu hautai-
nes ou un peu viriles peut-être, qui n'étaient pas de
nature à attirer les jeunes galants. Qui donc peut
croire sérieusement qu'il ait été alors question pour
elle, de déclarations ou de mariages ? Si elle avait
voulu rester fille jusqu'à cet âge-là, certes, elle dut le
vouloir encore plus, après qu'elle se fut acquis un nom
si glorieux ! « On a souvent prétendu, » dit M. du
Boys, « que l'héroïsme guerrier chez une femme,
« avait quelque chose de trop fier et de trop indépen-

(1) Ctesse Dash. Mlle de la Tour-du-Pin. C'est sans doute de
Morges.

« dant pour se plier facilement à la monotone subor-
« dination de la vie conjugale. Il y a là-dessus des
« préjugés fortement enracinés dans le monde. Philis
« de la Charce ne chercha pas à en triompher ou du
« moins elle ne les combattit qu'en menant dans son
« célibat volontaire, une vie retirée, modeste, adonnée
« aux occupations de son sexe. Elle montra que les
« âmes grandes et généreuses, capables de vaincre des
« armées ennemies sur le champ de bataille, savent
« aussi se vaincre elles-mêmes dans les luttes obscu-
« res qu'elles soutiennent chaque jour contre leurs
« propres défauts. On assure que quand on la voyait
« s'agenouiller au pied des autels, rien ne la distin-
« guait de la femme la plus obscure de sa petite ville,
« rien ne rappelait en elle, ses hauts faits du Col de
« Cabre. Sa modestie semblait vouloir dérober à la
« mémoire des hommes, les souvenirs de cette glo-
« rieuse journée (1). »

Nous ajouterons à ces judicieuses réflexions d'un
auteur pour lequel le cœur humain ne semble avoir
aucun secret, qu'une femme de l'âge de Mlle de la
Charce et d'un caractère aussi fortement trempé, ne
se donne plus à personne en général, qu'à Dieu. C'est
en effet ce qui arriva. Quand elle eut joui pendant
quelque temps, des éloges qu'on lui prodiguait dans
le monde brillant où sa famille occupait dès longtemps

______

(1) A. du Boys. Philis de la Charce. Cette étude est la seule
un peu étendue et un peu sérieuse qui ait jamais été publiée
croyons-nous, sur l'héroïne du Dauphiné. Aussi sommes-nous surpris que M. Champollion ne l'ait pas prise pour l'objet de ses réflexions critiques, plutôt qu'un article de journal très insignifiant
et que le roman de 1731, qui n'a aucune valeur historique.

un rang si distingué, elle se trouva amplement récompensée de ce qu'elle avait fait, par l'estime publique et
par l'honorable accueil du Roi et de la Famille royale,
et elle ne songea plus qu'à revenir dans son pays et à
passer sa vie, tranquille et honorée, au milieu des populations qui lui avaient voué une éternelle reconnaissance. Telle était la sympathie dont Philis était entourée dans les Baronnies, que chaque famille briguait
l'honneur de l'avoir pour marraine de ses enfants. Il
y a à Nyons, à Montmorin et dans d'autres communes,
un grand nombre d'actes de baptême où elle intervint
à ce titre, et nous ne pouvons y voir qu'un témoignage de l'admiration publique pour son héroïque
conduite et surtout pour son noble et bienveillant caractère. Chacun souhaitait aux filles qui naissaient
autour d'elle, ces qualités si belles, si rares, qui à un
moment donné, l'avaient élevée au-dessus de son
sexe, et lui avaient inspiré assez de résolution et d'é-
nergie pour défendre et sauver sa patrie. Philis, avec
cette simplicité, cette modestie, qui sont le propre des
belles âmes et des cœurs purs, croyait n'avoir fait que
son devoir, parce qu'elle le mesurait à son courage
qui n'eût jamais reculé devant aucun sacrifice, quelque rude qu'il fût. Mais cette modestie même rehaus-
sait aux yeux de tous, la valeur de ses grandes actions
et ne servait qu'à redoubler les témoignages d'affection et d'estime, dans les lieux qu'elle habitait.

Ainsi se passèrent au château de Montmorin et surtout à Nyons, dans le vieil hôtel des marquis de la
Charce, les dernières années de Philis de la Tour-du-
Pin, entre sa mère octogénaire que son grand âge
rendait plus vénérable encore, et toute une population

de compatriotes reconnaissants et dévoués. Cela n'était-il pas plus digne d'elle que de se pavaner au milieu des splendeurs de la Cour et des salons de la capitale, dans ce monde brillant et frivole où tout passe, s'efface et s'oublie si vite, où chaque année apporte un aliment nouveau à la curiosité et à l'attention publique?

C'est dans cette calme et glorieuse retraite que Philis de la Tour-du-Pin termina sa vie, le 4 juin 1703, à l'âge de 58 ans, entre les bras de sa vieille mère à laquelle elle n'avait cessé jusque-là de prodiguer ses plus tendres soins. Du moins le 4 est la date de son inhumation dans l'église paroissiale de Nyons (1).

La *Gazette de France* du 23 juin 1703 rendit compte de ce triste événement en ces termes : « Damoiselle « Philis de la Tour-du-Pin de la Charce qui depuis sa « conversion à la Religion Catholique, avait donné au- « tant de preuves de sa piété que de son zèle pour le « service du Roi en plusieurs occasions, est morte à Nyons en Dauphiné, âgée de 58 ans (2). »

On voit qu'après la mort de Philis comme de son vivant, tous les documents reviennent sur son abjuration et sur sa qualité de *nouvelle convertie*. C'est que, si l'on avait admiré ce qu'elle avait fait de glorieux, on l'avait louée surtout, ce qui ne peut surprendre, vu l'é-

---

(1) 1703. 4 juin. Acte d'inhumation dans la tombe sépulcrale de la chapelle joignant celle de Saint-Crépin occupée par les Dames religieuses de Nyons, en l'église paroissiale de cette ville, de Mlle Philis de la Charce de la Tour-du-Pin.

Registres curiaux déposés à l'Hôtel de Ville de Nyons (Drôme).

(2) Gazette de France du 22 juin 1703. p. 300 — Cet article est cité dans les œuvres de Mme de Sévigné (éd. Régnier. T. X. 546. 548).

poque, parce qu'elle l'avait fait, étant nouvelle convertie. La lettre que nous allons citer, en est une autre
preuve.

Dès le 7 juin, trois jours après les funérailles de
Mlle de la Charce, auxquelles sans doute on était ac-
couru des pays environnants, le comte de Grignan,
lieutenant-général de Provence, le gendre de Mme de
Sévigné, le plus ancien et le plus fidèle ami de la famille de la Charce, écrivait du château de Grignan, au
ministre Chamillard, une lettre par laquelle il lui faisait part du triste événement dont s'affligeait toute la
province ; nous la reproduisons ici textuellement :

« Monsieur,

« Je ne doute pas que le nom et la famille de M. le marquis
« de la Charce ne vous soient connus : c'est une maison aussi
« distinguée par son zèle pour la religion depuis leur conver-
« sion qu'elle l'est par sa qualité. Leur exemple jusques ici
« a soubstenu dans cette contrée du Bas-Dauphiné, la foy des
« bons catholiques, comme il a esté la confusion de ceux qu
« n'ont fait que semblant de l'estre. Mme la marquise de la
« Charce la mère âgée de quatre-vints ans est une personne
« d'un rare mérite. Monsieur son fils aîné a l'honneur d'es-
« tre gentilhomme de la Chambre de Monseigneur le Prince(1).
« Le cadet a veu brûler dans les Cévenes par la fureur des
« phanatiques, une belle terre et la seule maison qui luy res-
« toit (2). Cette famille, monsieur, vient de perdre Mlle de la

(1) Henry-Jules de Bourbon, prince de Condé — Louis de la
Tour-du-Pin, marquis de la Charce, colonel et chevalier de Saint-
Louis, gouverneur de Nyons, fut premier gentilhomme de sa
Chambre.

(2) Il s'agit du château des Plantiers en Languedoc, apparte-

« Charce que l'on pouvait regarder comme une espèce d'hé-
« roïne et à qui tous les services qu'elle a rendus à la Religion
« et au Roi dans les premiers mouvemens de la conversion
« des huguenots, avaient attiré des bontés de Sa Majesté, une
« pension de deux mille francs. Permettez-moi, Monsieur,
« de joindre mes instantes prières à celles de cette famille qui
« s'est adressée à moy et dont je connois les grands besoins
« comme le mérite, pour obtenir du Roy la continuation de
« cette pension en faveur de Mme la M. de la Charce la mère.
« J'ose avancer qu'il est de la piété et de la charité de S. M.
« aussi bien que de l'avantage de son service, de soubstenri
« des gens que l'on peut dire s'estre toujours signalés pour
« les intérest de nostre Religion. Je suie avec beaucoup d'at-
« tachement et de respect

Monsieur,

« Votre très humble et très obéissant serviteur.
« Le 7me juin à Grignan 1703.

Grignan (1).

Cette lettre est reproduite dans les œuvres de Mme de Sévigné, et il y est dit en note que le placet de la marquise de
la Charce lui est joint dans les papiers du contrôle général (2). Le voici avec son orthographe, à laquelle nous ne
corrigeons rien :

nant à René-Scipion de la Tour-du-Pin, comte de la Charce, baron des Plantiers et d'Aleyrac. Ces terres étaient entrées dans sa
famille, par le mariage en 1604, de son aïeul César de Gouvernet,
depuis marquis de la Charce, avec Claude de Ginestoux, fille de
Pierre de Ginestoux, baron des dits lieux et de Malcrargues, et
de Claude de Mandagot.

(1) Archives nationales. Papiers du contrôle général, liasse G 7·
466. dossier de M. de Grignan au 7 juin 1703.

(2) Œuvres de Mme de Sévigné (éd. Régnier. Tome XI. f°
LIV).

« Monseigneur,

« Ma fillie aynée que vous honoriers de l'honneur de vos-
« tre protextion, vient de mourir qny est pour moy à la'age
« de quatre-vingt trois ans, la plus grande perte que je
« pouvois faire, mestant d'un grand secours par ses soins et
« par la pansion de deux mille liuvres dont Sa Majesté Lho-
« noroit annuellemant sur son Tresor Royal. J'ose vous sup-
« plier Tres humblement monseigneur par l'extreme Besoin
« que Je an ay de me la procurer de Sa Majesté par vostre
« puissant Credit et Je seray toute ma vye avec une respec-
« tueuse recognoissance

       Monseigneur

« Vostre tres humble et tres obeyssante et tres soubmise
« servante.

A Nyons en Dauphiné Ce 8 juin 1703.

Françoise de la Tour-du-Pin Doyriere de la Charce (1).

On éprouve un certain sentiment de tristesse en voyant l'état de gêne où se trouvait cette pauvre douairière de quatre-vingt-trois ans, accablée de chagrin
par la perte de l'unique compagne de sa vieillesse. Il
ne faut pas trop s'étonner cependant de ces mots
de charité, *d'extrême besoin*, qui affligent au pre-

---

(1) Archives nationales. Papiers du contrôle général, comme il
est dit ci-dessus pour la lettre de M. de Grignan. Cette lettre
est du 7 juin et l'on remarquera que le placet qui y est joint est
du 8 — Ce placet n'est pas écrit de la main de la marquise de la
Charce, mais seulement signé d'elle. — La lettre de M. de Grignan est aussi signée seulement par lui. Nous l'avons reproduite
avec son orthographè, comme le placet.

mier abord. Les plaintes de M. et de Mme de Grignan pour ce qui les concernait personnellement, n'étaient certes pas moins vives. Ainsi ils avaient reçu à Toulon en 1702, le Roi d'Espagne qui en remerciement ne leur avait rien donné, pas même son portrait. « Les « grâces que Sa Majesté a faites à M. de Grignan, sont « d'une autre nature et d'un plus grand prix, parce « qu'elles sont moins communes ! Il a permis que « M. de Grignan eût l'honneur de le loger et de le dé- « frayer dans son séjour à Marseille. Ce sont des hon- « neurs singuliers qui se mettent parmi les titres des « maisons, et voilà les sortes de grâces qui viennent « jusqu'à nous (1) ! »

Chamillard parvint à faire obtenir du roi Louis XIV à M. de Grignan, une gratification de 12000 livres. Qu'était-ce qu'une pareille somme pour recevoir un Roi petit-fils de France, une Reine, des Princes du sang, une cour tout entière ? et cependant il faut voir en quels termes répondit le Lieutenant-général de Provence, pour juger quel besoin il avait de cette mince indemnité :

Le 8 septembre à Grignan 1703.

« Je suis pénétré, Monsieur, de votre attention obligeante « à m'honorer de votre protection et m'attirer de nouvelles « grâces du Roi. J'ai eu des preuves essentielles de vos bon- « tés en mille occasions, mais je ne puis vous cacher que le « besoin que j'avais de ce nouveau bienfait, rend ma connais-

(1) Lettre de Mme de Grignan (fille de Mme de Sévigné) à Mme de Coulanges : du 5 février 1703.

14

« sance bien vive et la met au plus haut point où elle puisse
« jamais être. Je vous supplie, monsieur, de me regarder
« comme l'homme du monde qui vous est le plus dévoué et le
« plus respectueusement attaché avec tous les sentiments que
« vous méritez. Je n'ose prendre la liberté d'écrire à Sa Ma-
« jesté ; mais permettez-moi d'espérer que vous voudrez
« bien ajouter à toutes les grâces dont vous me comblez, celle
« de faire passer par vous, les marques de ma gratitude aussi
« profonde et aussi respectueuse qu'elle doit être... (1) »

Il est difficile assurément d'exprimer sa reconnaissance avec plus d'humilité, surtout quand on s'adresse
à un ministre qui n'est qu'un parvenu, un ancien
commis de bureau, et qu'on est soi, un des plus grands
et des plus fiers seigneurs de son pays, qu'on est chevalier du Saint-Esprit, gouverneur d'une province
& &...... Enfin soit que la prière de la marquise de la
Charce eût touché à elle seule le cœur du puissant
Chamillard, soit que la recommandation de M. de Grignan lui eût servi utilement en cette occasion, sa demande par lui transmise fut bientôt exaucée. En effet,
avec la lettre de M. de Grignan et le placet de la marquise qui y était annexé, on trouve encore dans les
papiers du contrôle général une copie de l'ordonnance
de pension de Mlle de la Charce.

« Coppie de L'ordonnance que Sa Majesté fait expé-
« dyer annuellement à Mlle de la Charce.

« 2000 livres.

« Garde de mon Trésor Royal M. Jean (ici un nom que
« nous n'avons pu lire) payez comptant à la Demoiselle de la

____

(1) **Fr. Masson.** Le marquis de Grignan. p. 260

« Charce la somme de deux mille livres que je luy ay accor-
« dées pour gratification *en considération des services qu'elle*
« *a randus à ma Province de Dauphiné.* Fait à Versailles ce
« sixiesme Juin mil sept cents deux.

Comptant au Trésor Royal

Louis　　　　　　　　　　　　　Chamillard (1).

La lettre de recommandation adressée par M. de
Grignan à Chamillard, et qui se trouve aux archives
nationales, porte les mentions suivantes : en tête :
M. le Rebours.......... M. de Grignan : « La D⁰. de la
Charce. Sa fille est morte elle avoit une pension de
deux mil livres. Sa mère supplie Sa Majesté de la lui
vouloir accorder ». A un autre endroit, il est écrit :
« Sçavoir qui expédia l'ordonnance et me la rapporter
pour demain mercredy : « A mander à M. de Grignan
et à Mme de la Charce (2). »

Ces divers docements prouvent surabondamment
que la pension dont jouissait notre héroïne, lui avait
été accordée pour ses services, c'est-à-dire pour sa
belle conduite en face de l'ennemi, et non pour son abjuration ou tout autre motif moins glorieux : et que sa

---

(1) Archives nationales. Papiers du contrôle général. — Cette
ordonnance porte un timbre bleu où il est écrit : « Empire Français. Direction générale des archives ».

(2) Ces annotations ne sont pas mentionnées dans la lettre de
M. de Grignan reproduite dans les œuvres de Mme de Sévigné
(éd. Régnier). Chamillard était à la fois contrôleur général et
ministre de la guerre, » chose que l'on n'avait pas encore vue
« dit Dangeau, et accablé de fatigue, malade, il ne cessait de supplier le Roi de le relever d'une partie de ses fonctions — « Il écrivait toujours à mi-marge et le Roi apostillait à côté, de sa main
et lui renvoyait ses lettres ». (Saint-Simon).

mère en jouit après elle et la conserva jusqu'à la fin
de sa vie. C'est ce dont nous tenions à fournir la
preuve aux incrédules qui ont pu élever quelques doutes à cet égard. Nous regrettons seulement de n'avoir
pu arriver à découvrir l'ordonnance primitive de la pension, cette copie n'en étant sans doute qu'un abrégé (1).

L'acte d'inhumation de Mlle de la Charce porte
qu'elle fut ensevelie dans l'église paroissiale de Nyons,
dans la tombe sépulcrale de la chapelle joignant celle
de Saint-Crépin, occupée par les Dames religieuses de
Nyons. Nous rappellerons à ce sujet que les enfants
de César de la Tour, marquis de la Charce, issus de
son second mariage, avaient de tout temps été catholiques fort zélés, et que deux tantes de Philis, l'une
Charlotte de la Tour religieuse à Nyons, l'autre Lucrèce, prieure de Saint-Césaire, y étaient mortes depuis quelques années. Leur nièce dut y être ensevelie
près d'elles, et il est probable que le marquis Louis,
frère de l'héroïne voulut ensuite rendre cette sépulture
plus digne de sa glorieuse mémoire. Car il la fit orner
et embellir, la dota et la plaça sous le vocable de Saint-
Louis et de Saint-Philippe, son propre patron et celui
de sa sœur (2). Louis de la Tour-du-Pin, marquis de

(1) On lit dans une lettre du 28 juin 1702 adressée à la Mise de
la Charce, par M. Martinel, un de ses hommes d'affaires : « Je
vous *renvoie l'extrait* de l'ordonnance que M. Chamillard a envoyée à Mlle de la Charce touchant le paiement de sa pension,
comme prenant beaucoup de part à toute votre illustre famille, à
laquelle je souhaiterais des couronnes »…. (papier communiqué
par M. Morins-Pons à M. Albert du Boys.).

(2) Il donna le nom de Philippe à son fils et celui-ci le donna à
l'aîné des siens, le lieutenant général exécuté révolutionnairement
en 1793.

la Charce habitait en Bourgogne, au château de Fontaine-Française, superbe résidence qui a appartenu à sa postérité jusqu'à nos jours (1). Mais il venait fréquemment dans ses terres du Dauphiné ; il assistait aux funérailles de sa mère en 1709, et était d'ailleurs gouverneur de Nyons. Il y mourut et y fut enseveli le 8 mai 1714 près de sa mère et de son illustre sœur (2).

Le comte René-Scipion, son frère puîné, qui après avoir eu ses terres des Cévennes ruinées par les « phanatiques », était allé s'établir définitivement en Flandre, dans celles de sa femme, y était mort le 20 septembre 1708, à Ypres où il avait été enseveli comme elle le fut aussi, dans le sanctuaire de l'église des Pauvres Claires, où l'on voit encore leur tombeau orné de l'écusson de leurs armes.

Il ne resta donc plus de toute cette famille jadis si nombreuse que Mlle d'Aleyrac. Elle s'appelait Marguerite ; mais soit qu'elle eût pris un second nom lors de sa conversion, soit qu'elle eût adopté un surnom dans les salons littéraires où elle passa une grande

(1) Elle appartient aujourd'hui à M. le comte de Chabrillan ' marié à la princesse Anna de Croy, « et dont la mère était fille du marquis René de la Tour-du-Pin la Charce et de la princesse Honorine de Grimaldi-Monaco.

(2) Actes mortuaires à Nyons — 18 mars 1709. Acte d'inhumation dans la chapelle Saint-Louis et Saint-Philippe, de dame Catherine Françoise de la Tour-du-Pin, marquise douairière de la Charce, âgée d'environ nonante ans — 8 mai 1714. Acte d'inhumation dans la dite chapelle, de Louis de la Tour-du-Pin, marquis de la Charce, âgé d'environ septante ans. (Nᵒ Le testament du marquis Pierre son père du 15 novembre 1654, prouve que Louis n'était pas encore né à cette date. Etant né en 1655, il ne pouvait avoir que 59 ans (environ *soixante*) au moment de sa mort.

partie de sa vie , on trouve plusieurs piéces où elle est
nommée Constance ou Marguerite-Constance. C'é-
tait une femme très pieuse, aimable, spirituelle, fort
goûtée de la Duchesse de Nemours, de Mme Deshouliéres et des beaux-esprits de son temps. Nous savons
qu'elle se piquait d'avoir quelque commerce avec les
Muses, qu'elle ne craignait pas de dédier ses vers au
grand Roi, et il est à croire qu'elle ne manqua pas de
célébrer les hauts-faits de l'héroïne du Dauphiné .
Malheureusement ses poésies sur les exploits de Mlle
de la Charce, ne sont pas parvenues jusqu'à nous. La
comtesse Dash a prétendu, dans son roman soi-disant
historique, que Mlle d'Aleyrac avait laissé des mémoires sur la vie de sa sœur et notamment sur la campagne de 1692. Mais c'est une fable à ajouter à toutes
celles qu'on trouve accumulées dans ce roman ; ces
mémoires n'ont jamais existé que dans l'imagination
de cette dame à laquelle nous avouons que nous avons
bien de la peine à pardonner le travestissement de notre héroïne dont la vie fut si loin de ressembler à celle
qu'elle lui prête. Nous croyons que M. du Boys s'est
défié aussi de l'authenticité de ces mémoires prétendus. Car il cite une lettre de M. d'Antossy interprête
attaché au Cardinal de Fleury, adressée au marquis
de Seytres-Caumont, dans laquelle il lui dit : « Je n'ai
« point encore rien vu des *Mémoires de Mlle de la Char-*
« *ce* dont M. Camusat vous a parlé dans la lettre que je
« vous ai ci-devant envoyée. J'ai autrefois beaucoup
« entendu parler de cette héroïne à Grignan. Elle s'é-
« tait rendue célèbre dans ces contrées surtout par les
« courses qu'elle faisait pendant les troubles de reli-
« gion sur un de ces animaux auxquels Ajax est com-

« paré dans Homère, qui lui acquirent le titre d'Ama-
« zone. J'ai vu aussi au même château de Grignan ,
« une autre Mlle de la Charce, bel esprit qui avait été
« l'amie de Mme Deshoulières et qui y venait renou-
« veler la fureur des bouts-rimés pour lesquels feu
« M. de Grignan ne laissait pas de conserver un reste
« d'affection, par le souvenir de l'hôtel de Rambouil-
« let qu'il avait fréquenté dans sa jeunesse (1) ».

Cette lettre porte la date du 23 février 1731. Or le
premier roman *historique* relatif à Philis, approuvé
par le Roi en 1730 , fut publié à la même date 1731 , et
voici son titre au complet : « Histoire de Mlle de la
« Charce de la maison de la Tour-du-Pin en Dauphiné
« ou *Mémoires* de ce qui s'est passé sous le règne de
« Louis XIV. » Il nous semble donc évident que c'est
de ces Mémoires que M. d'Anfossy entendait parler à
M. de Caumont et nullement de ceux attribués par
Mme Dash à Mlle d'Aleyrac.

Après la mort de la Duchesse de Nemours, son amie,
en 1707, et celle de la marquise de la Charce sa mère,
en 1709, Mlle d'Aleyrac était revenue se fixer à Nyons
et quoique âgée et n'ayant presque plus personne des
siens autour d'elle, elle continuait à y habiter l'hôtel
de sa famille et jouissait de la juste considération due
à son mérite personnel et à la mémoire des parents
qu'elle avait perdus. M. de Grignan resta jusqu'à la fin
de sa vie, l'un de ses amis les plus dévoués. Car c'est

---

(1) Cette lettre communiquée à M. du Boys par M. de Gallier,
semble indiquer que son auteur était peu au courant de ce qui
concernait la famille de la Charce et même le premier mariage
de M. de Grignan avec Mlle d'Angennes de Rambouillet.

en 1714 qu'il mourut et en 1710, âgé de quatre-vingt-
un ans, il lui écrivait encore :

« A Grignan. Le 9 Octobre 1710.

« Mademoiselle,

« J'ai reçu les deux lettres que vous m'avez fait l'hon-
» neur de m'écrire. Je suis accoutumé depuis longtemps à
» mille bontés de votre part ; je ne suis point surpris des
» marques obligeantes qu'il vous a plu de m'en donner. Vous
» connaissez mon attachement à votre personne, à M. votre
» frère et à toute votre famille , rien ne peut être capable de
» m'en éloigner jamais, ni du respect avec lequel je veux
» toujours être, mademoiselle, votre très humble et très
» obéissant serviteur.

Grignan.

« Ma fille de Simiane est très sensible à l'honneur de votre
» souvenir , elle vous fait mille trés humbles compliments ;
» elle va passer demain quelques jours avec M. le marquis de
» la Garde.
» Pardon, mademoiselle, si je n'ai pas l'honneur de vous
» écrire de ma main ; il y a deux ou trois jours que je suis un
» peu incommodé d'une fluxion.

« Suscription : A mademoiselle de la Charce, à Nyons. (1).

Quatre ans après, le marquis de la Charce et le
comte de Grignan descendaient dans la tombe. Que
de morts illustres mademoiselle d'Aleyrac pouvait

(1) Œuvre de M. de Sévigné. (éd. Régnier) T. X. p. 548 — M
A. du Boys a reproduit cette lettre intéressante.

alors compter quand elle se reportait aux beaux jours
de Grignan et de Montmorin ! M. de Grignan d'abord,
madame de Grignan, la vice-reine de Provence, la
marquise de Sévigné, le jeune marquis de Grignan,
l'espoir de sa noble race, la marquise de la Charce,
Philis l'héroïne du Dauphiné et tous ses frères et sœurs!
Tous avaient disparu successivement, comme madame
Deshoulières, comme presque tous les beaux-esprits
d'autrefois, comme les amis illustres, comme le
Grand Roi lui-même, et mademoiselle d'Aleyrac demeurait la dernière de tout un monde qu'elle avait
tant aimé. Elle mourut à Nyons le 29 janvier 1721 et
la tombe sépulcrale des seigneurs de la Charce se re-
ferma pour toujours.

Jacques-Philippe-Auguste de la Tour-du-Pin,
marquis de la Charce, neveu de Philis, fut encore
gouverneur de la ville et citadelle de Nyons et après
sa mort en 1746, le marquis de la Tour-du-Pin, son
fils aîné, le fut à son tour. Il le demeura jusqu'au temps
où s'écroula l'édifice de l'antique monarchie française,
et où lui-même, après s'être illustré dans les guerres
du temps à la tête du régiment de son nom (*le régiment de la Tour-du-Pin*) et avoir pendant de longues
années fait bénir ce nom dans son gouvernement de
Bourgogne, périt sur l'échafaud avec son cousin, le
comte de la Tour-du-Pin-Paulin, ancien ministre de
la guerre, victime, comme lui, de sa fidélité et de son
dévouement à une Reine infortunée (1). Mais la famille

(1) Philippe Antoine Gabriel Victor Charles Marquis de la Tour-
du-Pin la Charce, né en 1723, colonel du Régiment de la Tour-
du-Pin. Lieutenant-général des armées du Roi, Chevalier de Saint-

de la Charce, comme presque toutes les autres branches de la maison de la Tour-du-Pin, avait à peu près abandonné le Dauphiné parce que de grandes et riches alliances avaient apporté à leurs divers membres, des terres considérables dans d'autres provinces et qu'ils préféraient aux rudes et lointaines montagnes de leur patrie, de vastes et magnifiques demeures plus rapprochées de la Cour à laquelle la plupart d'entre eux furent attachés et qui d'ailleurs était devenue le centre de la vie française au xviiie siècle.

Si l'un des résultats les plus clairs de la Révolution a été pour nos contrées, d'en chasser, à jamais peut-être, la famille de leurs anciens bienfaiteurs, du moins leur nom qui avait brillé d'un si vif éclat dans les Baronnies comme partout où ils avaient passé, y a laissé un souvenir impérissable. Mais la mémoire d'aucun d'entre eux n'est demeurée plus populaire que celle de l'héroïne de 1692. Pendant longtemps on a cru embellir cette noble figure en la peignant sous des couleurs imaginaires, en donnant à ses actes, des motifs pure-

Louis, Lieutenant Général et Commandant en chef de la province de Bourgogne, témoin au procès de la Reine, fût guillotiné le 28 Avril 1794, le même jour que son cousin Jean Frédéric de la Tour-du-Pin Gouvernet, Comte de Paulin. Celui-ci, né á Grenoble en 1727, fut Colonel des Grenadiers de France, Lieutenant Général des armées du Roi, chevalier de Saint-Louis, Commandant en chef des provinces d'Aunis, Poitou et Saintonge, Député de la Noblesse de Saintes aux Etats Généraux, Ministre Secrétaire d'État de la guerre jusqu'au 10 Novembre 1790. Témoin au procès de la Reine, il eut le courage de lui témoigner des égards et un respect qui devaient le conduire à l'échafaud, mais aussi honorer à jamais son nom. (Michaud. Biogr. univ. — de Courcelles, dict. des généraux français.)

ment romanesques, en substituant la fantaisie à la réalité. Nous avons cru ne pouvoir au contraire, rendre
hommage à la mémoire de mademoiselle de la Charce,
qu'en essayant de la peindre telle qu'elle était, de
décrire ses hauts-faits le plus exactement possible, et
surtout d'analyser les sentiments pleins d'élévation qui
inspirèrent toute sa vie. Le grand mérite que lui ont
trouvé ses contemporains et que nous lui trouvons
encore, c'est celui de s'être élevée, au lendemain des
persécutions qui avaient fait couver tant de sourdes
haines, au-dessus des rivalités et des rancunes, celui
d'avoir été aussi pieuse, aussi sincère, aussi convaincue après sa conversion, qu'elle avait pu l'être auparavant, celui enfin d'avoir su, elle qui n'était plus
qu'une *renégate* aux yeux des protestants, leur faire
aimer sa religion, respecter sa piété, et garder ainsi
assez d'ascendant sur eux, pour pouvoir les armer avec
autant de confiance que les catholiques, et les rallier
sous son drapeau lorsque l'ennemi les appelait à la
défection au nom de la vengeance et de la liberté. Une
telle influence ne pouvait être le fruit que d'une longue
vie de vertu, de services rendus, de mérite reconnu
par tout le monde. Elle suppose nécessairement une
éducation solide, des qualités charmantes, un esprit
supérieur, une âme admirablement trempée, de même
que les belles actions de 1692 supposent une adresse,
une force, une résolution, une énergie qui ne se ren-
contrent que bien rarement. En un mot nous ne voyons
rien en mademoiselle de la Charce, qui nous rappelle
les héroïnes de théâtre ou de roman; nous voyons en
elle la femme forte de l'Evangile et nous ne pouvons
nous empêcher, en pensant à la devise de ses pères,

d'appliquer à Philis, cette phrase du gouverneur de Die en parlant des nouveaux convertis : « leur zèle me servira de citadelle. » C'est la devise de la Tour-du-Pin : *Turris fortitudo mea*, et l'on peut dire que la *femme forte* dont nous venons d'écrire l'histoire, fut la citadelle de son pays, et le sauva quand il allait être ruiné par l'invasion. Aussi restera-t-elle toujours le symbole, non de la jeune fille inspirée de Dieu comme Jeanne d'Arc, mais de la femme réfléchie et convaincue profondément, de la femme pleine de foi, de dévouement, d'abnégation, qui est capable à l'heure du danger, de ne reculer devant aucun sacrifice et de braver le péril et la mort pour accomplir son devoir et donner l'exemple du patriotisme qui est le plus noble de tous les sentiments, et celui de la charité qui est la plus admirable de toutes les vertus.

La chapelle de Saint-Louis et Saint-Philippe aux vitraux de laquelle étaient peintes les armes des marquis de la Charce (1), garda précieusement les restes de Philis et de ses parents. Mais la ville de Nyons se devait à elle-même, de payer enfin un tribut d'hon-

(1) écarteté au 1 de Navarre. 2. de Dauphiné. 3 de Béarn. 4. de Montauban et sur le tout d'azur à la tour d'argent au chef de gueules chargé de trois casques d'or placé de front — couronne du cale, avec l'aigle du Saint-Empire Romain en cimier. Supports deux griffons couronnés à l'antique — manteau mi-partie rouge et bleu, parsemé de tours, de casques et de dauphins — au bas de l'écusson se voit la croix de Saint-Louis; cette chapelle fut en effet restaurée, dotée et ornée par le marquis Louis, frère de Philis, lequel fut créé chevalier de cet ordre (1704) — Ce vitrail a été remis lors des réparations de cette sépulture, à la famille de la Tour-du-Pin la Charce par M. le curé de Nyons et le Conseil de fabrique.

neur et de reconnaissance à la femme intrépide qui
l'avait préservée des horreurs de l'invasion. Un nouveau
mausolée fut érigé à sa mémoire dans l'église paroissiale où depuis lors, un service anniversaire est célébré
tous les ans, le 4 Juin, en présence de toutes les personnes pieuses et pour lesquelles les glorieux souvenirs de mademoiselle de la Charce sont restés pour ainsi
dire l'objet d'un culte spécial. Nous les en remercions
au nom de nos populations des Baronnies; car si Nyons
a vu mourir l'héroïne de 1692, Montmorin revendique
l'honneur de lui avoir donné le jour et est justement
fier d'avoir produit celle qui fut la libératrice de notre
pays et l'une des gloires du siècle de Louis le Grand.

Le monument érigé à Philis était en partie l'œuvre
de sa famille; mais la ville de Nyons voulut y contribuer largement et acquitter ainsi la dette de nos contrées envers celle qui les avait à la fois illustrées et sau-
vées. C'est le 19 février 1857 qu'eut lieu la translation
solonnelle dans ce monument, des dépouilles mortelles
de Philis de la Tour-du-Pin, en présence des autorités
et des personnes notables de la ville, qui la reconnurent
à cause de ce qui restait encore de ses vêtements avec
lesquels elle avait été ensevelie. La veille, toutes les
cloches avaient annoncé la cérémonie. Une foule immense, mêlée de catholiques, de protestants et de Juifs
envahit l'église ; le premier adjoint au maire de la ville,
le président du tribunal civil, le procureur-impérial,
le juge d'instruction, le lieutenant de gendarmerie, les
membres de la fabrique assistèrent avec M. le Curé de
Nyons, à la reconnaissance des précieuses dépouilles.
Le cercueil qui les réunit, fut porté ensuite au milieu
de l'église sur un catafalque entouré d'un grand nom-

bre de flambeaux. L'absoute solennelle fut chantée pas
M. le Curé archiprêtre de la ville assisté de ses vicaires et de tous les Pénitents portant des torches, puis
le cercueil fut porté processionnellement au tombeau
destiné à le recevoir et fut déposé dans le monument
funèbre (1). « L'empressement extraordinnaire, le re-
cueillement profond de la population de Nyons dans
cette circonstance mémorable, furent un touchant hommage rendu à cette illustre mémoire ; après que les
cérémonies furent terminées, chacun se retirant comme
à regret, se félicita d'avoir accompli un devoir, et se
dit qu'un pays ne peut mieux s'honorer qu'en conservant le culte de ses anciens souvenirs. »

Nous donnons ici le procès-verbal de la translation
dressé à la suite de cette imposante cérémonie.

PROCÈS VERBAL

DE LA TRANSLATION DES RESTES MORTELS DE Mlle DE LA CHARCE.

L'an mil huit cent cinquante-sept et le dix-neuf
février, conformément à l'arrêté du conseil de fabrique de Nyons, en date du quinze du courant, les sous-
signés membres du bureau de ladite fabrique, en présence de messieurs Auzias premier adjoint à la mairie,
Laurans, président du tribunal, Guérin procureur im-
périal, Boveron, juge d'instruction, Lochon, lieuteuant
de gendarmerie, Combal, commissaire de police, Bouchet, avoué, et d'une foule immense accourue au son
des cloches mises à la volée, s'étant transportés vers

(1) l'Union, du 10 Mai 1857 — M. Albert du Boys. Philis de la
(Charce — M. l'abbé Vincent. histoire de Nyons.

les huit heures du soir, dans la chapelle où reposaient
les cendres de Philis de la Tour-du-Pin de la Charce,
avec celles de sa famille, ont fait ouvrir le tombeau qui
les contenait et les ont fait soigneusement recueillir et
placer dans un cercueil en zinc.

Après l'absoute solennelle qu'a faite M. le curé, assisté de ses vicaires et de la Confrérie des Pénitents,
ils les ont déposées dans la chapelle des fonts baptis-
maux sous le monument élevé à la mémoire de l'illustre héroïne qui sut si bien mériter de sa patrie par sa
bravoure et la victoire qu'elle remporta sur le Duc de
Savoie en 1692 (1).

En foi de quoi ils ont signé le présent procès-verbal
conjointement avec les témoins ci-dessus désignés :
Signé : Francon, curé. Ambert. Brochier. Serres.
    Colombet. Jules Auzias. Laurans. Guérin. Bo-
    veron. Lochon. Combal. Bouchet.

Sur les côtés du monument funèbre qui est appuyé
contre la muraille dans la chapelle des fonts baptis-
maux, on lit les inscriptions suivantes.

1. Ici repose dans le tombeau de sa famille, Philis
de la Tour-du-Pin de la Charce, célèbre par sa valeur
durant la guerre de 1692, contre le Duc de Savoie.
Elle mourut à Nyons dans le sein de l'Eglise le 4 Juin
1703. A sa mémoire, la ville de Nyons et sa propre
famille. Requiescat in pace.

(1) Voici encore « une certaine exagération dans le récit des
exploits militaires de Philis de la Charce ». Il faut cependant que
M. Champollion en prenne son parti ; il aurait beau laisser à tous
les habitants de Nyons, « l'obligation de se mettre d'accord avec
les actes officiels » qu'il a trouvés, il ne parviendra jamais à dé-
raciner une croyance deux fois séculaire ni à transformer en simple légende, la glorieuse histoire de l'héroïne de 1692.

2. Le Roi Louis XIV lui accorda une pension militaire comme à un brave officier et voulut que son écusson, son portrait et ses armes fussent déposés au Trésor de Saint-Denis.

3. L'Empereur Napoléon III a fait placer son portrait au Musée de Versailles dans la salle des guerriers célèbres, l'an 1856.

Il est fait allusion ici à un beau portrait de Mlle de la Charce, exécuté par le peintre Legrip suivant les ordres de l'Empereur Napoléon III, et placé au musée national de Versailles. Elle y est représentée à pied et le tableau rappelle dans son ensemble, le portrait gravé de la Bibliothèque. Il existe aussi un portrait de Philis, en buste, attribué au pinceau célèbre de Mignard, et qui est précieusement conservé au château de Fontaine-Française (Côte-d'Or).

Nous donnons en tête de cette histoire, le portrait en pied de Philis de la Tour-du-Pin la Charce, gravure qui nous a été offerte par les descendants de son illustre famille avec une gracieuseté dont nous ne saurions assez leur exprimer notre reconnaissance. Ils en possèdent l'original, conforme à la gravure de la Bibliothèque nationale, et on en voit la reproduction au musée de Grenoble. Ce portrait fait du vivant de Philis a conservé à la postérité, le souvenir de cette belle et noble physionomie. Puisse ce livre, hommage tardif à la glorieuse mémoire de notre héroïne, contribuer aussi à perpétuer le souvenir de son admirable conduite, de son grand caractère, et à prouver que rien ne s'allie mieux au patriotisme, que la foi et la vertu !

CHAPITRE IV.

MAISON DE RIVIÈRE.

Nous ne remonterons pas la longue série des seigneurs de la Charce jusqu'au temps de le féodalité;
Pithon Curt dans son histoire du Comtat Venaissin, en
a donné la suite depuis Rainaud Fluviano, chevalier,
venu d'Aragon en Provence avec le roi Alphonse Ier
en 1166 et investi par lui, de la seigneurie de la
Charce dépendante du comté de Forcalquier, en récompense de ses éminents services. Il épousa Philis de
Rosans, fille du seigneur de Montmorin, et fut père de
Jacques qui prit le nom de *Rivière* et épousa Cécile
d'Agoult de Sault.

Rainaud II de Rivière, seigneur de la Charce,
Pommerols, Montmorin, châtelain de Serres lors de
transport du Dauphiné en 1343, marié à Bérengère de
Rosans, était frère de Jacques, commandeur de Sainte-
Croix, de Marseille et de Navarre dans l'ordre de
Saint-Antoine, conseiller du Dauphin Humbert II, et

15

aussi d'Augier de Rivière, damoiseau, servant d'armes du roi Jean, qui fut chargé par le prince Charles, son fils, devenu l'héritier d'Humbert II, d'aller après sa mort, tirer du trésor de Grenoble, l'épée et la bannière de Saint-Georges et de les apporter à Sarcelles près de Saint-Denis pour remettre ces précieux insignes de la souveraineté delphinale entre ses mains. (Valbonnais Pithon Curt.)

Hugues de Rivière fils de Rainaud II et seigneur de la Charce, eut de Diane de Flotte, Jacques marié à Béatrix de Mévouillon, père d'Hugues III, et aïeul de Pierre, seigneur de la Charce. Claude fils de ce dernier, ayant été institué héritier universel par Louis du Puget, son oncle maternel, alla fixer sa résidence dans ses terres de Provence, près de Toulon, et vendit tous les biens qu'il possédait en Dauphiné (1514).

Il y a lieu de croire que la seigneurie de la Charce fut achetée alors par Jean de Montauban, qui était d'ailleurs allié à la maison de Rivière, car on l'en trouve possesseur peu d'années après. Du reste pour cette branche de la Charce comme pour celle de Bruis et celle de Sainte-Marie, issues toutes trois de la noble maison de Rivière, comme nous n'avons pas fait de recherches sur leur histoire, nous renvoyons les lecteurs à l'ouvrage du savant Pithon Curt (le nobiliaire du Comtat Vénaissin) qui en a donné une longue et intéressante généalogie.

MAISON DE MONTAUBAN.

I. Jean Artaud de Montauban était issu de l'antique race des Artaud, très puissants aux temps féodaux et que l'on croit issus soit des comtes de Die ou de Forcalquier, soit, des anciens comtes de Forez et de Lyonnais : maison substituée autrefois à celle de Montauban, souveraine dans les baronnies. Il appartenait à la branche des seigneurs de Saint-André-en-Beauchêne dont les aînés devinrent comtes de Sault, et prirent les noms d'Agout, de Vesc, de Montlaur, de Montmaur, de Caromb et de Grimaud. La vaste succession de cette branche passa dans la maison de Créquy.

Jean était seigneur de Valgaudemar, de Serres, coseigneur de Nyons, et il devint seigneur de la Charce, terre qu'il acheta probablement lorsqu'elle fut vendue par Claude de Rivière, en 1514. Une tradition locale veut que Jean ait amené une colonie de protestants à la Charce, et ait fait aussi construire le château. Mais cet édifice fut bâti par René de la Tour, seigneur de Gouvernet, et quant à Jean de Montauban il était mort en 1544, époque où sa veuve Marguerite de Vesc régla ses comptes d'hoirie et tutelle avec ses fils.

Jean eut de son mariage avec Marguerite, fille selon Pithon Curt, de Pierre de Vesc, seigneur de Béconne et de Simonette de Baschi :

1 Reynaud de Montauban, seigneur de Valgaudemar, coseigneur de Nyons, gentilhomme ordinaire de la Chambre et pannetier du roi. Il habitait à Nyons une maison qui a appartenu jusqu'en 1769 aux marquis de la Charce, et possédait de grands biens à Nyons, Visan, Crest, Tulette, Valréas &&, du chef de sa femme Anne de Mateoud, dame de Pierrerue. Il mourut sans enfants et sa veuve institua Jean de la Tour, seigneur de Mirabel (père de la marquise de la Charce) son héritier universel.

2. Antoine qui suit.

3. Louise dont nous ne savons pas l'alliance.

4. Jeanne mariée à Charles de Parpailhe, seigneur de Molans, dont elle eut Julie de Parpailhe, mariée en 1599 à René de Véronc, seigneur de Vinsobres.

5. N... mariée au seigneur de Réynier, dont vint Isabeau mariée à Jean du Pilhon.

6. Françoise mariée à Jean d'Albert, seigneur de Savines.

7. Claire mariée à François de Rivière.

II Antoine Artaud de Montauban, seigneur de la Charce, fut le troisième mari de Marguerite de Plan-chette, fille de François de Planchette, coseigneur de Piégon et de Catherine de Peyre (1). Elle était veuve alors de Louis de Beaufort, noble de la Mure, puis de Richard des Séguins, Seigneur de Piégon. Devenue encore veuve d'Antoine de Montauban, elle se remaria le 13 Février 1563, à Pierre de Marcel, seigneur de Pontaix, dont elle eut Judith mariée en 1582 à Louis d'Agoult, seigneur de Bonneval. Ainsi M. Auzias s'est trompé en disant à propos de M. de Gouvernet « An-« toine de Montauban, seigneur de ce lieu et de la « Charce, capitaine parmi les protestants *depuis leur* « *prise d'armes en 1562,* donna à René, sa fille en ma-« riage. » D'abord Antoine était mort en 1562, ensuite René n'épousa sa fille qu'en 1573.

(1) Pithon Curt. qualifie Catherine de Peyre et Marguerite de Planchette sa fille, *dames de la Charce*. Peut-être y avaient-elles des droits qui auraient été acquis par François de Planchette en 1514. Mais nous pensons que cet auteur a dû confondre la maison de Peyre en Gévaudan et celle de Peyre ou Pierre en Gapençaie. (Pithon Curt. histoire du Contat de Venaissin)·

Antoine n'eut que deux filles :

1. Isabeau qui suit.

2. Lucrèce mariée, croyons-nous, dans la maison de Vérone.

III. Isabeau Artaud de Montauban, dame de la Charce, mariée le Ier janvier 1573 à René de la Tour, seigneur de Gouvernet et du consentement de Pierre de Marcel, son beau-père (acte passé à Piégon en la maison dudit Pierre, devant Jacques Champier, notaire à Visan, habitant à Vinsobres). Elle vivait encore en 1619, lors de la mort de M. de Gouvernet son mari(1).

MAISON DE LA TOUR-DU-PIN

III. René de la Tour, *seigneur de Gouvernet* (et toujours appelé de ce nom), baron d'Aix-en-Diois, de Montauban, Mévouillon, Lachau, Cornillon et Val d'Oulle, seigneur de Nyons, Mirabel, Rémusat, Cornillac, la Charce, Montmorin (2), Establet, Quint, Pontaix, Barsac, Laborel. Châtillon, Valgaudemar, coseigneur de Saint-Sauveur, Verclause, Lens, Sainte-Euphémie, Vercoiran, Molans, etc., etc... naquit au château de Gouvernet en 1543, du mariage de

(1) Pithon Curt et divers auteurs et récemment **M. A. Lacroix** se sont trompés en disant Isabeau fille de François de Montauban comte de Sault, qui était seulement son proche parent.

(2) **M. Auzias** s'est trompé en disant que ce fut Jean de la Tour-Mirabel fils de René, qui devint par mariage, seigneur de Montmorin. Car René en était seigneur dès avant 1589 : et il en rendit hommage en 1614 et 1618.

Guigues IV de la Tour (fils de Pierre de la Tour de
Clelles et de Madeleine de Silve, dame de Gouvernet),
Seigneur de Gouvernet et de Saint-Sauveur, et d'Esprite du Bousquet, zélée calviniste. Il descendait de l'*ancienne et illustre maison de la Tour, surnommée ensuite
la Tour-du-Pin*, dont la branche aînée avait produit les derniers Dauphins de Viennois. Son bisaïeul
Guigues III de la Tour de Clelles, seigneur de Darne,
marié à Anne Alleman, avait eu pour père Guigues II
marié à Antoinette de Theys, pour grand-père Girard
II marié à Catherine de Bucher de Saint-Guillaume et
pour arrière grand-père Girard Ier marié à Aynarde de
Mirabel. C'est ce Girard Ier qui réclama en 1350 et 1351
les sommes dues par le gouvernement delphinal et le
Dauphin lui-même, à Guigues son père et Pierre son
aïeul, châtelains d'Oulx : et ce Pierre de la Tour châtelain delphinal, était frère de Hugues, dit *Turpin*, et
fils puîné de Henry de la Tour, sire de Vinay et coseigneur de la Tour-du-Pin, c'est-à-dire possesseur
de cette Baronnie par moitié et par indivis avec les
Dauphins ses cousins (1).

Gouvernet, célèbre capitaine, se signala pendant les
malheureuses guerres de religion, par des exploits dignes des plus beaux temps de la chevalerie. Il fut
chambellan du roi, son conseiller d'Etat et privé, son
lieutenant-général en Provence et au Comtat Venaissin, capitaine de cent hommes d'armes de ses ordonnances, maréchal de ses camps et armées, sénéchal des Comtés de Valentinois et de Diois, gouver-

(1) Tableaux généalogiques de la maison de la Tour-du-Pin
(1870) et leurs annexes (1881).

neur de Crest, Mévouillon, Die, Nyons, Montélimar ;
il fut créé *marquis de la Charce en 1619* (1) et fut
aussi gratifié par le roi, d'une pension de dix mille
livres. Ami du roi Henry IV, comme le prouvent de
nombreuses lettres que lui écrivit ce monarque, « bras
droit de Lesdiguières, très brave et très vaillant capitaine, » comme l'ont dit Brantôme » *qui l'avait fort
connu,* » de Thou, Videl, Cayet, Guichenon , Daniel et
tant d'autres, il fut, au dire de Guy Allard, créé duc
de Gouvernet et aurait été fait maréchal de France
s'il eût voulu changer de religion comme le fit
Lesdiguières : et Robert de Briançon dit : « on m'a
assuré que lorsque la mort enleva le roi Henry IV, il
devait être maréchal de France et qu'il en avait le
brevet. »

René, mort à Die en août 1619, eut de son mariage

(1) Erection en Marquisat sous le nom *de la Charce*, de la terre
et Seigneurie de la Charce en Provence, enclave du Dauphiné,
et de la Baronnie de Cornillon et d'Establet, une des plus anciennes du pays, en faveur de « notre amé et féal conseiller en no-
« tre Conseil d'État et capitaine de 50 hommes d'armes de nos or-
« donnances, le sieur de Gouvernet, *duquel les services signalés,*
« *qu'il a rendus continuellement au feu Roi notre père et à nous,*
« *et à toutes les occurrences qui se sont présentées, sont si notoires*
« *et recommandables qu'il a grandement mérité de nous et de la*
« *chose publique ; et voulant lui donner et à ses enfants qui sont*
« *près de nous, toute occasion de continuer et par son exemple*
« *exciter tous autres à l'imiter et suivre ses bons déportements* »
Ces lettres patentes données au Plessis-les-Tours en mai 1619,
peu avant la mort de M. de Gouvernet, furent confirmées en faveur de son fils César, par des lettres de surannation du 6 mai
1638, et enregistrées par le Parlement de Provence le 25 mai 1640
— Ledit César, héritier universel de son père, avait rendu hommage pour la terre de la Charce le 3 mars 1636.

avec Isabeau de Montauban, dix-sept enfants parmi lesquels nous citerons les suivants (1) :

1. Lucrèce né à la Charce le 22 décembre 1573, mariée en 1591 à Jean Alleman du Puy, marquis de Montbrun, maréchal de Camp, conseiller d'État et privé, fils du célèbre Montbrun et de Justine Alleman de Tournon.

2. Charles de la Tour, seigneur de Gouvernet, baron d'Aix et d'Auberive, marquis de Sennevières en Quercy, gouverneur de Die, capitaine de cent hommes d'armes, Conseiller d'État et privé, sénéchal de Valentinois et de Diois, mort en 1643 (2).

3. René de la Tour, baron de Chambaud, Lachau, Mévouillon, vicomte de Privas, Mestre de camp, con-

----

(1) De Jacques de la Tour, frère puîné de René, capitaine de 50 hommes d'armes, seigneur de Saint-Sauveur, mariée à Jeanne de Sadde (1583) vinrent : 1 : René marié en 1608 à Gabrielle de Castellane, tige de la branche de *la Tour-du-Pin Verclause* qui existe encore : 2 Annibal tige des Verclause éteints : Henry, seigneur de Tarendol dont la branche finit en Jacques marié en 1703 à Anne-Marthe de Simiane : 3 Alexandre tige des barons de Verfeuil en Languedoc, récemment éteints.

(2) Il fut la tige : 1º des marquis de Gouvernet et de Sennevières barons d'Aix et d'Auberive, seigneurs de Chonas etc.... éteints en 1775 faisant les marquis de la Charce leurs héritiers universels: 2º des comtes de Paulin, qui ont produit Jean-Frédéric comte de la Tour-du-Pin-Paulin, lieutenant-général, ministre de la guerre sous Louis XVI. Son fils ambassadeur en Hollande, au congrès de Vienne, à Bruxelles et à Turin, étant devenu le chef, du nom et des armes de son illustre Maison, fut créé pair de France en 1815 et marquis de la Tour-du-Pin en 1820 par Louis XVIII, « *en considération de l'honneur qu'il avait de lui être allié* » — (allusion aux nombreuses alliances *directes* de la maison de la Tour-du-Pin avec la maison de France).

seiller d'Etat et privé, sénéchal de Valentinois et Diois, député de la noblesse de Languedoc aux Etats Généraux de 1614, tué en Piémont en 1616. Il laissa des filles et un fils mort sans postérité (1).

4. Jean de la Tour, seigneur de Montmorin, Mirabel et Sigottier, gentilhomme ordinaire de la chambre du roi, gouverneur de Nyons, mort en 1625, marié : 1° : en 1610 : à Esprite de Villeneuve, de l'illustre maison de Villeneuve-Trans en Provence, morte sans enfants : 2° en 1615 : à Catherine de Peyre (ou de Pierre) fille de Louis, seigneur de Peyre et de Sigottier et d'Antoinette de Saint-Germain, mariage d'où vint Catherine-Françoise de la Tour-Gouvernet de Mirabel, mariée à Pierre de la Tour, marquis de la Charce.

5. César, marquis de la Charce qui suit.

6. Marguerite née le 19 juin 1584 à la Charce, mariée le 20 août 1599 à Alexandre de Forest de Mirabel, seigneur de Blacons, lieutenant-général de la principauté d'Orange.

7. Hector de la Tour, seigneur de Montauban, Mévouillon, Lachau, Soyans, coseigneur de Saou, gentilhomme ordinaire de la chambre du roi, gouverneur de Mévouillon et de Montélimar, maréchal de camp, mort en 1630, père de 1°. René, marquis de Montauban, lieutenant-général des armées du roi et de la province de Franche-Comté : 2°. Louis, marquis de Soyans. : 3°. Alexandre, marquis de Lachau (2).

(1) M. le baron de Coston en parlant de Paule de Chambaud, vicomtesse de Privas qui se remaria à Claude de Hautefort, vicomte de Cheilane et de Lestrange, gouverneur du Vivarais, décapité en 1632, paraît avoir ignoré que René de la Tour avait été son premier mari (hist. de Montélimart: T. 1.).

(2) La branche issue de Louis a donné René Antoine de la Tour-

8. Scipion, né à la Charce le 19 novembre 1586, mort jeune.

9. François de la Tour, seigneur de la Charce, docteur ès droits, mort jeune.

10. Justine mariée en 1609 à Louis de Marcel de Blain, baron du Poët, capitaine de 50 hommes d'armes, gentilhomme de la Chambre, gouverneur de Saou.

11. Henry, né en 1592, filleul du Roi Henry IV.

12. Alexandre de la Tour, seigneur de Nyons, gouverneur de cette ville, page du Roi Henry IV, gentilhomme ordinaire de la Chambre, conseiller d'Etat et privé, mort vers 1655 sans postérité.

IV — César de la Tour-Gouvernet, marquis de la

du-Pin Montauban, créé marquis de Soyans en 1717 — Armand François, maréchal de camp, mort en 1810 — David Sigismond, grand-croix de Malte, mort en 1807 — René, marquis de la Tour-du-Pin Montauban Soyans, maréchal de camp et pair de France, mort en 1837.

La branche issue d'Alexandre de la Tour Montauban, marquis de Lachau, a produit des officiers généraux, plusieurs grands officiers de la maison royale et trois prélats dont voici les noms :

Louis-Pyrrhus, abbé de Saint-Guillen du Désert et d'Aniane, chanoine comte de Lyon en 1598, vicaire-général d'Apt, conseiller d'Etat, évêque de Toulon (1712) où il se distingua par son zèle et sa charité lors de la peste de 1722 — mort en 1737 — Lucrétius Henry-François, abbé de Saint-Pierre de Vienne, prieur de Goudargues, évêque de Riez en 1752, mort en 1772 — Louis Appolinaire, chanoine de Saint-Pierre de Vienne, abbé d'Hauteseille, évêque de Nancy et Primat de Lorraine en 1778, archevêque d'Auch en 1783, archevêque-évêque de Troies, Châlons et Auxerre en 1802, mort à Troies en 1807 — Cette branche qui possédait en dernier lieu le château d'Allex (racheté plus tard par le marquis de la Tour-du-Pin Montauban, pair de France), s'est éteinte en la personne de ce vénérable prélat, dont l'église de Troies bénit encore la mémoire.

Charce, baron des Plantiers, d'Aleyrac, de Malerargues (en Languedoc), de Cornillon et de la Val d'Oulle,
seigneur du Valgaudemar (dont il porta le nom dans
sa jeunesse), d'Arènes, Rémusat, Cornillac, Establet,
Châteauneuf de Bourdette, Nyons, Mirabel &&...... né
au château de la Charce le 31 mars 1583, page d'Henry IV, député des églises réformées du Languedoc et
leur lieutenant-général sous le duc Henry de Rohan,
gouverneur de Meirueis (en Languedoc), de Nyons,
capitaine de cent hommes d'armes des ordonnances
du Roi, maréchal de ses camps et armées, son conseiller d'Etat et privé, fut l'héritier universel de son
père et fit enregistrer en sa faveur (1640) les lettres patentes du marquisat de la Charce, données à René,
seigneur de Gouvernet en 1619. Il épousa : 1° (1604)
Claude de Ginestoux, fille de Pierre, baron. d'Aleyrac,
des Plantiers et de Malerargues, et de Claude de Mandagot : 2°. Françoise de Soissans (ou Saussans) dame d'Arènes, fille d'Antoine de Soissans et de Lucrèce de Cambis. Cette dame, zélée catholique, décida
son mari à se convertir ; il mourut en son château de
Mirabel, près de Nyons, le 23 mai 1645 et fut enseveli
le 26 dans la chapelle de St-Georges et de Ste-Margue-
rite où son tombeau avec ses armes a existé jusqu'à
notre siècle.

César eut de son premier mariage :

1. Pierre qui suit.

2. René de la Tour, baron de Malerargues, seigneur
de Monts, Euzet, Fontenilles, Meyrières, Saint-Just,
Lavalus, Vacquières, en Languedoc, tige d'une branche qui resta protestante et s'éteignit dans les premières années de notre siècle.

Il eut de son second mariage, dix enfants qui furent tous catholiques, savoir :

3. René de la Tour, seigneur d'Arénes, gouverneur de Nyons en survivance, gouverneur d'Izon, mort de ses blessures avant son père.

4. Hector de la Tour, baron de Cornillon, seigneur de Mirabel, Arènes, Establet, la Bédosse et du prieuré de Saint-May, zélé catholique, exécuteur testamentaire de son père qui le chargea de ses legs et funérailles comme *étant très assuré de sa conscience*. Il testa à Paris le 5 janvier 1663 et voulut y être enseveli en l'église de Saint-Sulpice. De son mariage avec Isabelle de Soissans, sa cousine, il n'eut qu'une fille, Marie de la Tour, mariée en 1674 à Fulcrand de Roquefeuil, vicomte de Gabriac, célèbre capitaine catholique.

5. Isabeau mariée à Claude, marquis de Fosseran et de Guillaumont, gouverneur de Roquemaure.

6. Anne mariée à Jacques d'Hérail, fils de Jean vicomte de Brisis et de Marguerite de Brueys. (Voir Moreri, article du Roure où il parle de Philis de la Charce).

7. Marguerite née en 1625.

8. Françoise mariée à Charles Henry de Rafélis d'Agoult, seigneur de Rougnes, conseiller au parlement de Provence.

9. Elisabeth mariée en 1654 à François de Vincens de Mauléon de Causans, seigneur de Savoilhan et de la Rocheguérin.

10. Justine morte à Nyons en 1713 à l'âge de 88 ans, veuve d'Alexandre de Berger, seigneur de Beauclos, avocat général du Saint-Père au comtat Venaissin.

11. Charlotte, religieuse à Nyons, morte en 1689.

12. Lucrèce, prieure du couvent de Saint-Césaire pendant plus de 57 ans, morte à Nyons en 1699. Elle fut en 1673, marraine avec le cardinal de Bouillon, archevêque de Vienne, de Lucrèce Henriette Maurice, l'une des filles de Mme Deshoulières.

V. Pierre de la Tour-Gouvernet, marquis de la Charce, baron des Plantiers (dont il porta le nom jusqu'à la mort de son père), d'Aleyrac, de Cornillon et de Val d'Oulle, seigneur de Cornillac, Establet, Montmorin, Mirabel, Vinsobres, Rémusat, Châteauneuf de Bourdette &............ né au château de la Charce en 1607, mestre de camp dès 1622 sous le duc de Rohan, maréchal des camps et armées du Roi, député de la noblesse du Gapençais aux Etats du Dauphiné et de ceux-ci à la Cour, (1648), se signala au siège de la Rochelle, au pas de Suse, à Pignerol, en Lorraine, au siège de Turin, en Roussillon et mourut encore protestant à Nyons, dans l'Hôtel de sa famille, le 22 août 1675. Il avait fait son testament en 1644.

Pierre avait épousé en 1634, sa cousine germaine, Catherine Françoise de la Tour-Gouvernet, dame de Montmorin, Mirabel et Sigottier, laquelle née vers 1620, abjura entre les mains de l'évêque de Gap le 11 février 1686, mourut à Nyons âgée d'environ 90 ans et y fut ensevelie dans l'église paroissiale le 18 mars 1709.

De ce mariage vinrent :

1. César né à Nyons le 31 août 1636, mort au berceau.

2. Françoise née à Montmorin le 6 octobre 1639, mariée le 28 décembre 1652 à François de Pontis, seigneur d'Urtis, Curban et Saint-Pons, gouverneur de

Seyne ; elle se distingua par son courage et sa présence d'esprit dans l'invasion de 1692. Elle eut quatre enfants et mourut après Philis sa sœur, comme le prouvent plusieurs lettres d'elle de 1704 et 1705.

3. René, né à Montmorin le 21 octobre 1641, filleul du conseiller de Moret de Bourchenu, cousin-germain de la marquise de la Charce, mourut enfant.

4. Achille de la Tour, appelé *le comte de la Charce*, né à Montmorin le 1er avril 1643, capitaine au régiment de Sault, tué en 1672 au siège du fort d'Alméïden, en Hollande « après avoir fait des prodiges de valeur » dit Guy Allard : et Robert de Briançon dit de même : « après avoir donné des preuves d'une valeur extraordinaire (1) ». Achille n'était pas marié.

5. Philippe, dite Philis, appelée *Mlle de la Charce*, née à Montmorin le 5 janvier 1645, filleule du conseiller de Saint-Germain et de dame Philippe de Peyre, « conseillère de Moret » sa grand'tante (2). C'est la femme admirable à l'histoire de laquelle ce livre est consacré.

6. Marie, appelée *Mlle des Piantiers*, née à Mont-

______

(1) Robert de Briançon (nob. de Provence, 1693).

(2) Philippe de Peyre dont la sœur Catherine était mère de la marquise de la Charce, avait épousé Enémond Moret, conseiller au Parlement de Grenoble ; leur fils parrain de René de la Tour l'un des fils du marquis de la Charce, fut aussi conseiller au Parlement : il fut père de Jean-Pierre Moret de Bourchenu, marquis de Valbonnais, premier président de la chambre des Comptes en 1690, mort en 1730. Ainsi le célèbre historien de notre pays était le *neveu à la mode de Bretagne* de la marquise de la Charce, par conséquent le cousin issu de germain de Philis de la Tour-du-Pin, notre héroïne, filleule de Philippe de Peyre, « conseillère de Moret, » grand'mère de l'illustre président.

morin le 3 juillet 1646, fut mariée à Louis marquis de Bains, selon des notes manuscrites de Guy Allard. Elle mourut avant 1692. D'après d'autres documents, elle aurait épousé un sieur de Barres, nous n'avons pu préciser ce nom.

7. Charles, né à Montmorin le 27 septembre 1647, mort jeune.

8. Pierre de la Tour, appelé *le marquis des Plantiers*, né à Montmorin le 25 juillet 1648, capitaine, comme son frère Achille, fut grièvement blessé en Catalogne et mourut en janvier 1677.

9. Alexandrine, appelée *Mlle de Montmorin* morte en 1662.

10. Marguerite, appelée *Mlle d'Aleyrac*, née à Montmorin le 20 novembre 1654, morte à Nyons dans l'Hôtel de sa famille, le 29 janvier 1721, se distingua par ses vertus, son esprit et son mérite et se montra la digne émule de Philis sa sœur dans plusieurs circonstances remarquables.

11. Louis, né en 1655 qui suit.

12. Suzanne, née à Montmorin le 26 juin 1656, morte avant 1670, non mariée.

13. René-Scipion de la Tour-du-Pin (ainsi nommé dans son contrat de mariage et dans l'armorial général de d'Hozier), comte de la Charce, vicomte d'Aleyrac, baron des Plantiers, seigneur de Mirabel, né à Montmorin le 18 août 1658, eut pour parrain René de la Tour, marquis de Montauban, depuis lieutenant-général des armées du Roi, et pour marraine, Mme la Présidente de Bursin. Il fut présenté au baptême par le comte Achille de la Charce, son frère aîné, et par sa sœur Philis, et baptisé à Montmorin par M. de la

Planche, ministre de la Charce. Etant capitatne de cavalerie et se trouvant à la Cour, il abjura à Saint-Germain—en-Laye, dès l'année 1679, entre les mains du célèbre Bossuet, évêque de Meaux, comme il résulte d'un certificat à lui délivré en 1704 par Fléchier, évêque de Nîmes. Il épousa à Ypres en Flandre, le 3 novembre 1690, dans la cathédrale de cette ville, Jeanne Isabelle de la Croix, veuve de Jean de Murat, intendant des armées du Roi à Pignerol et Casale, fille de Jean-Nicolas, marquis de la Croix et d'Hélène Isabelle de Wynckelmann de Walhone. Il s'établit en Flandre après que ses terres du Languedoc eurent été ruinées par les religionnaires des Cévennes, y mourut le 20 septembre 1708 et fut enseveli ainsi que sa femme, dans le sanctuaire de l'église des Pauvres Claires où se voit encore leur tombeau avec leurs armes (1).

La branche issue de René-Scipion, comte de Charce alliée aux maisons de Chambly, de Bérulle, de

(1) M. A. Lacroix (Bulletin de la Drôme. Arr. de Nyons) a dit que René-Scipion *émigra* en Flandre, ce qui donnerait à penser qu'il y passa pour cause de religion. Les tableaux généalogiques de Moulinet publiés en 1870, avaient en effet employé cette **expression** fautive, qui a été corrigée dans l'erratum placé en tête des Annexes publiées en 1881. — Mais nous sommes étonnés que M. Lacroix ait dit : « nous ne l'avons jamais rencontré dans nos recherches », puisqu'il cite lui-même les Tableaux de famille, où l'on trouve mentionnés René-Scipion et tous ses descendants. La généalogie de cette branche avait d'ailleurs été imprimée en 1764, en continuation de la *généalogie de la maison de la Tour-du-Pin par Guy Allard*, pour les preuves de l'abbé de la Tour-du-Pin la Charce, chanoine de Tournay, petit-fils de René-Scipion de la Tour-du-Pin. (Pour l'état présent de cette branche, voir l'Annuaire de la noblesse, de M. Borel d'Hauterive — et l'almanach de Gotha).

Sesmaisons, du Bosc de Radepont, de Harcourt, de
Clermont Tonnerre &......... subsiste encore, et son
chef, le comte Humbert de la Tour-du-Pin-Chambly
a repris le titre de marquis de la Charce, à l'extinction
de la branche aînée, conformément aux lettres patentes de 1619 créant le marquisat de la Charce en faveur
de tous les hoirs mâles par ordre de primogéniture.

VI. Louis de la Tour-du-Pin (appellation qu'il prit
en son contrat de mariage et en faisant enregistrer son
nom et ses armes par d'Hozier — voir l'armorial général), marquis de la Charce, prince souverain de
Chaumes (en Bourgogne), comte de Montmorin et de
Fontaine-Française, vicomte de la Val d'Oulle, baron
de Cornillon, seigneur de Cornillac, Rémusat, Establet, Châteauneuf de Bourdette, né en 1655, après le
testament de son père, et d'abord appelé *M. de Montmorin*, eut pour parrain, Louis de Sévérac, duc d'Arpajon, gouverneur du Languedoc, et pour marraine,
Catherine Henriette de Harcourt-Beuvron, duchesse
d'Arpajon, dame d'honneur de la Dauphine. Il fut colonel de cavalerie, chevalier de Saint-Louis en 1704,
gouverneur de Nyons, premier gentilhomme de la
chambre du prince de Condé et membre de la chambre de la noblesse aux Etats-Généraux de Bourgogne.
Le marquis de la Charce s'était établi dans cette province, par suite de son mariage (contrat du 17 mai
1684) avec Claude de Mazel, fille de Jacques de Mazel,
colonel de cavalerie et de Catherine Arnauld, héritière
universelle d'Antoine Arnauld, seigneur de Fontaine-
Française, de la célèbre famille des Arnauld d'Andilly
et de Pomponne. Ayant abjuré en 1685 ou 1686, il fit
reconstruire et dota la chapelle où son illustre sœur

Philis était ensevelie dans l'église de Nyons, et il la plaça sous le vocable des saints Louis et Philippe. Il mourut à Nyons et fut enseveli près de sa sœur et de sa mère, le 8 mai 1714.

Il avait eu deux fils :

1. Jacques-Philippe Auguste, qui suit.

2. Jean-François, capitaine de cavalerie et chevalier de Malte.

VII. Jacques-Philippe Auguste de la Tour-du-Pin, marquis de la Charce, prince souverain de Chaumes, comte de Montmorin et de Fontaine-Française, vicomte de la Val d'Oulle, baron de Cornillon, de Fouvent, de la Ferté, seigneur de Rémusat, Cornillac, Establet etc...... né en 1685 et baptisé dans l'église réformée d'Is-sur-Tille, fut colonel de dragons au service de Philippe V, roi d'Espagne, mestre de camp du régiment d'Orléans, chevalier de Saint-Louis, gouverneur de Nyons, membre des Etats de Bourgogne, et mourut en 1746, ayant eu de son mariage (1721) avec Antoinette-Gabrielle de Choiseul, fille de Victor Amédée, marquis de Choiseul-Lanques, baron de Fouvent et de la Ferté :

1. Philippe-Antoine-Gabriel-Victor-Charles qui suit.

2. Louis-Henry-Jean-Thomas, appelé *le vicomte de la Tour-du-Pin*, (1726-1804) maréchal de camp, chevalier de Saint-Louis, chambellan, premier veneur et gentilhomme de la chambre du duc d'Orléans.

3. Jean-Frédéric, appelé *le vicomte de la Charce* (1734-1816) chevalier de Malte, enseigne au régiment de la Tour-du-Pin dont il portait le drapeau à la bataille de Laufeldt, colonel des régiments de Nice et de Beauce, maréchal de camp en 1780, puis lieutenant-

général et commandeur de Saint-Louis : fut l'aïeul de
Guy Frédéric Louis, marquis de la Tour-du-Pin la
Charce, pair de France, mort sans postérité en 1867.

4. Charles-René (1738-1758), mort au séminaire de
Saint-Sulpice, à Paris.

5. Anne-Madeleine-Louise-Charlotte-Auguste (1730
1820), mariée en 1748 à François David Bollioud de
Saint-Julien, seigneur du Bourg-Argental, receveur
général du clergé. Elle était fort liée avec Voltaire qui
lui dédia plusieurs lettres et poésies (voir les œuvres
de Voltaire).

VIII. Philippe-Antoine-Gabriel-Victor-Charles de
la Tour-du-Pin, marquis de la Charce et de Méréville,
comte de Montmorin, vicomte de la Val d'Oulle, baron de Cornillon, Fouvent, la Ferté, seigneur de Cornillac, Rémusat, Establet etc. etc.... appelé *le marquis de la Tour-du-Pin*, né en 1723, gouverneur de
Nyons dès l'année 1746, colonel d'un régiment de son
nom (*le régiment de la Tour-du-Pin*) en 1746, chevalier de Saint-Louis (1747) gouverneur du Maine, du
Perche et du pays de Laval (1749), maréchal de camp
(1761), commandant en chef de Bourgogne, lieutenant
général des armées du roi en 1780, témoin au procès
de la reine Marie-Antoinette, exécuté révolutionnairement le 28 avril 1794. Il avait été légataire universel
du dernier marquis de Gouvernet en 1775 et suivant
ses intentions, il avait pris le titre de *marquis de Gouvernet* avec la permission spéciale du roi (16 juin 1775),
en faisant prendre au marquis de la Charce, son fils,
le titre de *marquis de la Tour-du-Pin* que lui-même
avait porté jusque-là (1).

(1) Dict. des généraux français — M. de Courcelles y relève

Ce seigneur qui joignait à l'extérieur le plus noble,
un esprit droit et éclairé, une âme loyale, un caractère
plein de fermeté et de bienveillance, ce vaillant et habile général qui avait servi pendant plus de cinquante
ans avec honneur, et s'était distingué dans nombre
de batailles et de sièges célèbres, fut le dernier des
gouverneurs de Nyons , le dernier aussi des marquis
de la Charce qui aient habité le Dauphiné. Aussi ar-
rêterons-nous ici cette généalogie, nous bornant à
nommer son fils marié à Mlle de Béthune-Pologne et
son petit-fils marié à la princesse de Monaco (1) mariage d'où vinrent deux enfants, Joséphine-Philis-
Charlotte, mariée au comte Jules de Moreton de Chabrillan, et le marquis Louis-Gabriel Aynard, colonel
d'état-major, blessé mortellement à la prise de Sébas-
topol (1855), après avoir fait l'admiration de ses contemporains par son intrépidité qui semblait digne des
temps chevaleresques (2) ; c'est ainsi que les descendants des anciens seigneurs de la Charce, après avoir
été dépossédés des biens qui les attachaient à leur pa-

avec raison l'erreur de plusieurs historiens et biographes qui
trompés par le titre de *marquis de Gouvernet*, ont cru ce personnage frère aîné de Jean-Frédéric de la Tour-du-Pin Gouvernet, comte de Paulin, aussi lieutenant-général, commandant en
chef d'Aunis, Poitou et Saintonge, ministre de la guerre, témoin
au procès de la Reine et mort sur l'échafaud le 28 avril 1794, de
même que son parent.

(1) Voir l'oraison funèbre de cette princesse — à la fin du volume.

(2) Nous ne parlons pas ici des talents et des brillantes qualités militaires du colonel de la Tour-du-Pin la Charce, préférant
renvoyer nos lecteurs à l'oraison funèbre de la marquise sa mère.
(Voir la note H, à la fin de ce livre).

trie, ont continué jusqu'à nos jours de rendre glorieux
et respecté, ce nom de la Charce qui en dépit de l'héroïsme de Philis de la Tour-du-Pin, serait sans eux,
tombé maintenant dans l'oubli. Oui, que les habitants
de nos humbles villages, de nos montagnes lointaines
sachent bien que cette noble race , qui fut la gloire et
le salut de notre vallée il y a deux siècles , est encore
son honneur, aujourd'hui qu'elle n'a plus rien de
commun avec elle que le nom et les souvenirs ! Qu'ils
connaissent ces nobles exemples plus nécessaires que
jamais à rappeler « dans notre siècle, si tristement
marqué par l'abaissement des caractères et trop souvent par celui de la dignité morale de l'homme (1) ! »
Car ainsi que l'a dit M. Guizot (2) : « les forces mora-
les sont non pas les seules , mais les plus puissantes
entre celles qui décident du sort des peuples. »

(1) Le chanoine Jacquemet, professeur à la Sorbonne — L'é-
glise Saint-Denis.
(2) Guizot. L'hist. de France racontée à mes petits enfants.
II. 356.

CHAPITRE I.

Note A.

Chorier dans son histoire du Dauphiné (II. 241) dit que les branches de la maison de la Tour, établies dans le pays de Trièves dès le xiiieme siècle, ont donné naissance à celles de Gouvernet, de la Charce et de Montauban. Première erreur, puisque les la Tour de Gouvernet, de Montroman et de Clelles sont venus des la Tour de Vinay (voir au chapitre II). Il cite des gentilshommes des plus considérables du Trièves, entre autres deux du nom de la Tour, concluant un traité avec Henry (de la Tour) Dauphin, Évêque de Metz, Régent du Dauphiné, en l'an 1331; deuxième erreur, puisqu'Henry mourut en 1328, et en effet ce traité, parchemin original, existe encore et est de 1321, ce que nous nous permettons de signaler à Mr. Rochas qui aurait mieux fait de ne pas s'appuyer sur les témoignages de Chorier sans les avoir contrôlés d'abord. Enfin Chorier prétend que toutes les branches de

cette famille par lui qualifiée d'*illustre* dans son État Politique (supplément), ont primitivement tiré leur nom, et par-
conséquent leur origine, d'un fief ·de cette vallée du Trièves.
C'est sans doute une allusion au fief de la Tour situé à
Varces et dont Guy Allard (Dictionnaire du Dauphiné. II.
731.) parle en ces termes à l'article de Varces: « Il y avait
« dans ce mandement l'an 1339, six maisons ·fortes qui appar-
« tenaient alors à........ et à Jean de la Tour; c'est aujour-
« d'hui le château de Varces qu'on appelle même la Tour. »
Or nous lisons dans Valbonnais (II. 67) que ce fief de la
Tour avait appartenu aux Alleman (voir le testament d'Eudes
Alleman en 1292); c'est ce que nous apprend une reconnaissance de Hugues de Granges de l'an 1248 où il est dit: *Ugo
de Grangiis recognovit se tenere à D. Odone Alamandi,
domino castri de Campis et habere in feudum...... domum
seu Turrim quæ est in castro de Varseâ, quæ pertinebat
quondàm ad dominum Guigonem de Grangiis.* » Il est vrai
que ce fief a appartenu aux la Tour ,mais au xiveme siècle seulement, ne leur étant venu que par le mariage de Pierre de la
Tour Vinay, châtelain delphinal, avec Huguette de Granges,
fille de Pierre de Granges, petite-fille de Hugues et descen-
dante de Guigues de Granges. Cette possession accidentelle
n'a donc aucune importance. Les la Tour n'ont à notre connaissance, possédé aucun autre fief *de leur nom*, dans le
Trièves, et comme Chorier en nommant les contractants de
1321, et leurs pères qui étaient des plus nobles de ce pays
dans ce temps-là, n'a omis que de nous faire connaître leur
origine, nous ne voyons rien qui empêche de supposer qu'ils
remontaient à ce Pierre de la Tour bienfaiteur du monastère
d'Oulx dès 1106, voire même à cet Anselme de la Tour l'un
des principaux seigneurs du Viennois dès 1050, que Chorier
lui-même dit avoir été l'auteur de la maison de la Tour ou la
Tour-du-Pin d'où sont sortis les derniers Dauphins du
Viennois.

————————

CHAPITRE II

Note B

Si nous avons été conduit dans cette étude, à examiner successivement les diverses objections de M. Rochas, nous le prions d'être persuadé que nous n'avons eu aucune intention d'hostilité systématique à son égard, et que nous sommes au contraire rempli de déférence envers un auteur si érudit et si consciencieux. Il nous a paru être celui de tous les critiques modernes qui a le mieux posé la question et indiqué le problème à résoudre, et c'est pour ce motif que nous nous sommes attaché à réfuter son argumentation. Nous n'avons pas cru devoir prendre cette peine pour celle que d'autres ont employée.

Ainsi M. de Rivoire après avoir rappelé la donation faite par un Pierre de la Tour au monastère d'Oulx, en 1106, cite immédiatement après, Pierre de la Tour châtelain d'Oulx en 1343, Guigues, son fils et Girard son petit-fils, châtelains du même lieu après lui. Nous ne voyons pas quels rapports il y a entre une donation à un monastère en 1106 et un gouvernement exercé 250 ans après.

D'un autre côté, M. Auzias nous dit qu'en 1254, une fille du baron de Mévouillon, Philippine, épousa Réné de la Tour, et qu'en 1323 Pierre de la Tour rendit les comptes de la châtellerie de Montauban et il ajoute qu' « on ignore si ces premiers la Tour ont quelque chose de commun avec ceux qui suivent. »

Nous nous bornerons à dire que ce Pierre, châtelain de Montauban en 1322 et d'Oulx en 1343 était fils de Henry de la Tour, Sire de Vinay, et tige de la maison de la Tour-du-Pin, qui existe encore ; et nous ajouterons que nous ne comprenons pas l'intention des auteurs que nous venons de citer, en groupant ainsi comme pour en faire un corps, des faits qui sont sans aucune analogie et sans aucune connexion entre eux. Des charges militaires, des commandements exercés n'ont évidemment aucun rapport avec l'origine d'une famille Ces exemples suffisent et nous avons d'autant moins l'intention de réfuter les auteurs qui se sont occupés de la maison de la Tour-du-Pin, qu'aucun d'eux n'a connu exactement sa filiation ni par conséquent son histoire. Les seuls ouvrages où sa généalogie nous paraisse avoir été indiquée avec exactitude, sont le dictionnaire véridique de Lainé, l'Annuaire de la noblesse de Borel d'Hauterive et quelques autres publications modernes. C'est pourquoi nous avons recouru principalement au travail historique publié récemment par la famille de la Tour-du-Pin, comme complément et démonstration des mémoires faits par Moulinet sous sa propre direction, quelques années avant la Révolution. Comme nous n'avons nullement la prétention d'être généalogiste nous-même, nous en avons adopté les conclusions, laissant à d'autres plus savants que nous ou plus difficiles, le plaisir de le critiquer si les questions qui y sont traitées si clairement, nous semble-t-il, et avec tant d'autorité, ne leur paraissaient pas encore suffisamment élucidées.

D'ailleurs les témoignages des historiens ne laissent pas d'être parfois assez suspects, comme on va le voir.

Un écrivain s'étant permis de traiter Chorier « d'assez piètre écrivain héraldisant du XVIIe siècle, » M. le baron de Coston a pris sa défense en répondant que Chorier et Guy Allard sont les deux historiens qui ont le plus contribué à tirer de l'oubli et à conserver tout ce qui se rattache à l'histoire et à la généalogie des familles du Dauphiné (1). Nous partageons entièrement l'opinion de M. de Coston ; cependant comme il arrive souvent qu'on invoque

(1) De Coston. — Notice relative à la famille Chanel.

l'autorité de Chorier pour mettre en doute l'origine de la
maison de la Tour-du-Pin, nous sommes obligé d'éclairer
les lecteurs sur *l'exactitude* de cet historien. Nous n'insistons pas sur les incroyables contradictions de Chorier qui
dans le 1er volume de son histoire du Dauphiné, affirme que
la Tour-du-Pin et la Tour d'Auvergne sont deux familles
tout à fait différentes et qui dédie son second volume au
cardinal de Bouillon en affirmant d'une manière non moins
absolue, qu'elles sont deux branches venues de la même
tige. Quelle confiance avoir dans un historien qui se donne à
lui-même de pareils démentis ! Aussi Fontanieu intendant du
Dauphiné (dissertation inéd. T. Ier. des preuves de son hist.
manuscrite ; Bibl. Nationale) écrivait-il ''..... Ce sentiment
« n'est pas unique à moi ; je conviens que je l'ai pris dans
« Chorier ; *et quoique je sois plus en garde que personne*
« *contre les opinions de cet écrivain*, j'ai cru cependant
« devoir le suivre sur ce point »..... Voici ce qu'en pense
M. Jules Ollivier, son historien (1) : « Chorier a apporté si
« peu d'ordre et de critique dans la date des événements que
« sa chronologie est inextricable de perturbations et qu'on
« ne peut le consulter qu'avec la plus extrême circonspec-
« tion. Sa négligence était si coupable à cet égard que
« quand les pièces authentiques qu'il avait entre les mains,
« donnaient par l'expression de leurs dates, un démenti
« formel à l'ordre des temps et des événements, tel qu'il
« l'avait formulé, il ne se faisait aucun scrupule de changer
« ou de supprimer les dates de ces mêmes pièces » . (Ad.
« Rochas. Biogr. du De. II. 260 et I. 241.) De même Valbon-
« nais avait écrit : (I. 156) « Les raisons que j'ai eues de me
« défier de la pièce produite par Chorier, roulent en partie
« sur le caractère de l'auteur qui n'était pas homme à se
« faire un grand scrupule d'une supercherie littéraire, sui-
« vant qu'elle pouvait s'accommoder à ses besoins ou à ses

---

(1) J. Ollivier. — Hist. de Chorier, sa vie, ses œuvres.

« idées; il en a laissé plusieurs témoignages dans ses écrits..
« N'excuserez-vous point après cela, Monsieur, la défiance
« où je suis de sa bonne foi ? »

M. Rochas ne s'est pas exprimé d'une manière moins sévère à l'endroit de Chorier, : « il suffit de parcourir l'œuvre
« de Chorier pour être convaincu de la légèreté avec la-
« quelle cet écrivain avait exploré cette partie de notre his-
« toire et y remarquer une foule d'anachronismes, de fables
« puériles, d'erreurs, de faits controuvés ou dénués de preu-
« ves, d'appréciations dépourvues de critique. Ce fut dans
« le but de purger la vérité, des mensonges dont elle avait
« été souillée, que Valbonnais entreprit ses recherches »...

Nous n'ajoutons rien à ces critiques qui suffisent à expliquer le peu de confiance que l'on doit avoir dans les assertions de Chorier, ce qui m'empêche pas qu'il n'ait rendu un
très grand service en débrouillant, un des premiers, l'inextricable écheveau de nos familles dauphinoises. Guy Allard
est dans le même cas, très inexact aussi, et digne cependant de la gratitude publique à cause de l'immense quantité
de ses travaux et essais. Il suffit comme preuve de sa légèreté, de citer un fait. Dans sa généalogie de la maison de la
Tour-du-Pin, il dit que la femme d'Albert Ie de la Tour (père
d'Albert II seigneur de la Tour-du-Pin et de Berlion seigneur de Vinay) était Alix de Savoie. En effet elle s'appelait
Alix et il est possible qu'elle fût de la maison de Savoie, bien
que nous la croyions plutôt de la maison de Beaujeu. Mais il
en donne comme preuve son testament de 1173 où elle nomme
les comtes Thomas et Amédée ses frères. Or on peut voir dans
Valbonnais le texte de ce testament qui est d'Alix femme d'Albert IV de la Tour de l'année 1273, et où elle nomme les
comtes Thomas et Amédée de Savoie, fils de sa cousine la
comtesse du Bourget.

M. Rochas, M. de Coston et beaucoup d'autres paraissent
se méfier grandement de la véracité du généalogiste Moulinet, à qui on reprochera toujours, il est vrai, et avec raison,

les généalogies des Chanel et des Terrrail.... c'est pourquoi nous avons fait observer que s'il avait rédigé des mémoires pour Messieurs de la Tour-du-Pin, avant la Révolution,
c'était sous leur direction et d'après leurs propres titres, et
que s'il avait été choisi par eux pour les aider dans leur travail, c'était parce qu'il avait la réputation d'un feudiste très
habile, comme M. Giraud l'a constaté dans son histoire de
Romans.

Mais quels sont les généalogistes qui ont échappé à la critique, et à certains reproches d'inexactitude ou de complaisance intéressée ? Ils sont bien rares ! L'intendant Fontanieu
parlait avec beaucoup de dédain, des opinions de Chorier :
et voici ce que dit de lui à son tour, M. Jules Ollivier (Essais hist. sur Valence). « Vainement chercherait-on quelques
« détails historiques sur Valence, dans les volumineux mé
« moires manuscrits des Intendants du Dauphiné; ceux de l'In
« tendant Fontanieu rédigés avec incurie et peu d'amour de
« la vérité, dénués de critique, de science, du plus léger in
« térêt, étonnent par l'effrayante quantité d'in-folios dont ils
« se composent ; des secrétaires gagés ont sans doute su gré
« à Fontanieu, de son indigeste compilation ; eux seuls en
« ont fait tous les frais d'invention. De lui et de tant d'autres,
« Boulainvilliers a dit : « La lecture des mémoires que les
« Intendants ont fournis à notre Prince, fait connaître que
« malheureusement pour la France il n'y en avait aucun qui
« ne soit réellement compris dans l'un de ces trois carac
« tères : incapacité, inapplication, et prévention. »

Voilà des appréciations qu'on trouvera peut-être un peu
sévères ; mais elle ne sont pas de nous, et nous ne les avons
rapportées ici que pour faire comprendre au public les raisons
que nous avons eues de ne consulter les anciens auteurs
qu'avec une certaine prévention et de nous en tenir aux
tableaux généalogiques et aux annexes de ces tableaux, que
la famille de la Tour-du-Pin *elle-même* a publiés moins
encore, comme elle le dit, dans le but d'éclairer le public que

dans celui de remédier autant que possible, à la destruction
éventuelle des anciens titres.

CHAPITRE III

Note C.

Nous plaçons ici le résumé de deux titres que nous citons
dans ce chapitre et qui prouvent : 1° que le marquis de la
Charce père de Philis est mort protestant : 2° que la marquise
sa mère a abjuré en 1686.

Le premier est intitulé : « Mémoire qui peut servir dans la
discussion de Monsieur le Marquis de la Charce. » On y lit ce
qui suit : « Copie du certificat du mortuaire du sieur de la Colombine : je soussigné ministre de ceux de la R. P. R. de
Nions, certifye à tous qu'il appartendra que le 22 Aoust 1675
haut et puyssant Seigneur messire Pierre de la Tour, marquis
de la Charse est décédé audit Nions âgé d'environ 69 ans et
qu'il a esté enterré le lendemain dans le cymetière de ceux de
ladite religion lequel certificat j'ay faict à la réquisition de
haute et puissante dame Françoyse de la Tour sa vefve pour
lui servir et valoir en ce que de raison. Faict audit Nions ce
3eme Janvier 1679 — La Colombine. »

Le second est une remontrance du 16 Mai 1686 pour la
marquise de la Charce contre noble Jean Etienne d'Autane,
Seigneur de Sainte-Marie et de Bésignan, pour jouir du privilège royal de surséance aux nouveaux convertis. On y voit
qu'elle s'est convertie à la foi Catholique Apostolique Ro-
maine entre les mains de Monsieur l'Évêque de Gap, le 11
Février 1686, suivant certificat dont copie sera donnée à l'intimation du présent acte. Intimation faite par Morgan, notaire royal de la Baronnie de Saint-André et Saint-Julien en
Beauchesne, le 21 mai 1686 au requis de la marquise de la

Charce, au dit seigneur d'Autane lequel a requis copie de la susdite abjuration à lui remise en présence des sieurs **Jean Aubericq** et **Thomas Galliard**, du lieu de Montmorin et ont signé.... Contrôlé à Valdrôme le 24 mai 1686, f° 26, n° 1018, signé : Joulyagon, pour le commissaire. »

Note. D

Le Comte de Grignan

François de Castellane-Adhémar de Monteil d'Ornano, comte de Grignan, marquis d'Entrecasteaux, colonel du régiment de Champagne en 1654, capitaine lieutenant des Chevau-légers de la Reine en 1656, lieutenant-général au gouvernement du Languedoc et ensuite lieutenant-général et commandant de la Provence, sous le Duc de Vendôme (1670-1700), gouverneur d'Avignon et du Comtat Venaissin en 1688, Chevalier du Saint-Esprit le 2 Décembre de la même année, mort le 30 Décembre 1714, à 85 ans.

Il avait épousé : 1° : (1658) Angélique-Claire d'Angennes de Rambouillet dont il eut une fille non mariée et une autre mariée à Henry Éléonor Hurault, marquis de Vibraye, lieutenant-général. 2° : (1666) Marie Angélique du Puy du Fou, dont il eut un fils mort en bas âge : 3° : (1669) : Françoise Marguerite, fille d'Henry, marquis de Sévigné et de Marie de Rabutin-Chantal (la célèbre *Madame de Sévigné*) dont il eut un fils nommé le marquis de Grignan, une fille appelée Blanche et une autre, Pauline, qui épousa Louis de Simiane, marquis d'Esparon, lieutenant-général au gouvernement de Provence.

Louis-Provence, marquis de Grignan , mourut sans postérité, Brigadier des armées du Roi, en 1704. Il avait été appelé en Dauphiné par Catinat, pendant la campagne, de 1692 avec le régiment de Grignan qu'il commandait et au mois d'Octobre, il était allé servir en Alsace. Durant la campagne de 1692, son régiment avait été placé sous les ordres du marquis de Vins et employé à couvrir les approches de Grenoble.

(Pithon Curt. Nob. du Comtat Venaissin. — Fréd. Masson. Hist. du marquis de Grignan.

CHAPITRE IV

Note E. — CATINAT.

Nicolas Catinat, seigneur de Saint-Gratien, né à Paris, le 1er septembre 1637, fils du doyen des conseillers au Parlement de Paris, fut destiné à la magistrature et se fit recevoir avocat, mais ne tarda pas à préférer la carrière des armes à celle du barreau. Capitaine aux Gardes en 1670, brigadier des armées en 1677, gouverneur de Longwy, de Condé, de Tournay, maréchal de Camp (1681), gouverneur de Casale, commandant en 1686, des troupes que le Roi envoyait au duc de Savoie pour être employées contre les protestants, il soumit ceux des Vallées Vaudoises qu'il obligea de se rendre à discrétion. Ensuite il retourna à Casale qu'il acheva de munir et de fortifier avec l'aide de l'intendant, messire Jean de Murat (dont la veuve se remaria en 1690 à Réné Scipion de la Tour-du-Pin, comte de la Charce, frère puiné de Philis.)

Gouverneur de Luxembourg en 1687 et lieutenant Général en 1688, Catinat fut employé avec Vauban, sous les ordres du Dauphin au siège de Philipsbourg, où il déploya autant de conduite que de courage et d'activité. Après la prise de cette place, il reçut de Louvois, l'ordre barbare de mettre à feu et à sang tout le pays de Juliers et de Limbourg. Nommé au commandement des troupes du Dauphiné, le 3 mars 1690, il reçut l'ordre de mettre à contribution les villes et les campagnes du Piémont, s'empara de Cavour après un terrible siège, battit le duc à Staffarde (18 août) , occupa les villes

de Saluces, Suze, Nice, Montmélian &&.... Menacé ensuite
par les troupes des Alliés qui s'étaient joints au duc de Savoie, il se conduisit en 1692 avec tant d'habileté et de prudence qu'il parvint malgré l'infériorité de ses forces, à conserver Suse et Pignerol et à empêcher l'ennemi qui avait envahi le Dauphiné et occupé Embrun et Gap, de s'avancer
plus loin dans l'intérieur. Créé maréchal de France le 27
mars 1693, en récompense de cette campagne mémorable, il
remporta le 4 octobre 1693, la grande victoire de la Marsaille et continua à commander avec succès, l'armée d'Italie
jusqu'à la paix de 1696. Les dernières campagnes de ce grand
homme le montrèrent toujours digne de l'estime du monarque
et de l'admiration de la postérité, en dépit des intrigues de
cour ourdies contre lui. Le roi le nomma chevalier de ses
Ordres en 1705 ; mais sa rare modestie lui fit refuser cet
honneur et il acheva sa vie à Saint-Gratien dans une paisible
retraite, le 22 février 1712. Il ne s'était pas marié.

Catinat s'était élevé par degrés sans cabales ni intrigues,
grâce à son courage, à ses talents, à ses vertus. Vrai philosophe, religieux sans austérité, libre de préjugés sans affec-
ter d'en mépriser aucun, il ne connaissait ni la galanterie ni
la courtisanerie, était simple dans ses manières, sévère dans
ses principes, avait l'esprit très cultivé et d'une singulière
justesse. A l'armée comme ailleurs, il était calme et réfléchi
et les soldats qui le chérissaient, l'avaient surnommé *notre
père la pensée.* Enfin on ne saurait mieux louer ce grand
homme qu'en citant ce mot de Louis XIV lorsqu'il l'éleva à
la dignité de maréchal de France : « *C'est bien là, la vertu
couronnée.* »

Dict. des Généraux français par M. de Courcelles. IV. 41-
55 — Mémoires pour servir à la vie du maréchal de Catinat.
Paris. 1755 — Chronol. mil. de Pinard. III. 104 — Biogr.
universelle. VII. 396.

LE MARQUIS DE LARREY.

Le marquis de Larrey était fils de Pierre Lenet, procureur

général au Parlement de Dijon, conseiller d'État, dont il est souvent question dans les lettres de Mme de Sévigné. Elle parle aussi de lui et loue son esprit et son mérite à la guerre. (Voir Mme de Sévigné. Ed. Régnier IV. 422 — IX. 69. - 183 — X. 33 — 53.)

On lit dans les mémoires de Leclair. « Après messieurs de Sainte Rüe (lisez Sainte Ruth) et de Tessé, nous eûmes M. le marquis de Larray qui n'était que colonel d'infanterie et qui fut fait ensuite inspecteur, brigadier, maréchal de camp et lieutenant-général presque en même temps. Il n'avait aussi que peu d'équipage au commencement, mais les contributions qu'il tira de la Savoie, firent qu'il l'augmenta de beaucoup. Il n'était pas à beaucoup près de cette manière noble et bienfaisante de M. de Tessé... » Le marquis de Larrey à qui Catinat accordait une très grande confiance, se distingua beaucoup en défendant Embrun contre les alliés en en 1692. C'est lui que Catinat envoya à Versailles au mois d'octobre 1693, pour recevoir les ordres du roi relativement à la campagne suivante. « M. de Larrey, lieutenant-général estropié d'une main, fut fait chevalier de Saint-Louis, à la promotion du 1e février 1694 (voir l'Hist. de cet ordre I. 130.) Il eut ensuite le gouvernement de Montdauphin (mémoire de la généralité du Dauphiné dressé par l'intendant Bouchu en 1698 — Etat de la France, par le comte de Boulainvilliers. VI. 61 à Londres.1737).

On trouve le nom de ce général, écrit de Larrey, de Larray, de Larré et même Delaré. Nous avons même vu des lettres signées Larray. Nous avons adopté l'orthographe de Larrey, qui est celle du village et du château de ce nom.

Des lettres patentes de mai 1650 avaient érigé les terres de Larrey, Cerilly, Poinçon, Bissey en marquisat, en faveur du maréchal de Fabert qui les avaient acquises du maréchal de Grammont au prix de 57000 écus. Ces quatre endroits sont près de Châtillon-sur-Seine (ces lettres-patentes figurent dans les registres de la Chambre des Comptes de Dijon

(Arch.de la Côte-d'Or. B. 46.) et il en existe un exemplaire imprimé à la Bibliothèque Ste-Geneviève, à Paris.

Fabert vendit le marquisat de Larrey (29 décembre 1661) pour 255000 livres, à Pierre Lenet, ancien procureur général au Parlement de Dijon, conseiller d'État, l'auteur bien connu des *Mémoires contenant l'histoire des guerres civiles des années 1649 et suivantes*. (Lettres-patentes du Roi entérinées par la Chambre des Comptes de Dijon le 15 mai 1662 confirmant l'aliénation susdite et autorisant Lenet à substituer le nom de *Larrey-Lenet* à celui de *Larrey-Fabert*. (doc. conservés aux Arch. de la Côte-d'Or).

Le château de Larrey existe encore, mais en ruines. (Voir Etude hist. sur le maréchal de Fabert, par Jules Bourelly, directeur des études à l'école militaire de Saint-Cyr.

M. DE BACHIVILLIERS.

Adolphe de Gaudechart, marquis de Bachivilliers, d'une très ancienne famille de Picardie à laquelle appartiennent les Marquis de Querrieu, entra au service en 1667, et se distingua dans maintes campagnes en 1688 qu'il fut fait brigadier de armées et en 1689 qu'il eut un régiment de son nom. Ensuite il commanda la cavalerie de Roussillon, et le 12 juin 1690, fut appelé en Dauphiné pour y commander en l'absence du marquis de Larrey. Maréchal de .camp, le 2 mai 1692, il fit la campagne défensive de cette année en Piémont et en Dauphiné et y servit encore en 1693. Il commandait la cavalerie de l'aile droite à la Marsaille où il se signala. Lieutenant-général en 1696, gouverneur du fort Barraux en 1697, il se distingua encore en Flandre, puis en Italie, à Carpi, à Chiari, à Luzzara. (1700-1702). Il se démit de son gouvernement du fort Barreaux en 1718, en faveur de son frère et se retira du service.

Dict. des Gén. Fr. par de Courcelles. VI. 251

M. DE LANGALLERIE.

Philippe le Gentil de la Jonchat, seigneur de Langallerie, mestre de camp de cavalerie et lieutenant général des armées du Roi, marié à Marie-Anne Pourroy, fille de Jacques Pourroy de Voissanc (de la famille des Pourroy de Laubérivière, marquis de Quinsonnas), maître des comptes et de Catherine de Dorgeoise de la Tivolière remariée au Comte de Grolée de Viriville. Elle était veuve de François de Simiane président au parlement de Dauphiné.

Né en Saintonge en 1656, et fils d'un lieutenant général brave et estimé, tué à Fleurus, il était cependant « de très petite naissance et fort court d'esprit, » au dire de St-Simon. Colonel du régiment de Bretagne, chevalier de Saint Louis en 1697, lieutenant général en 1704 après 32 campagnes, il eut des démêlés avec ses supérieurs « pour certaines pilleries qu'il avait faites » (1706), quitta l'armée française, passa à Venise au service de l'Empereur qui l'accueillit avec son grade sur la recommandation du prince Eugène, fut condamné à mort et exécuté en effigie. Il passa de là au service du Roi Auguste de Pologne, puis se retira en Hollande. Là, comme il entretenait des relations actives avec les agents du Sultan, il fut arrêté par ordre de l'Autriche et emprisonné à Raab où il mourut en 1717.

> Biogr. universelle — Mém de Saint Simon ; hist. de l'ordre de Saint-Louis.. Dangeau (nous avons été surpris d'y lire à la date du 11 novembre 1693 : « Langallerie est mort de maladie en Provence » — Docteur Hoffer : Biogr. universelle.

M. DU CAMBOUT.

Jacques marquis du Cambout, comte de Carheil, seigneur de Villeneuve, de la même maison que les du Cambout, ducs de Coislin, fut colonel du premier régiment des dragons de Bretagne en 1688, puis des dragons de son nom. Il devint

inspecteur général de la cavalerie et des dragons de l'armée
de Catalogne, brigadier des armées du roi et fut tué à Carpi
le 9 juillet 1701 dans un combat contre les troupes impériales.
Son frère Armand Joseph comte du Cambout, capitaine et
major aux Dragons de Bretagne en 1692, fut blessé en 1693
à la Marsaille.

M. de Caprara.

Albert comte de Caprara seigneur de Sicklos, comte du
Saint-Empire, chevalier de la Toison d'Or, général en chef
des armées Impériales, né à Bologne en 1631, était le neveu
du célèbre Piccolomini. Entré de bonne heure au service, il
fit 44 campagnes dans plusieurs desquelles il fut battu par Turenne, se distingua dans les guerres de Hongrie contre les
Turcs, assista au congrès de Nimègue, et fut deux fois ambassadeur extraordinaire d'Autriche à Constantinople. Il
mourut comblé d'honneurs et de gloire en 1701. L'activité de
sa vie militaire et politique ne l'avait pas empêché de se
livrer à la culture des lettres, et il a laissé nombre d'ouvrages
et de traductions remarquables.

Son frère Enée Caprara, général non moins distingué que
lui, a été confondu avec lui par plusieurs biographes. A leur
famille appartenait Marie-Victoire Caprara mariée au Comte
Montecuculli dont le fils Jean-Baptiste prit le nom de Caprara,
sa mère étant la dernière de cette maison. Il devint cardinal,
Archevêque de Milan, et mourut en 1810. C'est lui qui conclut avec Napoléon Bonaparte, le célèbre Concordat qui rendit la paix au monde catholique.

Biogr. univ. Paris 1829. I. 466.

M. de Schomberg.

Ménard, comte puis duc de Schomberg était fils du comte
Frédéric Armand de Schomberg, comte de Mertola en Portu-
gal.Baron de Fabersen et Altroff en Allemagne, comte de Cou

bert et Vitry en Brie, duc de Tettford en Angleterre, Grand
de Portugal, gouverneur de la Prusse Ducale, ministre de
l'Electeur de Brandebourg et généralissime de ses armées,
commandant de l'armée française en Catalogne, maréchal de
France en 1676, qui s'était retiré en Allemagne, *du consentement du roi*, quand la religion protestante fut abolie, avait
passé en Angleterre en 1688 avec le prince d'Orange et avait
été tué en 1690 à la bataille de Boynes.

Ménard fut colonel de cavalerie en 1673, émigra avec son
père, devint général de cavalerie et lieutenant-général du
prince d'Orange qui le créa duc de Leinster (1691) ; il commanda les troupes alliées en Piémont sous le règne du roi
Guillaume, et en Portugal sous la reine Anne, se retira mé-
content dans sa maison de campagne de Hillington et y
mourut le 16 juillet 1719, âgé de 80 ans, n'ayant eu qu'un fils
mort avant lui, de son mariage avec Caroline fille naturelle
de Charles-Louis Electeur Palatin du Rhin. Cette maison de
Schomberg, issue, dit-on, des ducs de Clèves et de Juliers ne
doit pas être confondue avec une autre du même nom, qui a
produit deux célèbres maréchaux de France.

Le prince de Commercy.

Charles-François de Lorraine, prince de Commercy, né en
1661, fils de François-Marie dit le prince Jules de Lorraine
comte de Lillebonne, lieutenant-général, et de Anne de Lorraine,
servit d'abord dans les guerres de Hongrie, se signala au
combat de Gran (1685), au siège de Bude, à la bataille de
Mohcaz(1697). Il y fut blessé de même qu'au siège de Belgrade,
devint général de cavalerie des Armées Impériales en 1692,
servit encore en Dauphiné, en Italie et fut tué en 1702 à la
bataille de Luzzara.

La Chesnaye du Bois — P. Anselme....

CHAPITRE V

Note F.

Barthélemy d'Hervart, d'une famille noble d'Augsbourg dont était Jean-Georges d'Hervart, baron de Hohenberg, chancelier de Bavière, mort en 1625 et dont est aujourd'hui encore le Feld-Maréchal allemand d'Hervart de Bittenfeld, exerça les fonctions d'intendant et contrôleur général des finances, distinction qu'il mérita en contenant et ramenant dans le devoir en 1649, l'armée du maréchal de Turenne et engageant celle du duc de Saxe-Weymar au service du roi. Le cardinal Mazarin dit au roi en cette occasion : « M. Her« vart a sauvé l'État et conservé au roi sa couronne ; ce ser« vice ne doit jamais être oublié et le roi en rendra la mé« moire immortelle par les marques d'honneurs et de recon« naissance qu'il mettra en sa personne et sa famille. » Dans la suite Hervart avança plusieurs millions au roi, lorsque les finances de l'État se trouvaient épuisées et que le remboursement de ces généreuses avances était presque impossible à espérer. Aussi le roi l'aurait-il nommé surintendant; si Hervart avait été moins attaché à sa religion. Il mourut conseiller d'État à la fin d'octobre 1676, dans sa 70e année, laissant deux fils et une fille, Esther marquise de Gouvernet, qui fut leur héritière. Le roi l'autorisa à passer en Angleterre dès avant la révocation de l'édit de Nantes, avec sa mère et ses enfants.

Un touchant souvenir se rattache à la famille Hervart.

Après la mort de son amie, Mme de la Sablière, notre grand fabuliste, le bon La Fontaine se trouvait sans asile et et sans ressources. Comme il quittait cet hôtel où il avait si longtemps demeuré, il rencontra dans la rue, M. d'Hervart qui lui dit : « Je venais vous prier de venir demeurer chez moi. » — « J'y allais » , répondit-il et il y alla en effet. C'est entre les bras de Monsieur et de Madame Hervart et de Racine que notre grand poète expira quelques années après.

De Madeleine-Sabine de la Tour Gouvernet, fille du Mis Charles et d'Esther d'Hervart, et comtesse de Grolée Viriville sont descendus par sa fille la comtesse de Senozan, les ducs de Talleyrand-Périgord princes de Sagan, les ducs de Mouchy (Noailles) princes de Poix, les princes de Montmorency-Tingri et les ducs de Montmorency-Luxembourg.

> Moreri. Dict. hist. — Vie de La Fontaine — Guy Allard,
> Généal. de la maison de la Tour du Pin — Lachesnaye
> des Bois —P. Anselme....

Note G.

On lit dans Moreri : (dict. V. p. 386).

Claude de Grimoard de Beauvoir du Roure, chevalier, capitaine de cent hommes d'armes et sa femme Fleurie de Porcellet-Maillanne eurent entres autres enfants : Louis du Roure, seigneur d'Elze, Brahi, la Figère, baron des Baumes, marié à « Jacqueline d'Hérail fille de Jacques d'Hérail, vicomte de Brésis et d'Anne de la Tour-du-Pin la Charce, sœur du marquis de la Charce, lieutenant-général des armées de sa Majesté et tante de l'illustre Philis de la Tour-du-Pin la Charce qui en 1692, lors de l'irruption du duc de Savoie en Dauphiné, fit armer sous les ordres de M. le maréchal de Catinat, les communes de son canton et s'étant mise à leur tête, repoussa plusieurs fois les ennemis qui s'étaient avancés pour piller et brûler. Cette action la fit recevoir du roi avec les dernières marques d'estime et sa Majesté l'honora d'une pension . »

On lit dans les œuvres de Mme des Houlières (éloge hist.) éd. de 1754, p. xxj.

« ¡Mlle de la Charce est la célèbre Philis de la Tour-du-Pin qui lors de l'irruption que le duc de Savoie fit en Dauphiné dans l'année 1692, monta à cheval, fit armer les villages de son canton sous les ordres de M. Catinat, se mit à leur tête, livra plusieurs petits combats dans les défilés des montagnes et contribua plus que personne par sa bravoure, à faire sortir les ennemis hors du pays, pendant que sa mère exhortait les peuples de la plaine à se maintenir dans le devoir et que Mlle (lisez madame) d'Urtis sa sœur faisait couper les câbles des bateaux qui traversaient la Durance, afin que les Piémontais ne s'en pussent emparer. Cette action singulière fut récompensée d'une pension que le roi accorda à Mlle de la Charce avec le droit de faire mettre son épée, ses pistolets et le blason de ses armes dans le Trésor de Saint-Denis où ils ont resté jusqu'à la mort de Louis XIV. On a depuis fait un roman de l'histoire de cette Demoiselle dans lequel on lui feint des amours avec le comte de Caprara. Mais il est facile au lecteur de juger de ces faits et de voir que ceux qu'on vient de rapporter sont les seuls véritables. »

Extrait du Parnasse des Dames. T. V. 107.

« Dans un ouvrage consacré à la gloire du beau sexe, une note sur cette Demoiselle ne sera pas déplacée. Ce fut une véritable héroïne, célèbre sous le nom de Philis de la Tour-du-Pin. Elle signala son courage en 1692 dans l'irruption que le duc de Savoie vint faire en Dauphiné. A la tête d'une petite armée composée par elle-même des gens de son canton, elle harcela les ennemis, leur livra plus d'un combat et contribua beaucoup à leur faire évacuer le pays. Sa mère et sa sœur la secondèrent avec la même fermeté. Mlle de la Charce obtint la récompense qu'elle méritait. Louis XIV outre une pension, lui accorda le droit de mettre son épée, ses pistolets et le blason de ses armes dans le trésor de Saint-Denis. »

Extrait des œuvres de Mme de Genlis (Mlle de la Fayette ou le siècle de Louis XIII. vol. 1.

« On vit depuis, sur la fin du même siècle, d'autres femmes d'une grande naissance offrir des exemples aussi brillants d'un courage extraordinaire. Philis de la Tour-du-Pin de la Charce, lors de l'irruption du duc de Savoie en Dauphiné en 1692, fit armer les villages de son canton, se mit à leur tête, livra plusieurs combats dans les défilés des montagnes et contribua par son intrépidité à faire abandonner le pays aux ennemis. Elle eut pour ses actions une pension de Louis XIV qui en outre lui permit de faire placer au trésor de Saint-Denis son épée, ses pistolets et l'écusson de ses armes. Dans ce même temps sa mère et sa sœur firent plusieurs actions de ce genre. Tout ces traits, si multipliés, dans un siècle si religieux, prouvent que la religion qui par elle-même élève toutes les idées, donne en même temps à l'âme, une énergie sublime...

Extrait de l'histoire des Hautes-Alpes par M. de Ladoucette p. 741.

« En 1692 les troupes de Victor-Amédée avaient pénétré jusqu'au col de Cabre, montagne de la Baume des Arnauds, qui séparait les Gapençais du Diois. Les habitants des communes circonvoisines se levèrent en masse, commandées, celles de la Drôme par deux frères M. M. de Lagier de Vaugelas et de la Chardonnière, celles des Hautes-Alpes par M. M. de Flotte, de Saint-Pierre et de Taillades. L'ennemi fut repoussé. On adjugea la palme du triomphe à Mlle de la Charce, la célèbre Philis de la Tour, qui monta à cheval, arma les paysans de son canton, se mit à leur tête et livra plusieurs petits combats dans les défilés des montagnes. Le roi lui accorda une pension avec le droit de mettre son épée, ses pistolets et le blason de ses armes dans le trésor de Saint-Denis où ils ont resté jusqu'à la mort de Louis XIV. »

Extrait du Dictionnaire des Généraux français par de Courcelles. ıx.

« Philis de la Tour-du-Pin de la Charce mérita d'être placée au rang des héroïnes françaises. Lors de l'irruption que
le duc de Savoie fit en Dauphiné en 1692, elle monta à cheval, rassembla les vassaux de son père et les habitants des
communes depuis Gap jusqu'aux Baronnies, se mit à leur
tête, fit couper les ponts et garder les passages, empêcha les
ennemis de pénétrer au-delà de Gap, les repoussa en plusieurs
rencontres et contribua puissamment à les chasser de la contrée. Tandis qu'elle combattait ainsi dans les défilés des montagnes, sa mère exhortait les habitants de la plaine à se
maintenir dans le devoir, et Mme d'Urtis sa sœur aînée faisait couper les câbles des bateaux qui servaient à passer la
Durance, afin que les Barbets ne pussent s'en emparer. A
ces nouvelles, Louis XIV toujours habile a récompenser le
mérite et la valeur, non seulement donna une pension à Mlle
de la Charce, comme à un brave officier, mais encore fit placer au trésor de Saint-Denis, son épée, ses pistolets, son portrait et l'écusson de ses armes avec cette inscription : *Philis
de la Charce, de la maison de la Tour-du-Pin en Dauphiné.*
Ce glorieux fait d'armes dont les circonstances sont racontées
dans le Mercure du temps et en termes infiniment honorables
pour la maison de la Tour-du-Pin (1) devint peu de temps
après, le sujet d'un roman historique et depuis, nombre d'écrivains l'ont rapporté. Voltaire entre autres à l'article Amazones
dans les questions sur l'Encyclopédie et Mme de Genlis dans
les notes du roman de Mlle de La Fayette (2).

(1) « Ce n'est pas d'aujourd'hui, » lit-on dans ce recueil, « que ceux
de cette illustre maison ont signalé leur zèle pour le service de l'État.
Ils ont de tout temps donné des marques de la valeur et de l'intrépidité si ordinaires à la maison de la Tour-du-Pin autrefois souveraine du Dauphiné, dont ils sont sortis. » (Mercure de Septembre
692. p. 327 et suivantes.)

(2) Voyez encore : la notice abrégée des femmes illustres p. 188 —
le Parnasse des Dames V. 107 — Les tablettes chronologiques IV.
60 — le dictionnaire de la Chesnaye des Bois. In-8° VI...

Philis de la Charce mourut á Nyons en 1703. »

Lettres de S. E. le comte de Nieuverkerque, directeur général des musées impériaux informant la famille de la Tour-
du-Pin, (8 mars 1855) que S. M. l'Empereur a donné ordre de
faire exécuter le portrait de Mlle Philis de la Tour-du-Pin la
Charce pour être placé au musée de Versailles *parmi ceux
des illustrations dont la France s'honore* et (21 mai 1856)
qu'il vient d'être placé dans la première salle des guerriers
célèbres.

Extrait de M. Rochas.

Philis de la Tour-du-Pin de la Charce, née à Nyons en
1645, a mérité l'honneur d'être rangée parmi les héroïnes
françaises. En 1692, le duc de Savoie, Victor Amédée, ayant
fait une irruption en Dauphiné et pénétré jusqu'au Col de Cabre, les habitants des communes voisines se levèrent en
masse pour le repousser. Les volontaires des Hautes-Alpes
étaient commandés par MM. de Flotte de Saint-Pierre et de
Taillades (de la maison de la Tour-du-Pin), ceux de la Drôme par les deux frères Lagier de Vaugelas et de la Cardonnière et Mlle de la Charce. « Cette héroïne, dit De Courcelles
(dict. des Gén. Fr. IX. 309) monta à cheval etc. etc. Instruit
de ces fait par un rapport de Bouchu, intendant du Dauphiné,
Louis XIV accorda une pension à Mlle de la Charce et désira
la voir à sa cour. Elle s'y rendit avec sa mère et Mlle d'Aleyrac sa sœur cadette, et y reçut l'accueil le plus flatteur. Le
Roi fit placer au trésor de Saint-Denis, son épée, ses pistolets,
son portrait et l'écusson de ses armes. D'après l'auteur du
roman historique dont elle a été l'objet, « on la suivait dans
tous les lieux où elle se montrait , comme une personne extraordinaire ; enfin elle eut lieu d'être satisfaite
de l'approbation de ce qu'il y avait de plus grand et du public
en général. Mlle d'Aleyrac qui se piquait de bel esprit,
eut aussi sa part d'ovation dans les salons et les ruelles. Les

poëtes chantèrent, non·point leur beauté, car elles avaient passé le temps d'aimer et étaient assez laides, mais leur courage et leur esprit. L'un d'eux, Guyonnet de Vertron faisant allusion à deux héroïnes de la CLÉLIE qui était encore dans toute sa vogue, leur adressa ce quatrain :

> Par la prudence et la valeur
> La Charce surpasse Clélie
> Par l'esprit et par la douceur
> D'Alérac surpasse Télie.

La Duchesse de Nemours chercha à retenir les deux sœurs auprès d'elle ; Mlle d'Aleyrac que ses goûts littéraires éloignaient de la province, y consentit et finit ses jours à Paris. Mais Philis préféra retourner avec sa mère à Nyons où elle mourut quelques années après, le 4 Juin 1703.

Cette héroïne a été l'objet d'un roman historique dont voici le titre : *Histoire de Mlle de la Charce de la Maison de la Tour-du-Pin en Dauphiné, ou Mémoires de ce qui s'est passé sous le règne de Louis XIV*. Paris, Pierre Gandouin, 1731 ; in-8° de 452 p. — Le nom de l'auteur nous est inconnu, mais il était Dauphinois, d'après ce passage tiré de la page 2 de son livre : « Les liaisons étroites que j'ai eues avec Mlle de la Charce *qui était d'ailleurs ma compatriote*, m'ont mis à portée de savoir exactement tout ce qui regarde les personnes intéressées dans cette histoire. »

Portrait — *Philis de la Tour-du-Pin la Charce, fille du marquis de la Charce.... R. B. del*. A Paris, chez Bonnart. 1693. Elle est à cheval, vêtue en Amazone, dirigée à gauche ; au fond une escarmouche in-folio en hauteur.

(Ad. Rochas. Biogr. du Dauph. II. 36.)

Extrait de M. de Saint Genis.

Dans l'été de 1692, Victor Amédée laisse le gros de l'armée combinée se heurter au camp de Catinat, et franchit les Alpes avec trente mille Allemands pour envahir le Dauphiné où il

fait appel aux partis. Les Huguenots oublient les édits du roi
pour ne voir que le péril de la patrie ; une levée en masse où
tous jusqu'aux femmes, s'associent pour la défense commune,
rejette le Duc en Piémont. A Nyons, Mlle Philis de la Tour-
du-Pin la Charce réunit les paysans et battit les Piémontais
au col de Cabre — (Voir les détails aux Mém. Acad. Delphinale IIIe série, I. 16.). Catinat reprend l'offensive.

(Victor de Saint-Genis. Hist. de Savoie. II. 411.)

CHAPITRE VI

Note H.

Ayant eu connaissance pendant que nous travaillions à cette
histoire, de l'oraison funèbre de la marquise de la Tour-du-
Pin la Charce, (dont le *Journal de Montélimar* avait annoncé
le décès), nous avons eu l'idée de nous adresser à son auteur
M. l'abbé Carra, et nous avons obtenu de son extrême obligeance, l'autorisation de le reproduire. Nous sommes heureux de pouvoir faire connaître ainsi à nos populations, un si
touchant et si éloquent discours ; nous en donnons donc le
texte, avec l'intéressant prologue qui le précède ; car il n'est
pas indifférent, surtout maintenant que de nos anciens *seigneurs de la Charce* il ne reste plus dans nos contrées qu'un
lointain souvenir, que leurs habitants sachent combien ce nom
de la Charce, jadis si glorieux, est resté digne d'estime et de
vénération.

PROLOGUE.

Madame la princesse Honorine de Monaco, marquise de
la Tour-du-Pin, qui fait le sujet de cette oraison funèbre,
était née à Paris le 22 avril 1784. Elle était fille du prince

Joseph de Monaco frère du prince régnant, et de Françoise-
Thérèse de Choiseul-Stainville nièce du duc de Choiseul,
ministre de Louis XV. Elle avait une sœur plus jeune qu'elle,
qui fut mariée au marquis de Louvois et mourut sans enfant
au château de Fontaine-Française, le 11 septembre 1860.

La princesse Joseph de Monaco, leur mère, périt sur
l'échafaud révolutionnaire le 27 juillet 1794 (9 Thermidor),
dans des circonstances d'un poignant intérêt que l'on fera
connaître.

Douée des plus rares qualités d'esprit et de cœur, la princesse Honorine épousa en 1804, René-Louis Victor, marquis
de la Tour-du-Pin d'une ancienne et illustre Maison du Dauphiné. De ce mariage sont nés deux enfants : Joséphine-Philis-
Charlotte, le 28 mai 1805, et Louis-Gabriel Aynard, le 12 juin
1806.

Après une brillante éducation due aux soins particuliers
d'un homme de mérite, M. Esbelin, M. Aynard de la Tour-
du-Pin entra en 1824 à l'Ecole militaire de Saint-Cyr, puis à
l'école d'État-major. Les hautes qualités qui le distinguaient,
sa bravoure, et les actions d'éclat qui le firent mettre plusieurs fois à l'ordre du jour de l'armée, tout promettait au
jeune officier le plus bel avenir, lorsqu'une malheureuse surdité, que tous les remèdes furent impuissants à guérir, l'obligea
à cesser ses fonctions de capitaine d'état-major. Il ne re-
nonça pas pour cela au métier des armes, il profita de sa
liberté pour prendre part comme volontaire, à toutes les
campagnes de l'armée Française. Le principal théâtre de ses
exploits fut l'Algérie ; de 1830 à 1843, il ne se fit presque pas
une expédition à laquelle il ne se soit associé. Il étai épris
d'une sorte de passion pour cette belle conquête de la France
jusqu'à y jeter une partie de sa grande fortune. Il a fait
construire à Alger, sur la place principale, l'un des premiers
et des plus beaux hôtels que les Français y aient élevés :
c'est l'hôtel dit *du Gouvernement* qui, pendant longtemps,
porta celui *de la Tour-du-Pin*.

Aux journées de juin 1848, le marquis Aynard, jaloux de payer sa dette à la cause de l'ordre, fut griévement blessé au faubourg du Temple à l'attaque d'une barricade.

L'inaction lui pesait et l'injustice révoltait son âme généreuse. Convaincu du bon droit du Danemarck dans la guerre que ce petit État soutenait seul contre les armes réunies de la Prusse et de l'Autriche, il alla lui offrir son épée et se distingua particulièrement à la défense de Friederickstadt. Il reçut de la main du roi, la croix de commandeur de l'ordre du Danebrog.

La guerre de Crimée ayant éclaté, M. de la Tour-du-Pin se hâta de rejoindre ses anciens compagnons d'armes et prit part aux actions les plus meurtrières. Il gravit avec les zouaves les hauteurs de l'Alma, chargea avec la cavalerie anglaise à Balaclava, continua de se battre à pied après avoir eu son cheval tué sous lui et sauva la vie à un sergent anglais enveloppé par l'ennemi ; il ne se distingua pas moins à Inkermann, où il fut légèrement blessé. Le jour de l'assaut, 8 septembre 1855, se portant selon sa coutume au plus fort du danger, il s'unit aux colonnes du général de Mac-Mahon, escalada avec elles la tour Malakoff ; maheureusement il fut atteint d'un éclat d'obus qui lui dénuda la jambe ; on le transporta péniblement à Marseille où il mourut le 7 Novembre suivant. Ses services lui avaient valu le grade de colonel-d'État-major et la croix de commandeur de la Légion d'honneur.

Le colonel de la Tour-du-Pin n'était pas seulement un vaillant homme de guerre ; c'était encore un ami éclairé des arts et un écrivain de mérite. Il publia en 1838 et 1846, dans la *Revue des deux mondes*, plusieurs articles justement remarqués sur les opérations de l'armée française en Algérie.

Le marquis Aynard de la Tour-du-Pin est mort célibataire. Sa sœur avait été mariée en 1828 à M. le Comte Jules de Chabrillan de qui elle eut deux fils : M. le Comte Fortuné qui épousa en 1854, la princesse Anna de Croy, et M. le comte

Robert, acctuellement lieutenant-colonel au 12eme chasseurs.

Après avoir perdu successivement tous les siens : son mari en 1832, son fils en 1855, sa sœur le 11 septembre 1860, son gendre le 13 Février 1863, et sa fille le 7 Avril 1865, madame la marquise de la Tour-du-Pin, frappée dans ses affections les plus vives et néanmoins pleine de courage et de grandeur d'âme, se consacra tout entière aux bonnes œuvres, employant sa fortune au soulagement des pauvres, et son influence qui était considérable, au service de tous ceux qui recouraient à elle. On ne s'arrêtera pas à énumérer ses œuvres de charité qui feront le principal sujet et le plus bel ornement de son oraison funèbre.

Madame de la Tour-du-Pin termina sa longue et sainte carrière, à Paris, le 8 mai dernier : elle était dans sa 96eme année.

Ses obsèques ont eu lieu d'abord dans l'église de sa paroisse, à Saint-Philippe-du-Roule, au milieu d'une nombreuse assistance dans laquelle on remarquait Mgr le Duc de Chartres, M. le maréchal de Mac-Mahon, ancien président de la République, M. le marquis de Maussabré, représentant le prince régnant de Monaco, M. le marquis de Bouillé, ancien ambassadeur de France en Espagne etc., etc....

D'après la volonté formelle de la vénérable défunte, ses restes mortels ont été transportés le soir du même jour à Fontaine Française, pour y être inhumés à côté de sa sœur et de ses enfants, dans un caveau creusé au chevet de l'église paroissiale.

Nous empruntons au journal *la Côte d'or,* du 20 mai, le récit de cette touchante cérémonie.

« Une chapelle ardente avait été préparée dans la grande salle des gardes du château ; une draperie noire aux franges d'argent et aux écussons des Grimaldi et des la Tour-du-Pin était tendue à la porte principale du château. L'église aussi était toute tendue en noir avec les mêmes écussons.

« Toute la population de Fontaine-Française a voulu avant

la cérémonie religieuse qui a eu lieu à dix heures et demie, aller encore visiter sa bienfaitrice, lui faire ses adieux, prier pour elle et jeter l'eau bénite.

« De deux en deux heures, tous les jours depuis le décès, le glas funèbre était sonné. Dans la commune de Chaume dont la famille de la Tour-du-Pin avait été autrefois *Souveraine* et à Courchamp où ses largesses ont aidé à restaurer l'église et le presbytère, les cloches aussi ont annoncé aux habitants la fin de celle qui leur a été si utile par sa puissante protection et par sa générosité.

« A dix heures et demie, M. l'abbé Dard, curé doyen, accompagné de seize prêtres, a fait la levée du corps et le cortège s'est immédiatement mis en marche pour l'église. Un maître des cérémonies venu tout exprès de Paris, présidait à l'ordre qui a été parfait.

Le deuil était conduit par M. les comtes Fortuné et Robert de Chabrillan, petits-fils de madame de la Tour-du-Pin, M. le marquis Humbert de la Tour-du-Pin la Charce, M. le marquis de Grimaldi des Baux, cousins de la défunte, accompagnés de M. le marquis de Saint-Seine, de M. l'abbé Carra, du régisseur de la vénérable défunte, M. Magnieux, conseiller d'arrondissement, et des amis les plus intimes.

« Les coins du poêle étaient tenus par mesdames Compagnot, Emarot, Gascon et Ferey.

« Immédiatement après le cercueil porté par huit hommes, venaient tous les serviteurs de la maison tenant des couronnes et des fleurs, les gardes sur les côtés, puis une foule immense tant de Fontaine que des villages voisins. Aussi l'église s'est-elle trouvée insuffisante pour contenir toute cette foule empressée.

« Avant l'absoute, M. l'abbé Carra, chanoine honoraire, aumônier au lycée de Dijon, enfant de Fontaine-Française, a prononcé l'éloge funèbre de l'illustre défunte.

« L'orateur, avec le talent qu'on lui connaît, malgré l'émotion qu'il éprouvait, les pleurs même qu'il versait, a tracé en termes émouvants et avec des détails des plus intéressants, les qualités, les vertus, la charité, la grandeur d'âme de madame de la Tour-du-Pin. Il l'a fait en paroles si touchantes, il a rappelé avec tant d'éloquence cette bonté, ces vertus, les charmes de celle que nous regretterons à jamais, que les assistants ont versé d'abondantes larmes.

« Ah ! ces larmes exprimaient bien le chagrin, la douleur de tous ..... la perte que nous faisons est immense. Pas un pauvre, connu ou non, qui ne reçût une large aumône, pas une famille qui n'eût profité des démarches, de la protection ou de l'inépuisable charité de ce noble cœur.

« Jamais madame de la Tour-du-Pin n'a refusé à personne son appui. Son cœur, comme sa maison, était toujours ouvert à tous et sa joie était grande quand, doutant de sa puissance, elle avait pu être utile à quelqu'un, soulager une infortune, protéger celui-ci, élever celui-là......

« Mais je m'arrête, une voix plus autorisée, une plume plus savante rediront cette vie si bien remplie, si pleine de bienfaits. Aussi suis-je ici l'interprète de toute l'assistance, de tous ceux qui ont connu madame la marquise, en priant M. l'abbé Carra de publier l'oraison funèbre qu'il a prononcée.

« Hélas ! le moment de se séparer de celle que nous pleurerons toujours était arrivé. Le caveau préparé par ses ordres se fermait à midi et demi, après avoir reçu sa dépouille mortelle couverte de fleurs, de couronnes, des larmes et des bénédictions de tous. »

A. G.

Fontaine-Française. Le 18 mai 1879,

L'oraison funèbre qu'on va lire, a paru dans *la Côte d'Or* des 5, 6, et 7 juin, et dans la *Chronique religieuse* de Dijon des 31 mai, 7, 14, et 21 juin.

ORAISON FUNÈBRE

DE

MADAME LA PRINCESSE

HONORINE DE MONACO
Marquise de la Tour-du-Pin.

Mes frères,

Ce ne sont pas de vaines paroles, mais des larmes qu'il faudrait apporter dans cette chaire ; les larmes seules peuvent dire toute la grandeur de notre perte, toute l'étendue de notre douleur . . . . Ce n'est pas ici en effet le deuil privé d'une noble famille frappée dans ce qu'elle avait de plus cher, dans celle qui en faisait la gloire et l'ornement ; ce n'est pas seulement le deuil de fidèles amis qui croient avoir tout perdu en perdant le plus digne objet de leur affection, le deuil de serviteurs dévoués qui pleurent la meilleure maîtresse qui fût jamais ; mais c'est encore le deuil des pauvres dont madame de la Tour-du-Pin était la mère, le deuil de tout un peuple qui perd en elle sa plus constante comme sa plus généreuse bienfaitrice ; c'est le deuil de la charité elle-même qui pleure sa plus belle image, son instrument le plus actif, et, si je puis ainsi m'exprimer, sa vivante incarnation parmi nous. Et c'est pourquoi parents et amis, prêtres et fidèles, nous sommes tous accourus dans cette église devenue trop étroite pour contenir la foule éplorée et nous nous pressons autour des tristes restes de celle que la mort vient de nous enlever.

O mort cruelle, trop prompte à nous frapper, pourquoi ne pas épargner encore une vie si sainte, si utile, si féconde en bonnes œuvres, une vie dont dépendaient tant d'autres vies ? En immolant madame de la Tour-du-Pin, ce n'est pas elle seule

que tu frappes, mais avec elle les pauvres qu'elle secourait,
les malheureux dont elle était le soutien, nous tous qui lui
étions unis par les liens les plus étroits de l'affection et qui
n'avons plus de consolation que dans nos larmes et dans notre
douleur.

Si je suis monté dans cette chaire, ce n'est pas pour tenter
un éloge aussi inutile à la gloire de notre illustre défunte
qu'au dessus de mes propres forces ; mais je cède à la prière
qui m'est faite de donner une voix à notre commune douleur,
de soulager un peu notre peine en laissant un libre cours aux
sentiments qui nous oppressent. Il me semble aussi, pourquoi
ne l'avouerais-je pas devant vous qui me connaissez, qui
savez tout ce que je dois à ses bontés, que je manquerais à
un devoir sacré, si je ne venais dans cette circonstance solennelle, payer à une noble bienfaitrice la dette suprême de ma
reconnaissance et, je l'ose dire, de ma piété toute filiale. Ma
voix lui était connue : elle l'écoutait avec bonté, lorsqu'elle
lui parlait des pauvres, de ses amis, de vous tous qu'elle a
connus et aimés. Hélas ! pourquoi faut-il que je n'aie plus
maintenant à vous entretenir que d'elle-même, qu'à vous retracer sa longue carrière, si noblement remplie, mais trop
courte à notre gré, et à vous raconter sa mort digne de sa
vie !...

Essayons donc, puisqu'il le faut, de vaincre notre trop juste
douleur ; essayons de faire revivre un instant devant vous
ces traits également chers et vénérés, que la mort vient d'effa-
cer, mais qui ne sortiront jamais de nos cœurs. Et puisque
c'est du haut de la chaire chrétienne que nous parlons, con-
sidérons cette noble existence à la lumière de la foi, effor-
çons-nous de comprendre les salutaires enseignements qu'elle
renferme. Vous verrez dans cette vie presque séculaire, les
exemples des plus touchantes vertus, les plus cruelles
épreuves supportées avec une rare constance, le crédit
et la fortune uniquement employés à faire le bien, un cœur,
oublieux de lui-même, qui ne vit, qui ne respire que pour le

bonheur d'autrui, en un mot une longue et sainte existence
consacrée tout entière à la reine des vertus, à la divine charité. Tels sont les grands enseignements que nous donne du
fond de son tombeau ou plutôt du haut du Ciel où la charité
elle-même l'a introduite, très haute et très excellente *Princesse Honorine-Camille-Athénaïs Grimaldi de Monaco,
Marquise de la Tour-du-Pin de Gouvernet de la Charce* (1).

De tous les attributs divins, de toutes les perfections qui
enrichissent cette nature infinie, celle que Dieu préfère, qu'il
aime à rappeler, par laquelle il se définit lui-même, c'est la
charité et la bonté. « Celui qui n'aime pas, ne connaît pas
Dieu, car Dieu est la charité. » *Qui non diligit, non novit
Deum, quoniam Deus charitas est* . C'est ainsi qu'il nous
parle par la bouche de l'apôtre St Jean. Approfondissant cette
pensée selon sa coutume, l'Ange de l'école, saint Thomas
d'Aquin estime que la bonté n'est pas seulement la propre
essence de la divinité, mais qu'elle est encore en elle, le
principe de toutes ses œuvres et comme le secret ressort qui
la fait mouvoir. Il est en effet de la nature de la bonté de
de se communiquer ; comme une source trop pleine qui, ne
pouvant contenir en elle-même toute l'abondance de ses eaux,
semble heureuse de les répandre au dehors, ainsi la souveraine bonté, sans nécessité toutefois et sans besoin, se plaît
à communiquer à ses créatures les biens infinis dont elle est
le principe.

L'un des chefs-d'œuvre de cette divine sagesse est d'avoir
imprimé dans quelques âmes choisies la marque spéciale de
de sa bonté, d'en avoir fait ici-bas les images visibles de son
éternelle Providence. Or ne vous semble-t-il pas, mes frères,
que notre vénérable châtelaine a été de ces âmes privilé-
giées ? Dieu la place dans un rang élevé, comme pour lui faire

(1) Le marquis de la Charce, grand père de son mari avait pris le
nom de Gouvernet en 1775 avec la permission expresse du Roi, comme étant l'héritier universel du dernier marquis de Gouvernet, décédé
en cette année.

voir de loin les misères qu'elle est appelée à soulager ; il
lui accorde le crédit et la fortune pour lui permettre de suivre
plus librement la généreuse impulsion de sa charité ; en
même temps il verse dans son cœur, des trésors de bonté,
de douceur, d'indulgence, mille fois plus précieux que tous
ceux qu'il lui met dans les mains ; et pour achever son œuvre,
il la fait passer par la voie de l'épreuve, il l'entoure de cette
sorte d'auréole que le malheur donne à la vertu.

Je n'ai pas à vous apprendre la noblesse de son origine
Notre vénérée châtelaine sortait, vous le savez, de cette famille souveraine qui, unissant le sang des Grimaldi d'Italie avec celui des Matignon de France, occupe depuis
tant de siècles en Europe un rang dont l'élévation se mesure
non à l'étendue du territoire, mais à l'autorité qu'on y possède ; famille illustre qui s'est unie aux plus grandes maisons
de France, puisque l'aïeule de Madame de la Tour-du-Pin
était mariée à un prince de Condé (1). Si la descendance de
notre princesse était glorieuse du côté paternel ; elle ne l'était
guère moins du côté maternel ; elle était petite-nièce de ce
célèbre duc de Choiseul qui gouverna si longtemps la France
sous le nom de son maître et acquit tant d'influence en
Europe, heureux s'il ne l'avait jamais exercée que pour notre
véritable bien, et s'il n'avait paru oublier que les intérêts de
l'État sont inséparables de ceux de la Religion.

La princesse Honorine trouva un époux digne de sa naissance dans le marquis René de la Tour-du-Pin, issu de
cette race antique qui a donné autrefois des souverains au
Dauphiné (2), des lieutenants-généraux à notre Bourgogne

(1) Le prince Louis-Joseph, 4e descendant du grand Condé et aïeul
du malheureux duc d'Enghien fusillé dans les fossés du château de
Vincennes.

(2) La maison de la Tour-du-Pin a régné sur le Dauphiné jusqu'en
1349, où l'héritier de sa brance aînée Humbert II céda ses droits à
Charles de France petit fils de Philippe de Valois, à condition que le
fils aîné de nos rois porterait les noms et armes de Dauphin de Viennois.

et dont la maison Royale de France n'a pas dédaigné
l'alliance ; elle a aussi la gloire singulière d'avoir produit cette courageuse Philis de la Tour-du-Pin, qui fidèle
à la fière devise de ses pères (1), et émule au XVIIe
siècle des Jeanne d'Arc et des Jeanne Hachette, repoussa
victorieusement l'invasion ennemie et par un privilège aussi
honorable qu'il était rare, reçut des mains de Louis XIV un
brevet d'officier (2). Madame de la Tour-du-Pin ne vit entrer,
comme il était juste, rien que de grand dans sa famille. Elle
donna la main de sa fille au comte Jules de Chabrillan, petit-
fils du duc d'Aiguillon, ministre de Louis XV, et par une
rencontre trop honorable pour n'être pas rappelée ici, ar-
rière-neveu des cardinaux Richelieu et Mazarin. Quelques
années avant de mourir, elle avait la joie de voir l'aîné de
ses petits-fils s'allier à l'illustre maison des Croy qui semble
réunir en elle tout ce que la noblesse de France, d'Allemagne
et d'Espagne a de plus grand et dont la maison Impé-
riale d'Autriche elle-même, vient de rechercher l'alliance.
Ai-je besoin d'ajouter que soit à Paris soit dans notre province, madame de la Tour-du-Pin était entourée des plus
nobles comme des plus fidèles amitiés ? Elle en a reçu hier,
elle en reçoit encore aujourd'hui les plus touchants témoignages.

Si j'énumère ainsi les titres de grandeur de notre bien-
aimée châtelaine, ce n'est pas, vous le savez, qu'elle en tirât
aucun sujet de vanité. Elle serait la première à protester du
fond de son tombeau, si je pouvais lui supposer un sentiment
aussi peu digne d'elle : mais c'est pour vous faire remarquer
qu'elle était encore au-dessus de toutes ses grandeurs par
l'élévation naturelle de son esprit, et que chez elle, la noblesse
du sang s'unissait à cette autre noblesse sans laquelle la première n'a qu'un faux éclat, je veux dire la noblesse du cœur

(1) *Turris fortitudo mea.*
(2) Ou plus exactement un brevet de pension, comme le roi en
donnait à ses plus braves officiers.

et des sentiments. Bien loin de s'enorgueillir de l'élévation de
son rang, elle ne le regarde que comme une obligation plus
étroite de se montrer bienveillante envers tous ; elle n'em-
ploiera son crédit, sa fortune, qu'à faire le bien. C'est la bonté
même qui dicte ses paroles, qui inspire ses démarches,
qui brille sur son front, et l'on ne vit jamais, ce semble, plus
de modestie, d'aimable simplicité s'allier à plus de grandeur.

Vous la revoyez encore avec sa taille majestueuse que les
années avaient à peine courbée, vous revoyez son calme et
doux visage, fidèle reflet de la beauté de son âme, et cette
grâce aisée qui bannissait la crainte et inspirait la confiance.
Oui, ô vénérée châtelaine ! ô noble bienfaitrice ! vous vivrez
toujours ainsi dans notre souvenir ; à défaut du pinceau que
votre modestie a repoussé, l'affection a gravé à jamais vos
traits dans nos cœurs !

Je m'arrête à vous décrire les nobles qualités de notre
princesse et j'oublie que je vous dois le récit de ses malheurs.

Dieu se plaît à faire passer les grandes âmes par la voie de
l'affliction et de l'épreuve. C'est par là qu'il achève de les
éclairer, de les former. L'épreuve leur montre dans leur vrai
jour les biens de ce monde et elle les en détache ; elle développe
en elles une noble constance ; surtout elle ouvre au fond de
leur cœur, une source intarissable de compassion pour tous
ceux qui souffrent. « Celui qui n'a pas été tenté, éprouvé,
demande le sage, que sait-il. » *Qui non est tentatus, quid
scit ?* » Que sait-il des dangers, des peines secrètes, des
tristes réalités de la vie ? Mais si au contraire il les a vues
de près, s'il les a ressenties, comment pourrait-il ne pas y
compatir ? « C'est pourquoi, dit l'Apôtre, le Fils de Dieu, tout
Dieu qu'il est, a voulu connaître par expérience ce qu'il en
coûte parfois à l'homme de se soumettre », il a bu le premier
au calice d'amertume que sa main nous verse : *Cum esset
Filius Dei, didicit ex iis quæ passus est obedientiam.*

Madame de la Tour-du-Pin était digne d'entendre de pa-
reilles leçons et Dieu ne les lui a pas épargnées.

Elle était encore au berceau lorsque l'affliction vint la visiter dans ce qu'elle a de plus douloureux, de plus cruel. C'était en 1794, à cette époque néfaste que l'histoire a désignée sous le nom trop mérité de *Terreur*. La mère de notre jeune princesse, dont tout le crime était d'être la nièce du duc de Choiseul et l'épouse du prince Joseph de Monaco, se voit arrêtée comme suspecte ; et bientôt, malgré son innocence reconnue, malgré sa jeunesse (elle n'avait alors que vingt-cinq ans), malgré les larmes que l'amour maternel arrache à sa constance toute virile, elle est condamnée au dernier supplice. Par une rare faveur, elle obtient ou achète le pouvoir d'embrasser une dernière fois ses enfants. On les lui amène ; l'une, c'est notre future marquise, est âgée de neuf ans ; l'autre encore plus jeune, devait être la marquise de Louvois. Dire ce que cet adieu suprême eut de déchirant, c'est ce qu'aucune bouche humaine ne peut essayer, ce que le cœur seul peut sentir. Les enfants que leur mère étreint dans ses bras, mêlent leurs larmes aux siennes sans bien en comprendre la cause ; hélas ! elles ne devaient que trop la comprendre plus tard !..,.. il faut se séparer ; demeurée seule, la princesse désolée se reproche de n'avoir point laissé de gage de sa tendresse aux futures orphelines ; mais que leur donner ? on lui a tout enlevé. L'amour ne connaît point d'obstacle. La malheureuse prisonnière brise une vitre, et d'une main que l'amour a rendue cruelle, elle coupe ou plutôt elle arrache avec ce misérable instrument, la magnifique chevelure qui ornait sa tête. Elle la cache en toute hâte dans son sein, espérant qu'un heureux hasard viendra à son aide, et permettra de confier ce dépôt à une main sûre. Arrive la fatale charrette ; la princesse jette autour d'elle un regard plein d'anxiété, elle ne voit que des bourreaux ou des compagnons d'infortune. Néanmoins elle veut espérer encore ; mais elle ne découvre sur la route aucun visage ami, personne à qui elle puisse remettre son précieux souvenir. Elle a gravi les marches de l'échafaud, il faut mourir !..... alors, par une inspiration sublime que l'amour maternel seul peut donner, elle se tourne vers le bourreau : « Vous êtes homme, » lui dit-elle, » vous êtes père peut être ; du moins vous avez une mère ; au » nom de ce que vous avez de plus cher, faites parvenir ces » cheveux à mes enfants! » — L'homme étonné reçoit le dépôt d'une main tremblante, il promet de faire ce qu'on lui demande ; et en effet les cheveux de la noble victime sont fidèlement remis à ses enfants qui les gardent avec un respect religieux comme un gage extraordinaire de l'affection de leur mère, et, nous pouvons ajouter, comme un monument de l'un des plus beaux triomphes de l'humanité et de l'amour maternel.

Ce qui ajoutait encore au douloureux intérêt de ce tragique événement, ce qui rendait la perte de notre malheureuse princesse plus cruelle, c'est qu'un jour encore, quelques instants peut-être, et elle était sauvée ! Le jour même où elle montait sur l'échafaud, voyait la chûte du cruel tyran dont la politique astucieuse et la redoutable énergie enchaînaient la Convention, et frappaient d'épouvante la nation entière en la tenant pour ainsi dire, sous le tranchant de l'acier. Il tombe, et la France trop longtemps asservie, commence à respirer. Ses plaies ne seront encore de longtemps guéries ; du moins le sang de ses enfants jusque là versé à flots, a cessé de couler.

Si cette heureuse délivrance eût été avancée de quelques heures, si notre courageuse princesse, plus soucieuse de son devoir que de sa propre vie, n'eût retiré une fausse déclaration arraché à l'amour maternel et qui devait retarder son supplice (1), si Dieu n'eût fermé toutes les voies de salut qui s'ouvraient devant elle, (2) elle aurait échappé à la mort ;

(1) Elle s'était faussement déclarée enceinte dans l'espérance de prolonger ses jours : mais honteuse de ce moment de faiblesse et craignant qu'on n'appelât à sa place quelqu'autre prisonnier pour compléter le nombre des victimes, elle se hâta d'écrire à Fouquier-Tinville pour retirer sa déclaration.

(2) D'après les souvenirs conservés dans la famille, dès que l'arres-

mais Dieu ne l'a pas voulu. La pieuse princesse devait mêler
son sang à celui de la royale victime offerte en expiation à la
justice divine irritée par de longues infidélités; et une fois
de plus se renouvelle en quelque manière, l'auguste sacrifice
du Calvaire, dans lequel « le juste paie la dette du coupable, » non que Dieu les confonde l'un avec l'autre, mais
parce qu'il n'agrée que des victimes « pures, saintes et sans
tache, » qu'il ne laissera pas d'ailleurs sans récompense;
car les ayant associées aux souffrances de son divin Fils,
comment pourrait-il ne pas les associer également à sa
gloire ?

Il est aisé de comprendre quelle profonde impression ce
tragique événement dut produire sur le cœur de l'orpheline.
Pendant longtemps son sommeil en fut troublé; elle s'éveil-
lait en sursaut, se croyant inondée des larmes et du sang de
sa mère. Que de fois ne lui ai-je pas entendu raconter à elle-
même les principales circonstances de cette terrible journée:

tation de Robespierre et de ses principaux complices eut été décidée
par la convention et que l'issue de cette orageuse séance eut été
connue — vers cinq heures du soir — un homme à cheval courut au
devant des fatales charrettes qui traversaient le faubourg Saint-
Antoine, transportant 45 prisonniers parmi lesquels la princesse de
Monaco. Il espérait faire rétrograder les charrettes et sauver les condamnés. Malheureusement dans la précipitation de la course, le cheval s'abat, l'homme tombe, il reste étendu sans connaissance, et les
exécutions s'achèvent. Ce récit est confirmé par les historiens de la
Révolution : Thiers (tome VI, p. 457) et Michelet (livre XXI p. 475)
racontent en effet qu'aussitôt le résultat de la première séance du 9
thermidor connu, les parents et les amis des prisonniers que l'on
conduisait à l'échafaud, accoururent sur leur passage en criant :
grâce ! grâce ! mais que le misérable Henriot, à moitié ivre, arrivant
au galop, dispersa la foule à coup de sabre. M. Louis Blanc, dans le
dessein évident d'alléger la charge déjà trop lourde de ses tristes
héros, présente une version un peu différente, (T. XI. page 267), mais
qui ne change rien au fond du récit. D'où il faut conclure que le
dévouement de cet ami inconnu serait resté inutile et que la malheureuse princesse était condamnée à périr.

son arrivée dans la prison, son effroi à la vue des gardiens,
des grilles de fer et des sombres corridors qu'il fallait traverser; sa joie mêlée d'étonnement de retrouver sa mère, le
le cri échappé à celle-ci, ses larmes, l'étreinte de ses bras
qu'elle croyait encore sentir, sa brusque séparation d'avec
elle, et le long gémissement qui l'avait suivie !..... Ces
scènes de douleur lui revenaient sans cesse à l'esprit. Lorsque
son âme en était trop remplie, elle versait sa peine dans le
sein d'un ami, toujours sobre de détails; car la douleur a
aussi sa pudeur. Au reste ne croyez pas que ce souvenir, si
cruel qu'il fût, eût laissé la moindre amertume dans son
cœur. J'ai vu souvent couler ses larmes pendant ce récit,
jamais je n'ai entendu de plainte ou de murmure sortir de sa
bouche. Triste, mais résignée, et fidèle aux leçons du
Sauveur des hommes priant pour ses bourreaux, Madame
de la Tour-du-Pin pardonne, elle cherche à oublier. Mais ce
qu'elle n'oublie pas, c'est le déchirement qu'elle a éprouvé !
ce qu'elle sait par expérience, c'est la compassion, le tendre
intérêt, le respect que mérite la souffrance ! De là cette vive
sensibilité qui ne lui permettait de rester indifférente à
aucune peine, qui lui faisait accueillir toutes les plaintes de
quelque côté qu'elles vinssent la trouver, qui plus d'une fois
l'entraîna hors des limites que sa haute raison aurait fixées,
mais que ne pouvait admettre son cœur brisé par la souffrance, comme ces vases précieux qu'un choc a heurtés et
qui distillent sans pouvoir le retenir, le parfum qui leur a été
confié.

Après avoir si cruellement éprouvé notre jeune princesse,
Dieu qui lui réservait d'autres peines, lui laisse au moins le
temps de respirer, il lui ménage quelques douces et heureuses
années; ce sont celles qu'elle vient passer après son mariage,
au château de Fontaine-Française, auprès de sa tante,
Madame de Saint Julien dont le nom et la bonté ne sont pas
oubliés parmi nous (1).

(1) Madame de Saint-Julien (Louise-Charlotte-Auguste de la Tour-

Justement fière d'une nièce dans laquelle elle voyait les plus rares qualités de l'esprit et du cœur rehaussées de toutes les grâces du dehors, elle multipliait pour elle les jeux et les fêtes. Les vastes salles de sa somptueuse demeure, les charmants ombrages qui l'entourent, depuis longtemps tristes et silencieux, s'animèrent tout à coup d'une vie nouvelle et prirent un air de fête qu'ils ne connaissaient plus. La noble châtelaine qui n'avait pas oublié ses goûts littéraires, bien que l'âge en eût émoussé la première vivacité, aimait à rassembler autour d'elle une société distinguée, au milieu de laquelle brillait madame de Staël, alors dans tout l'éclat de sa renommée. La jeune marquise était digne de cette compagnie. Par l'élévation de son esprit, par la dignité de son caractère, par cette délicate bonté qui lui gagnait tous les cœurs, elle était l'âme et comme la reine de ces fêtes.

Telle que le château de Fontaine-Française avait vu madame de la Tour-du-Pin, telle Paris la retrouvait lorsque la saison la ramenait dans son sein. Ce que la capitale compte de plus distingué recherchait sa société, goûtait le charme de son entretien. Le monde, que l'on accuse si souvent d'injustice, savait reconnaître son mérite et il lui rendait les hommages que s'attire à elle même la vertu parée de grâce et de modestie.

Mais que sont les fêtes et les joies de la terre sinon quelques rayons fugitifs qui ne brillent un moment dans une froide saison que pour la faire paraître encore plus sombre !

Madame de la Tour-du-Pin devait en faire la triste expérience. Elle perd sa tante, et avec elle les premières joies qu'elle

du-Pin la Charce), sœur du lieutenant-général de Bourgogne, aimait les lettres et quelque peu la philosophie ; c'est elle que Voltaire, prodigue d'encens, appelait le *Papillon philosophe*. On ignore jusqu'à quel point elle méritait cet éloge, ou si l'on aime mieux cette critique. Née au château de Fontaine-Française le 9 décembre 1729 et morte à Paris le 9 mai 1820, elle avait posé solennellement en 1818 la première pierre d'un monument sur le lieu où se livra le 5 juin 1595, le combat qui mit fin à la Ligue.

ait goûtées. Elle perd son mari ; il est vrai que de grandes
consolations lui restent dans une fille digne d'elle, et dans un
fils dont elle est justement fière ; mais elle était condamnée à
perdre tout ce qu'elle aimait.

Quelle n'était pas sa tendresse pour ce fils si noble, si généreux, dont le souvenir est si populaire parmi nous ! Héritier d'un grand nom, le Marquis de la Tour-du-Pin semblait
réunir en lui le caractère chevaleresque de la vaillante race
qui a produit l'héroïne du XVIIe siècle, avec l'exquise bonté
qu'il tenait de sa mère. D'une générosité sans égale, il semait
l'or à pleines mains et « l'on eût dit qu'il perdait ce qu'il ne
donnait pas. » Esprit original et puissant, il écrivait pour les
revues savantes des pages justement remarquées et savait
aussi bien manier la plume que l'épée. Au premier signal, il
courait rejoindre en Afrique ses compagnons d'armes. « Voici
la Tour-du-Pin que la saison des coups de fusil nous ramène, »
écrivait l'un d'eux (1) de ses amis, non moins expert que lui
aux coups de plume et d'épée. Obligé par une malheureuse
surdité de renoncer au rang honorable qu'il occupait dans
l'armée, M. de la Tour-du-Pin n'abandonne pas pour cela, le
métier des armes pour lequel il se sentait fait ; mais il profite
de sa liberté pour prendre part comme volontaire à toutes les
campagnes de l'armée française. Si la guerre cesse dans son
pays, il ira, nouveau chevalier, offrir son épée au Danemark,
dans la lutte que ce petit, mais courageux état soutient contre
un puissant voisin qui déjà s'essayait à nous vaincre, et il
reçoit des bouches les plus autorisées ce glorieux témoignage
que ses conseils n'ont pas été moins utiles que son courage.

Survient la guerre de Crimée, c'est pour notre généreux
officier une heureuse occasion de se dévouer. Il s'empresse de
rejoindre ses anciens compagnons ; s'il ne peut servir dans
leurs rangs, il combattra du moins à côté d'eux. Il fera la

(1) Paul de Molènes. Le charmant auteur de *la folie de l'épée* a
consacré les pages les plus touchantes à la mémoire de son ami à
qui il a survécu.

campagne à ses propres frais, achetant de ses deniers le droit de verser son sang pour son pays. On le voit partout où s'engage un combat, où se livre une simple escarmouche ; s'il y a des coups de feu d'échangés, il veut être de la fête. Toujours aux premiers rangs, calme, intrépide, il défie la mort, il semble appeler le danger. Il se multiplie, il fait des prodiges de valeur, puis rentre au camp d'un pas aussi tranquille que s'il revenait d'une promenade militaire. Retiré dans sa tente, il écrit à sa mère quelques unes de ces lettres pleines d'esprit et de cœur qu'il m'a été donné de lire ; il y rend hautement justice à la valeur de ses compagnons et n'oublie que la gloire qu'il vient de s'acquérir.

Cependant le signal de l'assaut, si ardemment désiré, si impatiemment attendu, est donné. Sur les pas du héros qui en escaladant la tour Malakoff, décide du sort de la journée et de la campagne, la Tour-du-Pin court et se précipite ; atteint d'un éclat d'obus, il tombe baigné dans son sang. Sa première pensée est pour sa mère. D'une main tremblante que la piété filiale affermit, il trace quelques lignes destinées à la rassurer ; mais rien ne peut tromper le cœur d'une mère. Devinant la triste réalité qu'on lui cache, madame de la Tour-du-Pin oublie son âge, ses infirmités, elle voudrait voler au secours de son fils. On va au devant de ses désirs ; le blessé embarqué avec mille précautions aborde à Marseille où de son côté arrive sa mère éplorée. Hélas ! c'était pour recevoir son dernier soupir... quel coup pour cette tendre mère ! son cœur en est percé de douleur, la plaie qui lui est faite ne se refermera plus. Dès lors un voile de tristesse lui couvre le front ; elle est toute entière à sa douleur, et si parfois un léger sourire vient effleurer ses lèvres, le soupir qui s'en échappe à l'instant, trahit malgré elle sa douloureuse et constante pensée.

O mère trop affligée ? N'était-ce donc pas assez d'avoir été dès le berceau, si cruellement éprouvée dans votre piété filiale et fallait-il qu'à la fin de votre carrière, votre amour maternelle fût à son tour si cruellement frappé ! Fallait-il que votre cœur si tendre, si affectueux, reçût ainsi les deux coups les plus sensibles qui pussent l'atteindre !... Ah ! la mort peut maintenant continuer son œuvre de destruction, elle peut redoubler ses coups elle trouvera madame de la Tour-du-Pin prête à toutes les épreuves. Et en effet les deuils se succèdent, renouvelant chaque fois toutes ses douleurs passées. Elle voit disparaître tour à tour, tous ceux qui l'aidaient à les supporter, sa sœur, madame de Louvois, dont la vie pure et sainte était pour elle un puissant secours auprès de Dieu, et pour tous une édification continuelle ; son gendre qu'elle aimait comme un second fils et qui la payait de retour ; sa fille enfin à qui elle est réduite à fermer les yeux, au lieu de recevoir d'elle ce triste office. A cette dernière épreuve, sa douleur est au comble ; on peut lui appliquer la touchante plainte du prophète sur Rachel, privée, elle aussi de ses enfants : « Rachel pleure ses enfants et ne veut pas être consolée, parce qu'ils ne sont plus : *Rachel plorans filios suos, et noluit consolari quia non sunt.* « Telle est la douleur de madame de la Tour-du-Pin ; que lui parlez-vous de bonheur, d'espérance ? Il n'en est plus pour elle ici-bas. Vainement ses petits enfants l'entourent de leur tendresse ; vainement de fidèles amis essaient de ramener la joie dans son cœur. Elle est sensible à leurs efforts, elle est touchée de leurs soins ; mais elle garde au fond du cœur une tristesse que rien ne peut dissiper ; sa douleur peut être adoucie, mais elle ne veut pas être consolée, *noluit consolari quia non sunt.*

Voilà donc, O mon Dieu, ce que peuvent pour le bonheur de l'homme l'élévation du rang, la grandeur de la fortune et même les plus rares qualités de l'esprit et du cœur ! Voilà tout ce que la terre peut offrir au mérite et à la vertu !..... Non, après de telles leçons, les biens de la terre ne sont rien, ils sont indignes de notre estime. Vous seul êtes grand, Seigneur ! et il n'y a de réels, de solides, de vraiment désirables que les biens que vous réservez à ceux qui vous aiment !

Cette grande leçon de la vanité des choses d'ici-bas, madame de la Tour-du-Pin était digne de l'entendre. A mesure que se brisent les liens qui l'attachaient au monde, elle en forme de nouveaux avec Dieu et si elle n'a plus de bonheur à espérer pour elle-même, elle vivra du moins pour soulager la souffrance et faire le bonheur d'autrui.

Courbée sous la main qui l'afflige, la noble châtelaine n'en est pas pour cela abattue ; sa douleur ne saurait être plus profonde ; mais la grandeur naturelle de son âme, la virile constance qu'elle semblait avoir héritée de sa mère, le secours de la grâce divine la soutiennent et si parfois elle semble faiblir, un instant après elle retrouve tout son courage. Ni les années ni les infirmités ne peuvent l'abattre ; elle reste debout au milieu des ruines qui s'accumulent autour d'elle. Comme ces grands chênes frappés de la foudre qui n'en gardent pas moins leur fierté et leur vigueur première, Madame de la Tour-du-Pin, sous les coups redoublés qui l'accablent, ne perd rien de sa grandeur d'âme ; elle conserve la même dignité, le même courage, et nous l'avons vue jusqu'à la fin, toujours semblable à elle-même, ajoutant à la douce majesté qui lui était naturelle, « ce je ne sais quoi d'achevé que donne le malheur. »

Entourée de ses petits-enfants, d'un petit nombre d'amis dont la mort éclaircit chaque jour les rangs, la vénérable châtelaine n'est plus occupée que de bonnes œuvres. Soulager les pauvres, consoler ceux qui souffrent, se rendre utile à tous : telle est son unique pensée et sa consolation la plus douce.

Qui savait mieux qu'elle, prendre part à une perte subite, à l'un de ces profonds chagrins qui empoisonnent la vie ? Qui versait d'une main plus délicate, la consolation dans une âme affligée ? Et comme on sentait bien que tout ce qu'elle disait, sortait d'un cœur touché, qui connaît par expérience, les maux qu'il cherche à soulager !

Sans cesse occupée du sort des pauvres, elle s'informait par

elle-même, tant qu'elle le put, puis par les soins d'une interprète aussi discrète que fidèle, de leurs désirs, de leurs
besoins ; ses larges aumônes prévenaient et souvent dépas-
saient leurs demandes. Elle songeait à tout, au pain qui
devait les nourrir, au vêtement nécessaire pour les couvrir,
au logement qu'elle payait et quelquefois fournissait elle-même,
à tout ce qui pouvait adoucir pour eux la misère et la leur
rendre plus supportable. Aucun pauvre n'était négligé ; tous
étaient secourus en proportion de leurs besoins. Cependant,
elle avait ses préférés ,et c'était naturellement les plus aban-
donnés, les plus deshérités ; à ceux-ci elle ne pouvait, ce
semble, rien refuser. Pendant longtemps elle prit plaisir à les
visiter elle même ; quand ses infirmités l'eurent retenue chez
elle, elle leur réserva ses entrées de faveur. Elle écoutait avec
bonté leurs doléances, le récit cent fois renouvelé de leurs
peines souvent grossies par leurs propres fautes, puis elle leur
donnait ses conseils, leur représentant doucement leurs torts
et ne les laissant partir qu'après les avoir encouragés et largement secourus. Aussi les pauvres la regardaient-ils avec
raison comme leur protectrice et leur mère ; ils s'empressaient
autour d'elle. Que de fois ne l'avons-nous pas vue au sortir
de cette église, entourée de ses clients, aussi avides de con-
templer ses traits bien-aimés que de recevoir ses secours !
Cependant elle se faisait expliquer leurs désirs, accordant
à l'un une bonne parole, à l'autre une belle aumône, à tous
un aimable sourire. Et tous de marcher à sa suite, en lui faisant le plus beau de tous les cortèges ; ils l'auraient toujours
suivie si elle l'eût permis et si sa modestie n'eût souffert de
leurs naïfs hommages. Aujourd'hui qu'elle ne peut plus vous
interdire vos innocentes démonstrations, approchez avec
confiance, ô vous qu'elle a tant aimés ! accourez autour de
votre bienfaitrice, de votre mère ; vos larmes sont le plus be
hommage qui puisse lui être rendu, et sans doute celui dont
son cœur est le plus touché !........

Les aumônes de madame de la Tour-du-Pin ne se renfer-

maient pas dans le cercle qui s'élargissait chaque jour, des
pauvres connus, elles allaient encore trouver cette pauvreté
honteuse d'elle-même, d'autant plus digne d'intérêt et de respect qu'elle n'ose s'avouer ; mais la vénérable châtelaine est
une amie à laquelle on peut tout confier. Les yeux sans cesse
ouverts sur les besoins en apparence le mieux cachés, l'oreille
tendue vers les plaintes les plus timides, elle entend, elle devine, et ses secours arrivent avec autant de promptitude que
de discrétion. Elle ne veut pas en être remerciée, elle paraît
même les oublier ; sa main gauche ignore ce qu'a fait sa main
droite. Son ingénieuse charité avait trouvé le moyen de distribuer des secours sans que l'on en pût soupçonner l'origine ;
elle procurait ainsi à de nobles infortunes, une modeste
aisance que celles-ci attribuaient à leurs ressources person-
nelles, habilement ménagées par des mains fidèles. Pour se
cacher, elle affectait au besoin à leur égard, une indifférence
dont elle était bien éloignée, et jamais on n'eût découvert son
secret si la nécessité ne l'eût obligée à en faire confidence. Que
de pauvres connus ou inconnus, n'a-t-elle pas secourus pendant sa longue carrière ! que de larmes séchées ! que de
misères soulagées ! Le jour seul des révélations montrera tout
ce qu'elle a fait de bien, tout ce qu'elle a accompli de bonnes
œuvres ; mais les anges témoins de sa charité le savaient, ils
en ont porté le souvenir devant vous, ô mon Dieu, qui déjà,
nous l'espérons, l'en avez récompensée.

L'une des plus constantes comme une des plus justes pré-
occupations de madame de la Tour-du-Pin était, ai-je besoin
de le dire, que rien ne manquât à ses serviteurs ; son désir le
plus vif était qu'ils fussent heureux auprès d'elle. L'une de ses
plus grandes peines, dont j'ai été souvent confident, c'était la
pensée de la surcharge que son âge, ses infirmités croissantes
imposaient à des serviteurs si fidèles et si dévoués.

Tout ce qui l'entourait se ressentait de sa bonté. Il n'y avait
pas, vous pardonnerez ce détail qui achève de la faire connaître, il n'y avait pas jusqu'aux animaux eux-mêmes que son

choix et quelquefois le hasard avaient fixés auprès d'elle qui
ne fussent l'objet de sa sollicitude ; ils s'attachaient à elle
et la remerciaient à leur manière ; tant était grande sa bonté !
tant elle était la fidèle image de celui dont la Providence s'é-
tend à toutes les créatures, et qui ne dédaigne pas de donner
leur aliment aux petits des oiseaux !

Jusqu'ici je ne vous ai parlé que de ses aumônes, des
secours qu'elle distribuait ; que serait-ce si je vous rappelais
les services sans nombre qu'elle a rendus par ses démarches !
Son nom, sa charité bien connue, les nombreuses et puissantes amitiés qu'elle s'était faites partout, quelquefois à son
insu, lui avaient acquis un crédit, une influence rare et
presque sans exemple dans une condition particulière. Il n'y
avait sorte de services qu'on ne lui demandât et qu'elle ne
rendît. S'agissait-il d'obtenir dans l'armée un avancement
mérité (car elle n'entendait prêter son appui qu'au mérite);
fallait-il obtenir un emploi dans quelque grande adminis-
tration ; une église pauvre avait-elle besoin d'un secours ;
une commune entière avait elle des droits à défendre ; de
quelque intérêt public ou privé qu'il s'agît, on recourait à la
bonne marquise.

Quelques lignes autrefois écrites de sa main, m is depuis
longtemps dictées par elle et suivies de ces traits confus qu'elle
appelait sa signature, étaient une sorte de talisman qui ouvrait
toutes les portes, qui faisait tomber tous les obstacles, qui
obtenait toutes les grâces. Quelquefois sa modestie se défen-
dait d'entreprendre une démarche qui lui semblait hasardée :
« Je ne suis pas toute puissante ! » disait-elle doucement à
ceux qui la lui demandaient, et eux de répondre avec la confiance qu'inspiraient sa bonté et la longue expérience que l'on
avait de son crédit : « Essayez toujours, Madame ». Elle
essayait en effet et cette grâce en apparence si difficile,
presque imposible à obtenir, ne se faisait pas attendre ; mais
personne n'était plus étonné qu'elle, ni surtout plus heureux
d'un succès qu'elle ne savait comment expliquer.

Que de services ainsi rendus non seulement à Fontaine-Française, mais encore à Paris, mais au loin, mais partout où avait pénétré la renommée de sa haute influence qui n'avait. d'égale que sa bonté ! Cependant il est juste de le reconnaître, c'est surtout parmi nous que ses libéralités se répandaient et que s'exerçait son dévouement. Son plus vif désir était de revenir au milieu de nous ; sa joie la plus grande, d'y prolonger son séjour. Elle se regardait comme au sein d'une autre famille, et nous, de notre côté, nous la considérions comme notre commune bienfaitrice. Est-il en effet un seul d'entre nous qui, soit pour lui-même ou pour quelqu'un de ses parents ou de ses amis, n'ait reçu d'elle quelque service et quelque bienfait ? Votre présence en si grand nombre, vos larmes répondent pour vous ; elles disent assez que je ne fais que traduire, bien imparfaitement sans doute, les sentiments qui remplissent vos cœurs.

Quelque grands, quelque nombreux que fussent les bienfaits de M^ne de la Tour-du-Pin, elle voulait les rendre encore plus durables, elle voulait se survivre à elle-même dans ses œuvres de charité. C'est alors que guidée par les sages conseils du zélé pasteur qu'elle avait coutume de consulter, elle résolut de faire ces belles fondations dont une seule suffirait pour lui créer des titres éternels à notre reconnaissance. Elle bâtit à ses frais, cette école de filles où, sous la conduite de religieuses aussi instruites que dévouées, elles acquièrent une solide instruction, tout en se formant aux vertus nécessaires à leur sexe ; à côté de l'école elle ouvre cet asile si gouté des mères, où une seconde mère enseigne à l'enfance à prier, à obéir, à étudier, et commence cette première éducation dont les suites sont si considérables pour l'avenir. Ce n'est pas tout encore ; Mme de la Tour-du-Pin ne pouvait oublier les pauvres, ses meilleurs amis. Elle fondera donc cet admirable Bureau de secours, si largement doté, chargé de distribuer par des mains propres à cette sainte et délicate mission, les remèdes et les consolations nécessaires aux pauvres malades.

Ce sont là de grandes œuvres, des œuvres dignes de l'esprit qui les a conçues, du cœur qui les a exécutées. Ces saintes œuvres perpétueront parmi nous, la mémoire de cette illustre bienfaitrice, et selon la parole de nos livres saints, elles feront bénir son nom d'âge en âge : *non recedet memoria ejus, et nomen ejus requiretur à generatione in generationem.* Et quand nous n'y serons plus, quand la mort qui efface tout, aura étendu sur nous le silence de l'oubli, le nom de Mme de la Tour-du-Pin continuera de vivre parmi nous ; il résonnera sous les voûtes de nos écoles ; il sera murmuré avec reconnaissance au chevet du malade ; heureux et surpris d'éprouver encore après tant d'années écoulées, les effets de sa magnificence, le pauvre se fera raconter la vie de cette généreuse bienfaitrice, il la redira à ses enfants, et son nom gardé par la reconnaissance, passera de bouche en bouche jusqu'à nos derniers neveux. *Et nomen ejus requiretur à generatione in generationem.*

Mme de la Tour-du-Pin, si généreuse envers les pauvres, serait-elle restée indifférente à l'égard de la maison de Dieu? Comment pourrait-elle oublier cette église qui couvre de son ombre ceux qu'elle a le plus aimés, à côté de laquelle elle veut se reposer elle-même, cette église où elle est venue si souvent prier, ou elle nous a si souvent édifiés par sa piété et son assiduité aux saints offices? Malgré son âge, ses infirmités, malgré même l'intempérie des saisons qui en arrête de plus jeunes et de plus vigoureux, elle se fait transporter comme elle peut, dans le lieu saint, et l'on ne peut voir sans attendrissement passer ce fauteuil roulant dans lequel la vénérable châtelaine est assise, traînée par ses arrière petits-fils, qui s'attellent d'eux-mêmes à ce char d'un nouveau genre, renouvelant sans y penser, ce beau trait de piété filiale que l'antiquité nous a conservé et qu'elle ne pouvait assez célébrer.

Madame de la Tour-du-Pin s'intéressait vivement à la restauration de cet antique édifice, trop peu digne de la foi de nos pères et de la Majesté du Dieu qui l'habite. Déjà elle avait contribué aux premiers travaux entrepris par un saint prêtre, M. l'abbé Rose, qu'elle avait connu et vénéré comme il méritait de l'être, et dont vous ne serez pas surpris de retrouver le nom sur mes lèvres. Longtemps interrompue, cette œuvre de restauration a été reprise depuis peu avec un dévouement, une habileté qui permettent de concevoir les meilleures espérances, déjà confirmées par les beaux résultats que vous avez sous les yeux. La vénérable châtelaine a voulu contribuer pour une large part à ces travaux, comme elle l'avait déjà fait pour Notre-Dame de la Motte, si chère à la piété de nos pères.

Un autre don, également dicté par sa foi, que vous me reprocheriez de passer sous silence, c'est la distribution qui se faisait chaque année en son nom, à tous les enfants de la première communion, de livres destinés à leur rappeler ce grand acte. Il y a peu de jours encore qu'elle renouvelait ce présent. C'est de son lit de mort qu'elle a donné l'ordre de l'envoyer ; il sera comme le legs de sa bonté à la jeunesse pieuse de cette paroisse. Je ne doute pas, mes enfants, vous que je vois aux premiers rangs de cette assemblée, que cette dernière pensée d'une noble bienfaitrice ne vous touche d'une vive reconnaissance. Si au jour béni de votre première communion, vous avez prié pour elle, vous redoublerez aujourd'hui vos instances afin que Dieu se hâte de couronnér ses mérites et qu'il abrège s'il en est besoin, son séjour d'expiation. Dieu qui écoute les âmes pures, pourrait-il ne pas exaucer une si juste demande, faite par vos cœurs innocents ; et si « la prière de celui qui s'humilie » « à la vue de ses fautes » « perce les nues, » celle que l'amour, la reconnaissance ont formée ne s'élèvera-t-elle pas, comme un pur encens, jusqu'au trône même de Dieu. ?

Mais il est temps de terminer ce trop long discours ; aussi bien serions-nous infini si nous voulions rapporter tous les traits de bonté de notre bien-aimée châtelaine. Disons seulement qu'elle n'hésitait pas à retrancher de ce qui semblait convenable à son rang pour augmenter ses aumônes, et que si elle souhaitait quelquefois de prolonger sa vie, ce n'était qu'afin de prolonger ses bienfaits.

Hélas ! nous espérions la posséder longtemps encore. Nous lui trouvions toujours même courage, même esprit, même grâce. Il semblait que les années ne pussent rien sur elle ; que la mort retenue par ses mérites ou par nos prières, n'osât frapper une tête si vénérable. Elle avait si souvent, si heureusement trompé nos craintes ! Que de fois ne nous étions-nous pas effrayés de son départ pour la capitale, des dangers auxquels elle allait s'exposer à un âge et avec des infirmités qui semblaient commander la plus grande prudence ! Elle nous rassurait elle-même de son doux sourire, et en effet nous ne tardions pas à apprendre que malgré les fatigues inséparables d'un tel voyage, elle l'avait heureusement accompli. A cette dernière fois, elle part au cœur de l'hiver ; la saison est des plus rudes, on ne se souvient pas d'avoir vu tant de neige amoncelée. C'est en vain que l'on multiplie les représentations, les prières ; Mme de la Tour-du-Pin est décidée à partir. Elle a appris qu'une de ses meilleures amies est gravement malade et peut-être en danger ; son cœur la presse : qui pourrait l'arrêter ? Elle part donc ; elle arrive en dépit des obstacles ; elle revoit cette chère amie qui semblait n'attendre que ses derniers embrassements pour quitter ce monde. Madame la marquise de Bouillé meurt, mais elle ne fait que précéder de peu de jours son amie, à laquelle elle est allée préparer une place dans le ciel.

Epuisée par ce dernier effort, accablée par la douleur d'une si grande perte, Mme de la Tour-du-Pin tombe dans une langueur que ni les soins les plus tendres, ni les secours de l'art ne peuvent ranimer. C'est le corps qui se dissout, la vie qui s'éteint. Le cœur reste toujours le même, il mourra le dernier ! Mais la vive flamme qui le dévore, achève de consumer sa fragile enveloppe. La fin approche ; la mort qui l'année dernière s'était montrée une première fois, mais l'avait épargnée, se présente de nouveau, elle paraît inexorable. Elle avertit cependant la vénérable malade afin de lui permettre de rassembler autour d'elle ses parents et ses amis, elle l'avertit pour l'engager à se purifier encore avant de paraître devant le Dieu de toute sainteté, et à secouer cette poussière du monde qui, d'après le grand Pape saint Léon, s'attache à nos pieds en parcourant la carrière de la vie. Mⁿᵉ de la Tour-du-Pin comprend ce grave avertissement, elle reçoit les derniers sacrements de l'Eglise avec une foi, une piété, dignes de la sainteté de sa vie. Elle souffre cruellement ; mais ses souffrances sont consolées par les marques d'attachement qu'elle reçoit de tous côtés, et auxquelles, je le sais, elle a encore le courage et la présence d'esprit de répondre ; elle souffre, mais elle offre ses douleurs comme une dernière expiation à la justice divine. Sa courageuse petite-fille, oubliant ses fatigues et son état de souffrance, ne la quitte pas d'un instant ; à genoux au pied de son lit, elle récite elle-même les dernières prières ; elle lui présente le crucifix qu'elle presse de ses lèvres mourantes. Le prêtre que les devoirs de son ministère avaient un instant forcé de s'éloigner revient au dernier moment et lui donne une suprême bénédiction ; soutenue par cette dernière grâce, entourée de ses parents et de ses amis, aidée des prières et des vœux de tous ceux qui l'ont connue et aimée, Mⁿᵉ de la Tour-du Pin s'éteint doucement, pleine de jours et de bonnes œuvres comme les patriarches de l'ancienne loi et laissant après elle une mémoire également précieuse devant Dieu et devant les hommes.

O mère, ô femme admirable! O vous dont la vie a été si pure et néanmoins si douloureusement éprouvée, vous qui n'avez vécu que pour faire le bien, qui vous êtes consacrée tout entière à la pratique de la plus sublime charité. Ah ! vous pouvez paraître avec confiance devant Dieu. Votre âme craintive redoutait la rigueur de ses jugements, et plus d'une

fois j'ai dû vous rassurer contre lui et contre vous-même.
Mais que craignez-vous ? N'est-il pas le Dieu de charité que
vous avez fidèlement servi, qui regarde comme fait à lui-
même ce que vous avez fait au moindre de ses frères ? Et s'il
reste quelque tache légère à expier, nos prières, le sang de
Jésus-Christ qui vient de couler pour vous sur l'autel, les
auront bientôt effacés. Partez donc avec confiance, ô âme
sainte, âme véritablement chrétienne : *Proficiscere, anima
christiana !* Vos bonnes œuvres vous suivent, elle vous ac-
compagnent, elles forment autour de vous le plus beau de
tous les cortèges, elles prendront votre défense auprès de
Dieu. Et voici que déjà accourent au devant de vous, ces
chères âmes qui vous ont précédée dans les demeures célestes ;
le chœur des anges, dont vous êtes digne par la sainteté de
votre vie, vient au devant de vous. Jésus-Christ lui-même
s'avance, une couronne à la main ; il vous fait entendre ces
douces paroles qu'il adresse à ses élus : « Venez posséder le
Royaume qui vous a été préparé dès le commencement du
monde. Car j'ai eu faim, et vous m'avez donné à manger ;
j'ai eu soif et vous m'avez donné à boire ; j'étais nu, et vous
m'avez revêtu ; j'étais malade, et vous m'avez secouru. Je vous
le dis en vérité, ce que vous avez fait au moindre de mes
frères, c'est à moi-même que vous l'avez fait : *Amen dico
vobis, quandiu fecistis uni ex his fratribus meis minimis,
mihi fecistis.* »

C'est la grande et consolante pensée que nous donne aujour-
d'hui notre foi, non pas sans doute que nous cessions de prier
ou que nous prétendions pénétrer les secrets jugements de
Dieu ; mais appuyés sur les divines promesses, témoins d'une
vie si pure et si sainte, comment pourrions-nous ne pas concevoir les plus douces, les plus légitimes espérances ?

C'est cette confiance qui soutient votre courage, ô vous, les
dignes petits-fils de celle que nous pleurons avec vous ; c'est
ce juste espoir qui vous aide à soutenir avec une noble constance, le coup douloureux qui vient de vous frapper ; vous

savez que si vous perdez une mère ici-bas, vous retrouverez
une protectrice dans le Ciel. Héritiers de sa foi et de sa charité, vous n'aurez rien de plus à cœur, j'en ai l'assurance, que
de continuer ses glorieuses traditions. Vous la ferez revivre
parmi nous ; elle revivra sous les traits de sa petite-fille qui
en recueillant son dernier soupir, a recueilli, pour ainsi parler, son esprit ; retenue aujourd'hui loin de nous par son état
de souffrance et par les devoirs maternels les plus impérieux,
elle y est présente de cœur et s'associe à toutes nos prières.
Non, Mme de la Tour-dn-Pin ne mourra pas tout entière ;
nous la retrouverons dans ses enfants, et par le plus juste des
retours, ils retrouveront parmi nous, le respect et l'affection
qui entouraient leur aïeule.

Pour nous, chrétiens, que la reconnaissance, l'affection
appellent de tous côtés à cette triste cérémonie, ce n'est pas
assez de verser des larmes et des prières autour de ce cercueil ; mais puisque la mort doit être l'instruction de la vie,
apprenons par cet illustre exemple à nous sanctifier nous-
mêmes par la pratique de la divine charité. Que cette vertu
« plus grande que la foi elle-même, plus précieuse que l'espé-
» rance » règne aussi sur nos cœurs ; qu'elle en inspire
les désirs et en règle tous les mouvements ; qu'elle éteigne
nos discordes, nos haines, et allume au dedans de nous la pure
flamme du dévouement ; qu'elle soit l'âme de toute notre vie,
afin qu'au dernier jour, le Dieu de charité, reconnaissant en
nous ses véritables disciples, nous couronne à notre tour et
nous introduise dans le séjour de la paix et de l'éternelle fé-
licité !

VERCORS
Panten Boyans
OISAN
DROME
Die
Drôme R.
DIOIS
VALDROME
DEVOLUY
Luc
Châtillon
Luc la Croix H^te
BRONNI
Nyons
St Sauveur
Miralel
Ennuye R.
OUVEL R.
le Buis
Vaison
PROVENCE
SISTERON.

VOUX.
4103
3418
M.t GENEVRE
VALLÉES
Pignerol
VAUDOISES
Briançon
P.o N.
Champollion
Orcieres
Montdauphin
Reotier
Guillestre
Chimier
Varaïta
Embrun
Chorges
Maira
Saulces
Pontis
Vallée
Ubaye
Stura
Seyne
Barcelonnette
BLANCHE
ROVENCE

AUPHINÉ

TABLE DES MATIERES

FIN DE LA TABLE DES MATIÈRES.

Paris. — Imp. G. Téqui, 92, rue de Vaugirard.

ERRATA